出版说明

“高等职业教育经济管理类专业教材编委会”自2003年3月成立以来，每年召开一次研讨会。针对当前高等职业教育的现状、问题以及课程改革、教材编写、实验实训环境建设等相关议题进行研讨，并成功出版了《高等职业教育经济管理类专业教材》近60种，其中33种被“华东地区大学出版社工作研究会”评为优秀教材和江苏省精品教材。可以看出，完全从学校的教学需要出发，坚持走精品教材之路，紧紧抓住职业教育的特点，这样的教材是深受读者欢迎的。我们计划在“十二五”期间，对原有品种反复修订，淘汰一批不好的教材，保留一批精品教材，继续开发新的专业教材，争取出版一批高质量的和具有职业教育特色的教材，并申报教育部“十二五”规划教材。

“高等职业教育经济管理类专业建设协作网”是一个自愿的、民间的、服务型的、非营利性的组织，其目的是在各高等职业技术院校之间建立一个横向交流、协作的平台，开展专业建设、教师培训、教材编写、实验与实习基地的协作等方面的服务，以推进高等职业教育经济管理专业的教学水平的提高。

“高等职业教育经济管理类专业建设协作网”首批会员单位名单：

南京正德职业技术学院
南京钟山职业技术学院
江苏经贸职业技术学院
南京应天职业技术学院
无锡商业职业技术学院
南京化工职业技术学院
常州建东职业技术学院
常州工程职业技术学院
南京交通职业技术学院
江阴职业技术学院
扬州职业大学
天津滨海职业学院
安徽新华职业技术学院
山东纺织职业技术学院
浙江机电职业技术学院
南京商骏创业网络专修学院
东南大学出版社
南京工业职业技术学院
南京金肯职业技术学院
南通纺织职业技术学院
镇江市高等专科学校
常州轻工职业技术学院
常州信息职业技术学院
常州纺织服装职业技术学院
南京铁道职业技术学院
无锡南洋职业技术学院
南京信息职业技术学院
黄河水利职业技术学院
江苏农林职业技术学院
黑龙江农业经济职业学院
东南大学经济管理学院
广东番禺职业技术学院
苏州经贸职业技术学校
江苏海事职业技术学院

高等职业教育经济管理类专业教材编委会
2011年1月

再版前言

本书自2004年出版以来，由于突出理论够用、强化应用的特点，得到了用书单位师生的普遍好评。2005年，我们又出版了《管理会计实训教程》一书，作为《管理会计》的姊妹篇，强调学生在学习中的主体地位，将理论背景、案例分析、案例演练、问题互动、相关链接、综合测试等内容融为一体，既注重巩固专业知识、训练实际能力，又注重启发学生思考，拓展学生的思维、能力和实际操作技能。

2008年，应形势需要，我们对《管理会计》一书进行了重新修订，将《管理会计实训教程》部分内容并入到本书中，将理论与实训融为一体。

今天，随着高等职业教育的改革与发展，以就业为导向、校企合作、工学结合的人才培养模式以及"教、学、做一体化"的教学模式正在走向深入。高等职业教育培养高端技能型人才的质量要求，已经成为高等职业教育工作者的中心工作。

2011年，我们对本书进行了第三次修订，除保持2008年版主要内容和特点外，进行了模块式教学情境、项目式教学设计，突出了理论与实训环节的密切衔接。通过启发式、任务驱动式的教学形式，更加体现学生的主体地位，培养学生的独立分析和解决问题的能力。

原书由天津滨海职业学院杜学森担任主编，南京钟山职业技术学院王静静、汤玮，南京交通职业技术学院姜军，黄河水利职业技术学院董淑芳参与编写，分工如下：杜学森负责本书总体框架设计、编写大纲的制定、书稿的统稿，编写第1、3、5、6章及第1～9章的引导案例、案例分析和管理会计窗口的内容；王静静编写第4章；汤玮编写第2章并与杜学森共同编写第7章；董淑芳编写第8、9章；姜军编写第10章。

本次再版由天津滨海职业学院杜学森担任主编，负责本书总体框架设计和全书内容的修改工作。

本书在编写和修订过程中参考、吸收、采用了国内外众多学者的研究成果，在此对有关的专家学者表示衷心的感谢！

由于编者水平有限，书中难免有不当之处，恳请广大读者批评指正。

需要多媒体教学课件，请与出版社联系：erbian@seu.edu.cn

编　者

2011年8月

序

高等职业教育是整个高等教育体系中的一个重要组成部分。近几年来，我国高等职业教育进入了高速发展时期，其中经济管理类专业学生占有相当大的比例。面对当前难以预测的技术人才市场变化的严峻形势，造就大批具有技能且适应企业当前需要的生产和管理第一线岗位的合格人才，是人才市场与时代的需要。

为培养出适应社会需求的毕业生，高等职业教育再也不能模仿、步趋本科教育的方式。要探索适合高等职业教育特点的教育方式，就要真正贯彻高等职业教育的要求，即“基础理论适度够用、加强实践环节、突出职业技能教育的方针”。为此，有计划、有组织地进行高等职业教育经济管理类专业的课程改革和教材建设工作已成为当务之急。

本次教材编写的特点是：面向高等职业教育系统的实际情况，按需施教，讲究实效；既保持理论体系的系统性和方法的科学性，更注重教材的实用性和针对性；理论部分为实用而设、为实用而教；强调以实例为引导、以实训为手段、以实际技能为目标；深入浅出，简明扼要。为了做好教材编写工作，还要求各教材编写组组织具有高等职业教育经验的老师参加教材编写的研讨，集思广益，博采众长。

经过多方的努力，高等职业教育经济管理类专业教材已正式出版发行。这是在几十所高等职业院校积极参与下，上百位具有高等职业教育教学经验的老师共同努力高效率工作的结果。

值此出版之际，我们谨向所有支持过本套教材出版的各校领导、教务部门同志和广大编写教师表示诚挚的谢意。

本次教材建设，只是我们在高等职业教育经济管理类专业教材建设上走出的第一步。我们将继续努力，跟踪教材的使用效果，不断发现新的问题；同时也希望广大教师和读者不吝赐教和批评指正。目前我们已根据新的形势变化与发展要求对教材陆续进行了修订，期望它能在几番磨炼中，成为一套真正适用于高等职业教育的优秀教材。

宁宣熙

2011 年 1 月

目　录

模块1 认知管理会计

【知识目标】

重点掌握管理会计与财务会计的区别和联系;掌握管理会计的概念、职能与内容体系;了解管理会计的形成与发展。

【技能目标】

借助所给资料,学会独立思考与分析特定问题;能够拓展思维能力和知识空间,建立管理会计的理念;能够进行正确的职业岗位认知、判断并能储备从事该职业领域的心理状态、关键知识与核心技能。

【引导案例】

你知道管理会计?

M公司有一个新近从财务会计工作转入管理会计工作的会计人员小于,对于管理会计知识不甚了解。以下是他对管理会计提出的个人观点:

(1) 管理会计与财务会计的工作方法基本一样,都是记账、算账、报账。

(2) 管理会计和财务会计是截然分开的,工作上无任何联系。

(3) 管理会计报告要在会计期末以报表的形式上报。

(4) 管理会计吸收了经济学、管理学和数学等方面的研究成果,在方法上灵活多样。

(5) 管理会计与其说成是会计,不如说成是企业管理的定量化方法。

(6) 评价一个投资方案的优劣要用到管理会计方法。

(7) 管理会计服务于企业外部,受会计法规的约束。

(8) 管理会计的职能主要是满足企业各项管理职能的需要。

(8) 管理会计的信息质量特征与财务会计的信息质量特征完全不同。

(9) 在提供管理会计信息时可以完全不用考虑成本效益原则。

(10) 一个管理会计师可以将手中掌握的信息资料随意提供给他人。

(11) 与财务会计相比,管理会计不能算是一个独立的职业,它的职业化发展受到限制。

请问:在学习管理会计之前,你的看法是怎样的?

项目1　认知管理会计内涵

【相关知识】

1.1.1　企业会计的两大领域

会计是一个信息系统,现代会计一般是以企业会计作为主体的。财务会计和管理会计是现代企业会计的两大重要领域。

1) 财务会计

财务会计主要是指通过传统的记账、算账,并定期编制报表的专门方法,提供企业一定日期的财务状况以及一定期间的经营成果和流动资金情况的一整套信息处理系统。财务会计主要是通过定期的财务报表,除服务于企业内部外,主要为企业外部同企业有经济利益关系的各种社会集团服务。企业的内部人员和企业以外的人员都需要使用财务报表。企业内部管理人员使用财务报表,是为了建立更好的企业运营模式,确定哪项业务更有价值,并作出决策;金融机构使用财务报表是为了了解企业的负债和赢利状况,以决定是否借钱给企业;投资者使用财务报表,是为了评价对企业投资的效果;规章制度的制定机构如证券交易所使用财务报表,是为了制定交易的规则,发挥监督和调控作用;竞争者使用财务报表,是为了通过对比、分析,来获得竞争的优势;工业组织使用财务报表是为了收集有关工业方面的信息,以便在各种刊物上发表或供其他形式的使用。

可见企业的财务状况和经营成果是以上各个方面共同关心的问题,因而要求财务会计正确提供定期的财务报表来满足各有关方面的不同需要。由于财务会计的主要服务对象——企业外部不同的社会团体和个人,他们与企业有着不相同的利益关系,而且他们并不直接参与企业的具体生产经营管理活动,只能从企业提供的财务报表中获得有关的间接材料。为了保障各有关方面的利益,他们当然要求财务会计公正、客观地反映情况,保证有关资料的真实可靠、规范可比。这就要求财务会计统一以货币作计量单位,采用同一种核算方法反映企业的经济活动,从凭证、账簿、记账、算账到编报表,对有关资料的逐步整理、综合,都不能带有主观随意性,而必须严格遵循一系列社会公认的指导性会计原则、会计制度。这是保证其所提供的财务报表取信于社会所必需的。

2) 管理会计

管理会计是指在当代市场经济条件下,以强化企业内部经营管理,实现最佳经济效益为最终目的,以现代企业经营活动及其价值表现为对象,通过对财务等信息的深加工和再利用,实现对经济过程的预测、决策、规划、控制、责任考核评价等职能的一整套信息处理系统。

从上述定义可见,管理会计的工作环境是在市场经济条件下的现代企业;其奋斗目标是确保企业实现最佳的经济效益;其对象是企业的经营活动及其价值表现;其手段是对财务信息等进行深加工和再利用;其职能必须充分体现现代企业管理的要求;其本质既是一种侧重于在现代企业内部经营管理中直接发挥作用的会计,同时又是企业管理的重要组成部分,因而也称为企业内部经营管理会计。

管理会计的工作被用于作出的决策,如制定价格、确定制造项目的成本、评价客户的信用额度、控制存货的数量、引进新产品、建造新厂房、出租或购买设备、筹资、确定销售的水平以达到收支平衡、为产品确定最好的销售组合、确定预算数等。

1.1.2 管理会计的职能与内容体系

1) 管理会计的职能

作为现代企业管理重要内容的管理会计，其职能必然受到企业管理职能的约束。对企业管理职能的表述有多种看法，但多数意见认为，企业管理具有预测、决策、规划、控制和考核评价等五项职能。按照管理五项职能的观点，可以将管理会计的主要职能概括为以下五个方面：预测经济前景、参与经济决策、规划经营目标、控制经济过程和考核评价经营业绩。

(1) 预测经济前景　是指采用科学的方法预计推测客观事物未来发展的必然性或可能性的行为。管理会计发挥"预测经济前景"的职能，就是按照企业未来的总目标和经营方针，充分考虑经济规律的作用和经济条件的约束，选择合理的量化模型，有目的地预计和推测未来企业销售、利润、成本及资金的变动趋势和水平，为企业经营决策提供信息。

(2) 参与经济决策　决策是在充分考虑各种可能的前提下，按照客观规律的要求，通过一定程序对未来实践的方向、目标、原则和方法做出决定的过程。管理会计发挥"参与经济决策"的职能，主要体现在根据企业决策目标搜集、整理有关信息资料，选择科学的方法计算有关长短期决策方案的评价指标，并做出正确的财务评价，最终筛选出最优的行动方案。

(3) 规划经营目标　管理会计"规划经营目标"的职能是通过编制各种计划和预算实现的。它要求在最终决策方案的基础上，将事先确定的有关经济目标分解落实到各有关预算中去，从而合理有效地组织协调企业供、产、销及人、财、物之间的关系，并为控制和责任考核创造条件。

(4) 控制经济过程　管理会计发挥"控制经济过程"的职能，就是将对经济过程的事前控制同事中控制有机地结合起来，通过事前确定科学可行的各种标准，根据执行过程中的实际与计划发生的偏差进行原因分析，并及时采取措施进行调整，改进工作，确保经济活动的正常进行的过程。

(5) 考核评价经营业绩　管理会计履行"考核评价经营业绩"的职能，是通过建立责任会计制度来实现的，即在各部门各单位及每个人均明确各自责任的前提下，逐级考核责任指标的执行情况，找出成绩和不足，从而为奖惩制度的实施和改进未来工作措施的形成提供必要的依据。

总的来说，现代管理会计以上几个方面的职能可以概括为解析过去、控制现在、筹划未来。各职能间并不是孤立存在的，它们结合在一起，综合地发挥作用，形成一种综合的职能。职能上的综合化(从单一到综合)是现代管理会计的重要特征，也是当代会计科学的一个重要发展。

2) 管理会计的内容体系

现代管理会计的内容体系由四个部分组成，即管理会计基础、预测决策会计、规划控制会计、业绩评价会计。

(1) 管理会计基础　是指管理会计的基本原理和基本方法，主要包括成本性态分析、变动成本法、本量利分析法等内容。这些内容为预测决策会计、规划控制会计、业绩评价会计等提供了基本理论和分析方法，它们贯穿于企业经营管理的所有领域和整个过程之中。

(2) 预测决策会计　预测决策会计是为企业经营管理中的前景预测和参与决策服务的。它首先是利用财务会计信息和其他有关信息对销售、利润、成本及资金等专门问题进行科学的预测分析，在预测分析的基础上，为企业决策者确定经营目标、制定最优决策、安排周密的行动计划提供有力的保证措施，使企业的生产经营活动始终按照经济、合理、有利的原则，不断提高经济效益。预测决策会计包括预测分析、短期经营决策分析、长期投资决策分析等内容。预测决策会计处于现代管理会计的核心地位，又是现代管理会计形成的关键标志之一。

(3) 规划控制会计　规划控制会计是为企业经营管理中的规划未来、控制现在和分析过去服务的。根据决策分析所确定的目标，用数量形式加以汇总、协调，编成企业的全面预测（即企业整体计划的数量说明）；利用标准成本制度结合变动成本法，对日常发生的经济活动进行跟踪、收集和计算，同时把经营过程中发现的重要问题立即反馈给有关部门，迅速采取有效措施及时加以解决。规划控制会计包括全面预算、成本控制等内容。

(4) 业绩评价会计　又被称为责任会计，是指在组织企业经营时，按照分权管理的思想划分各个内部管理层次的相应职责、权限及所承担义务的范围和内容，通过考核评价各有关方面履行责任的情况，反映其真实业绩，作为奖惩的依据，从而调动企业全体职工的积极性。

上述管理会计的四部分内容，初步构成了比较完整的内容体系，如图 1.1 所示。

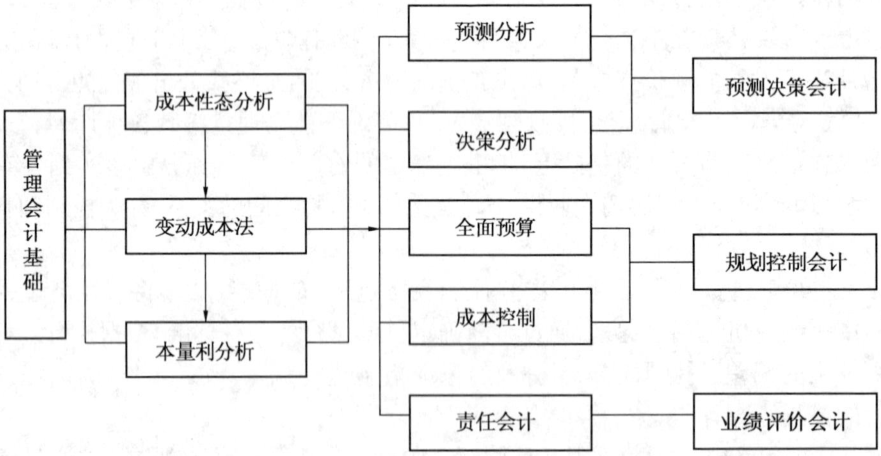

图 1.1　管理会计内容体系示意图

1.1.3　管理会计与财务会计的关系

1) 管理会计与财务会计的区别

(1) 工作主体不同　管理会计主要以企业内部各层次的责任单位为主体，更为突出以人为中心的行为管理，同时兼顾企业主体；而财务会计往往只以整个企业为工作主体。

(2) 工作侧重点不同　管理会计工作的侧重点是为企业内部管理服务，为此也称“内部会计”；财务会计工作的侧重点在于为企业外界利害关系集团提供会计信息服务，又可称为“外部会计”。

(3) 作用时效不同　管理会计的作用时效不仅限于分析过去，而且还在于能动地利用已知的财务会计资料进行预测和规划未来，同时控制现在，从而横跨过去、现在和未来三个时态，管理会计属于算“活账”的“经营型会计”；财务会计的作用时效主要在于反映过去，即过去实际已经发生的经济业务，实质上属于算“呆账”的“报账型会计”。

(4) 工作依据不同　目前人们所提出的“管理会计假设和原则”，并不具备权威性，只有指导作用，管理会计工作可以不受它们的限制和约束，还可灵活应用其他现代管理科学理论作为其指导原则;财务会计的“公认会计原则”(在我国则为企业会计准则和行业统一会计制度)对管理会计工作几乎不起作用;财务会计必须严格遵守“公认会计原则”,以保证其所提供的财务信息报表在时间上的前后期一致性和空间上的可比性。

(5) 方法体系不同　管理会计可选择灵活多样的方法对不同的问题进行分析处理,即使对相同的问题也可根据需要和可能而采用不同的方法进行处理,在信息处理过程中经常运用现代数学方法;财务会计的方法则比较稳定,核算时往往只需运用简单的算术方法。

(6) 工作程序不同　管理会计工作的程序性较差,没有固定的工作程序可以遵循,有较大的回旋余地,企业可根据自己的实际情况自行设计其管理会计工作流程;财务会计必须执行固定的会计循环程序,从凭证转换、登记账簿,到编报财务报告,都必须自觉地按既定的程序处理,而且在通常情况下不得随意变更其工作内容或颠倒工作顺序。财务会计工作具有一定的强制性和程序性。

(7) 信息特征及信息载体不同　管理会计所提供的信息往往是为满足内部管理的特定要求,是有选择的、部分的和不定期的管理信息。它们既包括定量资料,也包括定性资料;其计量单位既可以使用货币单位,又可以选择实物量单位、时间量单位和相对数单位。其中,凡涉及未来的信息不要求过于精确,只要求满足及时性和相关性。由于它们往往不向社会公开发表,故不具有法律效能,只有参考价值。管理会计的信息载体大多为没有统一格式的各种内部报告,而且,对这些报告的种类也没有统一的规定。

财务会计能定期地向与企业有利害关系的集团或个人提供较为全面的、系统的、连续的和综合的财务信息。这些信息主要是以价值尺度反映的定量资料,对精确度和真实性的要求较高,至少在形式上要绝对平衡。由于它们往往要向社会公开发表,故具有一定的法律效能。财务会计的信息载体为具有统一格式的凭证系统、账簿系统和报表系统,其中,社会往往要统一规定财务报告的种类。

(8) 体系的完善程度不同　目前管理会计仍处于继续发展的过程中,与财务会计相比,管理会计缺乏统一性和规范性,体系尚不健全;财务会计工作具有统一性和规范性,从体系的完善程度看,已达到了相对成熟的地步,形成了通用的会计规范和统一的会计模式,进入了稳定发展的阶段。

(9) 观念的取向不同　现代管理会计不仅看重管理行为的实施结果,而且更关注管理过程本身。根据管理会计观念,企业中的每一个人都是财富和效益的创造者,属于等待开发和利用的人力资源,因此,必须在关注降低人力资源开发和使用成本的同时,十分注重管理过程及其结果对企业内部各方面人员在心理和行为方面的影响,尽量采取得力措施,千方百计调动职工的积极性;财务会计的主要精力一般集中在如何真实准确地反映企业的人、财、物在供、产、销各阶段上的分布、使用及消耗,以确保能够定期向企业外部相关利益集团提供财务报告,往往不大重视管理过程及其结果对企业职工心理和行为的影响。

(10) 对会计人员素质的要求不同　鉴于管理会计的方法灵活多样,又没有固定的工作程序可以遵循,其体系缺乏统一性和规范性,工作性质具有创造性,这就决定了在很大程度上管理会计工作的水平主要取决于会计人员素质的高低。同时,由于管理会计工作需要考虑的因素比较多,涉及的内容比较复杂,要求管理会计人员要懂技术、会管理、能理财、善经营,具有较强的分析问题、解决问题的能力和果断的应变能力;再加上管理会计工作所涉及的问题大多关系重大,尤其是决策工作,绝非素质较低的人员所能胜任。因此,管理会计工作需要由智能型和复合型高级会计人才承担。

财务会计工作有统一的会计规范和会计模式，已相对成熟和稳定，其工作不具有创造性，工作效率高低主要取决于工作熟练程度。大多数财务会计工作需要操作能力较强、工作稳重细致的专门人才来承担。

2）管理会计与财务会计的联系

（1）两者源于同一母体　从图 1.2 可以看出，在管理会计形成之前也无所谓财务会计，就称为会计。在管理会计正式命名后，才把传统的会计工作称为财务会计。从结构关系看，管理会计与财务会计两者源于同一母体，都属于现代企业会计，共同构成了现代企业会计系统的有机整体。两者相互依存、相互制约、相互补充。

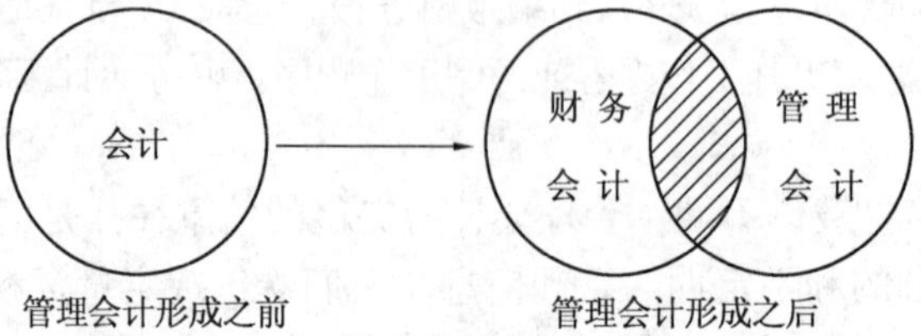

图 1.2　管理会计与财务会计的关系图

（2）两者趋同最终目标　财务会计通过定期向企业外部的投资者、债权人和政府有关部门报送财务报表，使他们能够及时了解企业的经营成果和财务状况。财务会计与管理会计也可为企业管理者了解自身的经营成果和财务状况，并在此基础上做出相应的经营管理决策提供有用的信息，管理会计更是直接参与企业的经营管理决策，所有这些都是为了帮助企业提高经营管理水平和提高经济效益。

（3）两者共享部分信息　在实践中，管理会计所需要的许多资料来源于财务会计系统，它的主要工作内容是对财务会计信息进行深加工和再利用，因而受到财务会计工作质量的制约；同时，部分管理会计信息有时也列为对外公开发表的范围。如现金流量表，最初只是管理会计长期投资决策使用的一种内部报表，后来则被列作财务会计对外报告的内容。

（4）两者职能互相补充　财务会计的基本职能主要是反映和监督，而管理会计的基本职能是预测、决策、规划、控制和考核评价，两者职能互相补充、共同配合，从不同角度为企业外部和内部管理提供可靠的经济信息。因此，企业会计要充分发挥财务会计和管理会计的职能作用，相互配合，相互促进，为强化企业内部管理和提高经济效益服务。

（5）两者共同面临发展问题　在当今信息时代和世界经济一体化的大背景下，无论管理会计还是财务会计，都面临着完善与发展的问题，需要解决好会计电算化问题、怎样按现代管理的要求组织和开展会计管理工作的问题、与国际惯例接轨的问题、由单纯反映过去算“死账”的会计模式向面向未来决策的算“活账”的会计模式转变的问题。目前我国开展的财务会计的改革也必将开创管理会计的新局面。

【技能训练】

1）问题讨论

（1）小王编制会计分录并记入总账，他认为自己是一个管理会计工作者，因为这些信息为管理者提供决策，你同意他的观点吗？

（2）全班根据需要分成 3～4 个学习小组，通过课下资料搜集，做出一个 1500 字左右的研究报告——《管理会计的形成与发展》。要求主要内容涉及管理会计发展的动因与条件是什么？管理会计可以分为几个发展阶段？在与企业管理的结合上探讨每个阶段的特点？每个小组派一名代表通过 ppt 形式发言交流。

2）案例分析

家庭理财

由于夫妻的性格特征、价值观念、生活态度的不同，不同家庭的理财方式是不同的。现有 A、B、C 三个家庭，理财方式存在明显区别：

(1) A 家庭夫妻二人在家庭经济生活上大大咧咧，随心所欲，缺乏计划。每当领回工资现金后，放在一个抽屉里，谁用谁拿，随用随拿，经常是坚持不到月底，工资已花光。每到这时，夫妻互相埋怨花钱太多，但又理不出钱都花在哪里的头绪，下个月又如是反复。

(2) B 家庭夫妻二人过日子可谓小心谨慎。他们特意订了一个账本，把每天的开销都记载在流水账上，什么买了一瓶醋啦，存自行车花了 2 角钱啦，可谓分文不落。到了月底，夫妻二人则要对账一次，一来看收入是否平衡于开销与剩余之和，二来也相互证明二人过日子的清白，至于本月开销是否合理，因本月开销已经发生，不合理也无法纠正，只能给下个月提个醒，有时因差 2 元钱对不上，二人倒腾起来没完。

(3) C 家庭夫妻二人过日子则与 A、B 两家不同，他们根据开销的轻重缓急，确定出哪些是必须开支的项目(刚性开支)，哪些是可开支也可不开支的项目(弹性开支)，如房租是刚性的支出，必须全额保证；夫妻二人外出就餐、看电影等开支则是弹性的，根据经济状况来定。这样根据量入为出原则就事先作出了一个家庭开支的预算，每个项目都有开支的标准，在执行过程中严格按标准行事，则家庭经济生活非常有序。

试结合财务会计与管理会计的观点，对以上三个家庭的理财情况进行分析，并结合本例说出管理会计的特征。

项目 2　认知管理会计师

【相关知识】

1.2.1　专业的管理会计师

美国的贝尔·李在其所著的《管理会计》中指出：现代企业更加关注企业运营的高效性，所以要求有更高水平的管理会计师。管理会计师的职业发展方向常常是企业的高级管理者。

1）教育背景

管理会计工作通常由大学会计专业毕业的人员承担。因为管理会计为各个商业领域的管理者提供建议，所以管理会计工作者除了学习会计专业的课程，其他的商业课程也是必要的。例如，一个销售经理需要了解增加销售代表的成本；一个车队经理可能需要比较租车和买车的成本；一个广告部或市场部的经理，需要知道一种商品的销售额，并掌握在广告上投入多少较合适。如果一个管理会计人员工作在一个特定的工业企业，他就必须很快了解他所在企业的特性，并掌握同行业竞争对手的特征。

2）个人的技能和能力

作为一个成功的管理会计师，除了具有良好的教育背景外，具有一定的个人技能和能力也是必需的。

(1) 个人技能　管理会计师通常处于企业的管理层。管理会计师的分析结果经常影响到管理者的决策。例如，当一个推销方案增加的成本大于增加的利润时，管理者是不会采用的。所以良好的个人技能是必要的。

(2) 沟通能力　管理会计师每天要同数字和计算打交道，经常处理复杂的数据，并把计算的结果传达给管理者。由于管理者一般不精通数字分析，所以要把计算的结果有效地传达给管理者，就需要很好的沟通能力。

(3) 数学和分析技能　管理会计师在很多领域为管理决策提供建议，变化的形势需要有新的分析和解决的方式，管理会计师必须能够为每个决策方案提供合适的数学分析方法。

(4) 计算机技能　企业每天都会有大量的决策，这就要求每天要对大量的数据进行处理。为满足大量分析数据的需要，学会使用表格绘制系统软件，掌握文字处理软件也是有效传递数据处理结果所要求的，所以作为一个管理会计师，掌握一些基本的计算机技能是必须的。

(5) 团队精神　企业可以采用各种组织结构形式，让管理会计师为企业中的管理者提供决策支持服务。管理会计师既要为企业的整体目标服务，也要为企业局部目标提供服务，所以管理会计师是企业各个团队中非常重要的部分。

1.2.2　管理会计师的职业道德准则

管理会计师对其公众、专业团体、服务机构及其本身，有维护和遵守最崇高道德准则的义务，因此美国最大的管理会计机构——美国管理会计师协会，颁布了“管理会计及财务管理人员的道德执行准则”。遵守此项准则是实现管理会计目标所必需的，亦是管理会计师应切实遵守的义务。此项准则如下：

1) 技能

管理会计师有义务：

(1) 提高其知识及技能，以保持适当的执业技术水平。

(2) 依据有关法律、规章及技术标准，履行其职业责任。

(3) 在恰当地分析相关及可靠性资料之后，提供完整而清晰的报告及建议。

2) 保密

管理会计师有义务：

(1) 除法律规定外，非经由核准，不得将其工作中所获取的机密信息泄露于外。

(2) 告知下属要恰当地对待在工作中所获取有关资料的机密性，并监督其行为，以确保机密的维护。

(3) 禁止将工作中所获取的机密资料，经由个人或第三人用于非法或不道德的牟利行径。

3) 廉正

管理会计师有义务：

(1) 避免介入实际或明显的利害冲突，并向任何可能的利害冲突方提出忠告。

(2) 不得从事道德上有害于其履行职责的活动。

(3) 拒绝接受影响或可能影响其行动的任何馈赠、好处或招待。

(4) 不得主动或被动地破坏组织的传统及道德目标的实现。

(5) 对妨碍判断或活动绩效的职业限制或其他约束，予以及时了解与沟通。

(6) 沟通不利和有利的信息及职业判断或意见。

(7) 不能从事或支持任何有害于职业团体的行动。

4) 客观

管理会计师有义务：

(1) 公平而客观地沟通信息。

(2) 充分披露可合理预见、并会影响使用者理解的报告、评论及建议等相关信息。

【技能训练】

1) 问题讨论

(1) 一个企业的管理会计和其他的管理者沟通的方式有哪些？管理会计应该学习哪些课程和经验，才能和企业的其他管理者更好地沟通？

(2) 当马文得知按照会计专业教学大纲的规定，他必须学习英语、应用文写作、公共关系等课程时，他说："如果我想学这些，我就会选择文学类专业，我不明白问什么当从事会计尤其是管理会计工作需要学这些"，你对这个问题怎么看？

(3) 以下是管理会计人员为各项活动提供决策支持的简图，请从价值链活动的6个方面——研究开发、设计、生产、营销、销售、顾客服务，阐述管理会计人员对各环节所起的作用。

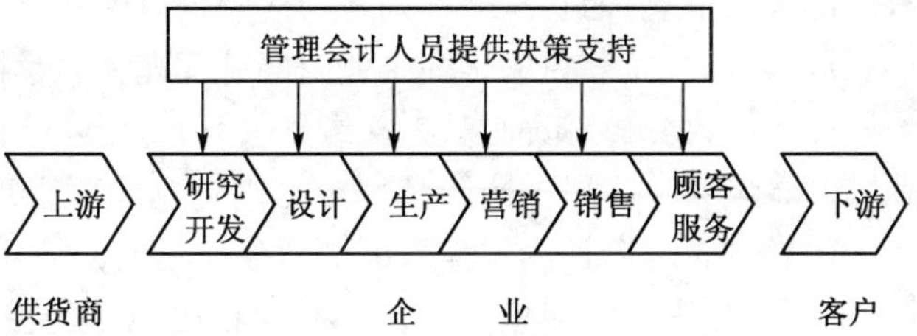

图1.3　管理会计人员为各项活动提供决策支持

2) 案例分析

任天堂公司的招聘条件

美国的任天堂公司是日本任天堂公司的全资子公司，其总部位于Redmond，WA。任天堂公司从事家庭游戏机软件和硬件产品的生产和销售，超过40%的美国家庭拥有任天堂公司的游戏系统。公司以Mario、Dontendo和Polemon游戏闻名。

任天堂公司的财务经理负责制定财务制度和现金管理的流程及投资和费用报告。他们设计和执行公司的会计流程，提供财务信息和财务分析服务。财务经理需要了解会计原则，并具有极佳的沟通和组织能力，以及高效率的工作能力。他要能高效地归纳和分析大量的数据，能承受巨大的工作压力并能处理复杂的方案。申请人应具有财政、市场、广告方面的工作经验，并有会计、金融或相关专业的学士学位。

回答下列问题：

(1) 在财务经理的工作职责中，你对哪项职责更感兴趣？

(2) 为什么任天堂公司的财务经理要有市场和广告方面的工作经验？

【拓展阅读与训练】

管理会计的新发展

管理会计是一门随着管理理论、管理环境及管理人员的需要的变化而不断发展变化的学科。近年来,涌现了大量的管理会计新方法。这些新方法极大地丰富了管理会计的内容,并成为企业、股东、客户等创造价值的有力工具。管理会计的新方法有:① 作业成本法与作业管理;② 目标成本法;③ 生命周期成本法;④ 约束理论;⑤ 及时存货制;⑥ 客户获利能力分析;⑦ 改善成本法;⑧ 标杆管理;⑨ 战略成本管理;⑩ 平衡记分卡。

请把同学分组,每组挑选或规定管理会计的新方法中一项作为标题,通过搜集资料,写成一篇研究报告,并制作 ppt,选代表进行交流。

【本模块要点归纳】

现代企业会计有两大分支,一是财务会计,二是管理会计。财务会计先于管理会计,并且为管理会计提供信息数据资料。换句话说,管理会计可以是财务会计的发展和延伸。当然,财务会计的基本方法与管理会计方法有所不同。财务会计的主要职能是核算和监督,其目的是为外界提供有用的决策信息;而管理会计则是为适应企业内外经济环境,随着相应的管理学理论和实践的发展而产生的,其目的是为企业内部的管理和决策提供有用的信息。

管理会计的主要职能包括:预测经济前景、参与经济决策、规划经营目标、控制经济过程以及考核评价经营业绩。管理会计的以上职能都完全是以企业经营管理为基本的出发点,围绕管理的理念进行的。现代管理会计内容体系由管理会计基础、预测决策会计、规划控制会计、业绩评价会计等 4 个部分组成。与传统的财务会计相比,管理会计与之在会计主体、工作侧重点、作用时效、工作依据、方法体系、工作程序不同,信息特征及信息载体、体系的完善程度、观念的取向、对会计人员素质的要求等方面都存在明显的区别。

管理会计的特点要求相关从业人员要懂技术、会管理、能理财、善经营,具有较强的分析问题、解决问题的能力和果断的应变能力。

管理会计在管理中的作用以及它自身的发展,促进了管理会计职业化的发展。在一些发达国家,如美国,管理会计师也同注册会计师一样,发展成为专业化的职业队伍。除美国以外,其他发达国家的管理会计也在向职业化和专业化的方向发展。

随着企业国际化经营的日益发展,市场竞争更加激烈。企业迫于持续的压力,不断降低销售给顾客的产品或服务的成本,以求得生存与发展,并获得竞争优势。企业除更加关注成本与利润等财务指标以外,还专注于经理与员工的行为与激励;关注顾客;关注实践;关注质量;关注战略;关注管理环境变迁;关注非财务信息。这些都已经成为了管理会计的发展趋势。

【综合测试】

一、判断对错

1. 管理会计的最终目标是提高企业的经济效益。 ( )
2. 管理会计提交报告的对象一般局限于企业内部各管理层次,不负有法律责任。 ( )
3. 管理会计的计量基础不是历史成本,而是现行成本或未来现金流量。 ( )

4. 管理会计受会计准则、会计制度的制约，同时企业亦可根据管理的实际情况和需要确定。（　　）

二、单项选择题

1. 会计是一个信息系统，（　　）是企业会计的两个重要领域。

A. 决策与预测　　B. 资产负债表与利润表

C. 财务会计与管理会计　　D. 对外报表与对内报表

2. 财务会计与管理会计的侧重面有所不同，其差别在于（　　）。

A. 前者服务于企业外部相关的各种社会集团，后者服务于企业内部的经营管理

B. 前者为企业债权人服务，后者为企业经理服务

C. 前者的服务对象与企业无关，后者的服务对象与企业有关

D. 前者只是简单被动地记录反映企业的经营状况，后者则主动地反映企业的经营状况

3. 管理会计不要求（　　）的信息。

A. 相对精确　　B. 及时　　C. 绝对精确　　D. 相关

4. 管理会计与财务会计的关系是（　　）。

A. 起源相同、目标不同　　B. 目标相同、基本信息同源

C. 基本信息不同源、服务对象交叉　　D. 服务对象交叉、概念相同

三、多项选择题

1. 管理会计的基本职能包括（　　）。

A. 规划　　B. 评价

C. 控制　　D. 确保资源的有效利用

2. 企业管理的发展过程经历了（　　）阶段。

A. 经验管理　　B. 科学管理　　C. 现代管理　　D. 传统管理

3. （　　）属于管理会计分析中常用的方法。

A. 成本性态分析法　　B. 边际分析法

C. 折现的现金流量法　　D. 财务报表编制

4. 现代管理会计所用的方法与财务会计所用方法的区别是（　　）。

A. 它一般只涉及常数　　B. 它一般只涉及变数

C. 它不仅涉及常数，而且还涉及变数　　D. 它属于分析性的方法而不是描述性的方法

四、复习思考题

1. 管理会计是如何产生的？它的发展过程如何？
2. 管理会计的职能和内容体系是什么？
3. 管理会计与财务会计有哪些区别和联系？
4. 你认为从事管理会计工作应具备哪些素质？

模块 2　成本性态分析

【知识目标】

掌握成本性态分析方法在实践中的应用；掌握固定成本与变动成本的概念、特点和性态模型；理解成本性态的概念；了解成本的分类方式。

【技能目标】

学会成本分类的方法；学会对固定成本、变动成本进行鉴别；能够利用不同方法进行成本性态分析并建立成本性态模型。

【引导案例】

应该处罚还是应该奖励

利达厂生产 A 产品，3 月份的生产量为 400 件，单位产品成本为 7.5 元，由于销售效果欠佳，4 月份的产量减少了一半，即为 200 件，而每件 A 产品的单位成本为 9 元，成本增长 20%。厂长认为这是成本管理不严造成的结果，提出要对车间负责人和相关的生产人员给予惩罚。但车间主任提出了一系列的成本资料，认为不是成本增加了，实际上是成本降低了，在材料消耗和人工费用等方面已经下降了 1 元/件，应该给予奖励才对。

请问你是怎样理解这个问题的？

项目 1　如何将成本按性态分类

【相关知识】

2.1.1　成本及其一般分类方法

成本是企业在生产经营过程中发生的各项耗费，是反映企业生产经营管理工作质量的一项综合性经济指标。这一指标对于加强企业经营管理，降低成本，提高经济效益有着重要意义。

在实际工作中，为适应管理的不同需要，可以按不同方法对成本进行分类。例如，按经济用途分，成本可分为制造成本和非制造成本，这种分类法比较常见；按生产过程中与产量增减的变化关系分，可分为固定成本、变动成本和混合成本；按照可控性分，可分为可控成本和不可控成本等等。

1) 生产成本

生产成本亦称制造成本，是指在生产过程中为制造产品而发生的成本。根据经济用途，生产成本又可分为以下三个成本项目：

(1) 直接材料　是指用于产品生产、构成产品实体的材料成本。

(2) 直接人工　是指生产过程中对材料进行直接加工使它变成产品所耗费的人工成本(它相当于我国会计制度中的直接工资与在其他生产成本项目中列支的应付福利费之和)。

(3) 制造费用　是指除了直接材料和直接人工以外的各项间接费用，包括间接材料(如各种物料用品等)、间接人工(如维修人员、警卫人员的工资等)、其他间接费用(如生产使用的固定资产折旧费、设备保险费、不动产税金、机器维护修理费用等)。

2) 非生产成本

非生产成本又称非制造成本，是指营业与行政管理方面发生的费用，不能直接归属于某个特定产品而应归属于一定会计期间的非生产性耗费，包括销售费用、管理费用和财务费用。

(1) 销售费用　是指在销售过程中为销售产品而发生的费用，如广告费、展销费及销售机构的职工工资、福利费等。

(2) 管理费用　是指企业行政管理部门为组织和管理生产经营活动而发生的各项费用支出，如办公费、折旧费、邮电费等。

(3) 财务费用　是指企业为筹措生产经营资金所发生的费用。

上述成本分类可用图 2.1 说明。

- 成本
  - 生产成本
    - 直接材料
    - 直接人工
    - 制造费用
  - 非生产成本
    - 销售费用
    - 管理费用
    - 财务费用

图 2.1　成本按经济用途分类

从成本的经济用途角度认识成本可以反映成本的构成，便于考核成本计划的执行情况。但这种分类不能与企业的生产能力挂钩，不利于成本的事前控制和挖掘降低成本的潜力，因此在管理会计中有重要意义的一种成本分类是成本按性态分类。

2.1.2　成本按性态分类

成本性态又称成本习性，是指在一定条件下成本总额与特定业务量之间的依存关系。从成本性态角度认识成本，可以揭示成本与业务量之间的内在联系，从而在数量上具体把握产品成本与生产能力之间的规律性联系。

成本按性态分类可分为三类：固定成本、变动成本和混合成本。

1) 固定成本

(1) 固定成本的含义　固定成本是指在一定相关范围内，其总额不随业务量的增减而变动的成本，如房屋设备租赁费、管理人员的工资、广告费、按直线法计提的固定资产折旧费等。

(2) 固定成本的特征　固定成本有两个特征：一是固定成本总额的不变性，即固定成本总额不随业务量的增减而变动；其总成本模型为 $y = a$ (如图 2.2 所示)；二是单位固定成本的反比例变动性，即单位固定成本随业务量的增减而呈反比例变动，其单位成本模型为 $y = \frac{a}{x}$ (如图 2.3 所示)。

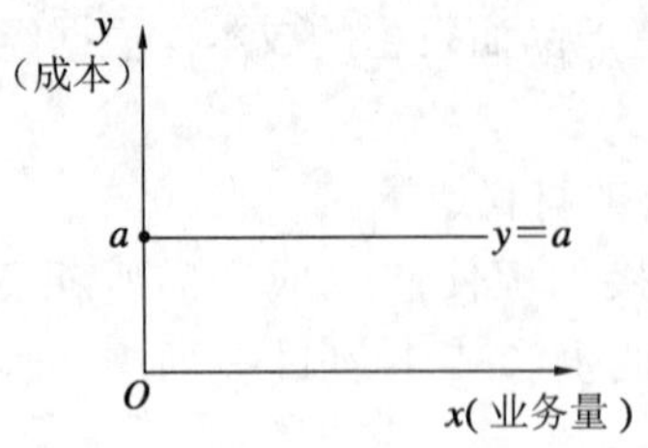

图 2.2　固定成本总额性态模型

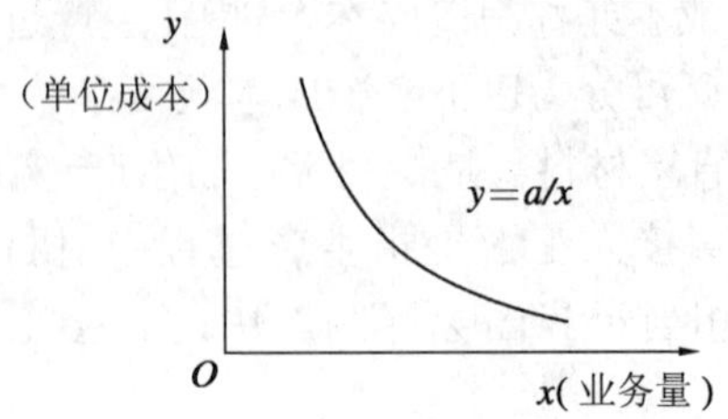

图 2.3　单位固定成本性态模型

【例 2-1】 光明厂生产 A 产品，向外单位租用 3 台机器设备，月租金为 8 000 元。该机器设备每月的最大生产能力为 1 000 件。当产量(x)发生变化时，租金总成本(a)及单位产品租金成本(a/x)的变动情况如表 2.1 所示。

表 2.1　固定成本特征资料表

产　量(件) (x)	固定成本总额(元) (a)	单位产品的固定成本(元) (a/x)
200	8 000	40
400	8 000	20
1 000	8 000	8

上述例子说明，随着产量的增加，单位产品分摊的固定成本将相应减少。

(3) 固定成本的分类　固定成本按其是否受管理当局短期决策行为的影响，通常又可分为酌量性固定成本与约束性固定成本。

① 酌量性固定成本：是指受管理当局短期决策行为影响，可以在不同时期改变其数额的那部分固定成本，如广告宣传费、职工培训费、研究开发费等。这类成本的特点是成本数额可以根据经营方针作适当调整，其发生额与企业的产量无直接联系。对酌量性固定成本的控制方法是从实际出发，精打细算，尽量减少其绝对额支出，不断提高其经济效益。

② 约束性固定成本：是指不受管理当局短期决策行为影响的那部分固定成本。它与企业的经营能力的形成及其维护直接相联系，属于经营能力成本，如厂房和机器设备的折旧费、保险费和财产税等。这类成本的特点是成本数额与企业经营能力相联系，一旦形成，在短期内难以作较大变动。要控制约束性固定成本，必须合理利用生产能力，提高产品产量，相对降低单位产品负担的固定成本。

2) 变动成本

(1) 变动成本的含义　变动成本是指在一定相关范围内，其成本总额随业务量成正比例变动的那部分成本，如直接材料、直接人工、按销量支付的销售佣金、装运费、包装费、按生产数量法计提的折旧费等。

(2) 变动成本的特征　变动成本具有两个特征：一是变动成本总额的正比例变动性，即变动成本总额随业务量的变化而成正比例变化。其成本总额的性态模型为 $y = bx$（如图 2.4所示）。二是单位变动成本的不变性，即在业务量不为零时，单位变动成本不受业务量增减的影响而保持不变。其单位变动成本的性态模型为 $y = b$（如图 2.5 所示）。

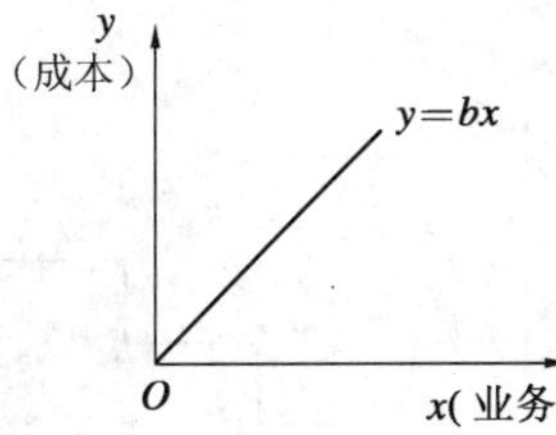

图 2.4　变动成本总额性态模型

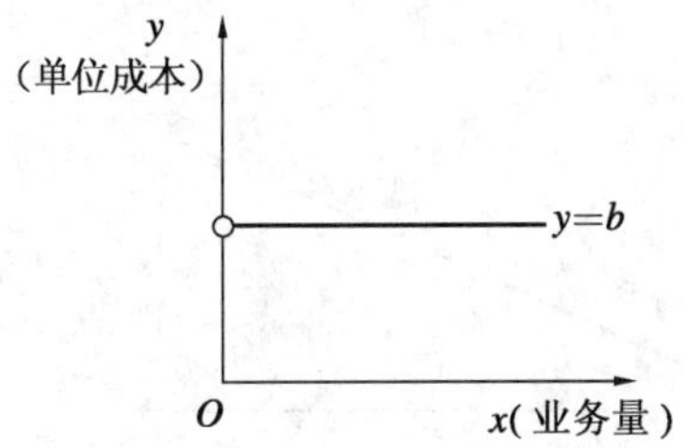

图 2.5　单位变动成本性态模型

【例 2－2】　光明厂生产 A 产品，在不同产量水平下变动成本总额和单位变动成本总额如表 2.2 所示。

表 2.2　变动成本特征资料表

产量(台)	变动成本总额(元)	单位变动成本(元)
10 000	200 000	20
20 000	400 000	20
30 000	600 000	20
40 000	800 000	20

上述例子说明，不管产量如何变动，单位产品的变动成本总是 20 元，变动成本总额与产量呈正比例变动。

(3) 变动成本的分类　变动成本按其发生的原因可进一步细分为技术性变动成本和酌量性变动成本。

① 技术性变动成本：是指单位成本受客观因素决定、消耗量由技术因素决定的那部分变动成本。例如，生产某种数控机床必须配套用外购的某种自动控制系统，在外购价格一定的情况下，其成本就是由设计技术决定的、与机床产量成正比例变动的技术性变动成本。这类成本只能通过技术革新或提高劳动生产率等来降低其单位产品成本。

② 酌量性变动成本：是指单位成本不受客观因素决定、企业管理者可以改变其数额的那部分变动成本。例如，在达到质量要求的情况下，企业可以采购价格水平不同的原材料，其原材料成本就属于酌量性变动成本。降低这类成本可以通过合理决策、控制开支、降低材料采购成本、优化劳动组合来实现。

3) 混合成本

在实际工作中，往往还会遇到一些成本兼有固定成本和变动成本的性质。这类成本总额会随业务量的变动而变动，但其变动幅度并不随业务量的变动保持严格的比例，因此，将它们统称为混合成本。根据混合成本中变动成本和固定成本与业务量之间的关系，可将其进一步分为半变动成本、半固定成本、延期变动成本和曲线变动成本。

(1) 半变动成本　这类成本通常有一个基数，一般不变，类似固定成本；在此基数上，随业务量的增加，成本也成相应比例增加，这部分成本又类似于变动成本，如电话费、水电费等。这些服务一般包括两部分：一部分是基数，享受单位不管使用与否都必须支付，属于固定成本性质；另一部分则根据耗用量的多寡乘上单价计算，属于变动成本性质。其成本性态模型如图 2.6 所示。

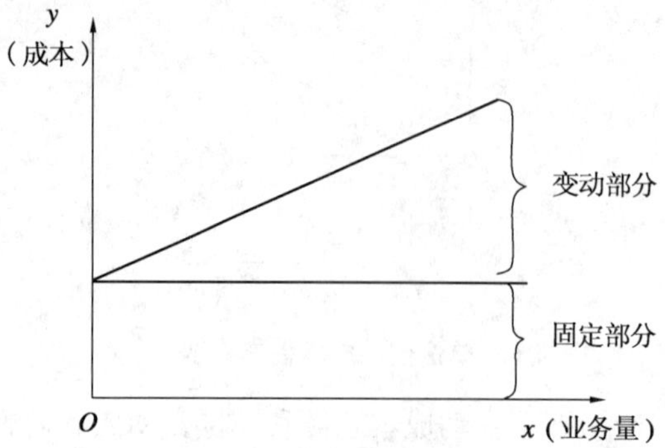

图 2.6　半变动成本的性态模型

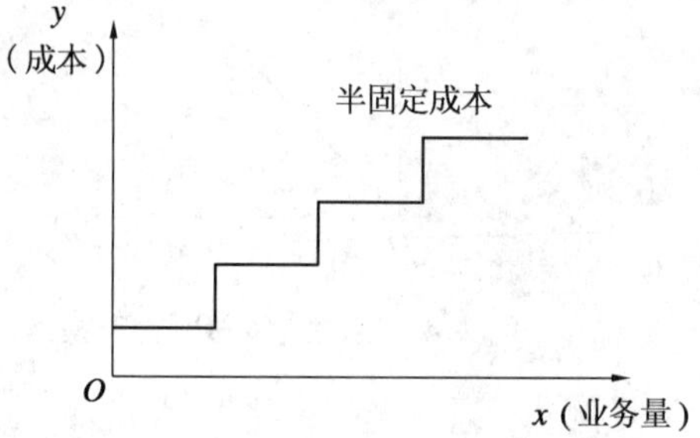

图 2.7　半固定成本的性态模型

(2) 半固定成本　这类成本在一定业务量范围内的发生额是固定的,但业务量增长到一定限度,其发生额就会突然跳跃到一个新的水平,然后在业务量增长的一定范围内,发生额又保持不变,直到另一个新的跳跃为止。如化验员、检验员的工资,以及受班次影响的动力费、整车运输费等,都属于半固定成本,其成本性态模型如图 2.7 所示。

(3) 延期变动成本　这类成本在一定业务范围内成本总额保持稳定,但业务量超过一定范围后,成本总额则随着业务量的增长成比例增长。如职工的基本工资在正常工作时间的情况下是不变的,当工作超过正常水准,则要根据加班时间的长短支付加班工资。这类成本称为延期成本,其成本性态模型如图 2.8 所示。

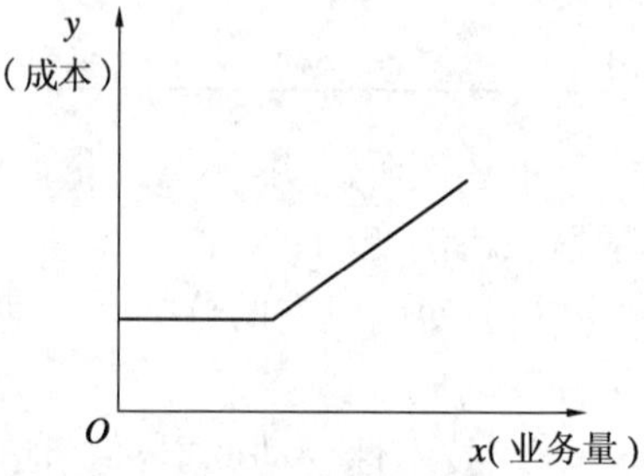

图 2.8　延期变动成本性态模型

(4) 曲线变动成本　这类成本通常有一个初始量,一般不变,相当于固定成本;但在这个初始量的基础上,随业务量的增加,成本总额呈非线性变动,表现为一条曲线,故称为曲线变动成本。这种曲线变动成本又可分为递增型曲线变动成本和递减型曲线变动成本两种。

递增型曲线变动成本是指单位变动成本随业务量的增加而逐渐增加的变动成本,如累进计件工资,各种违约金、罚金等,其性态模型如图 2.9 所示。

递减型曲线变动成本是指单位变动成本随业务量的增加而逐渐减少的变动成本,如供货单位根据采购量的大小给予折扣的那部分原材料成本等,其性态模型如图 2.10 所示。

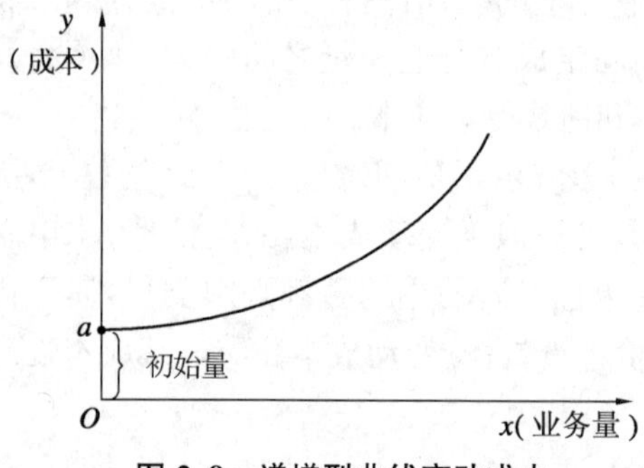

图 2.9　递增型曲线变动成本

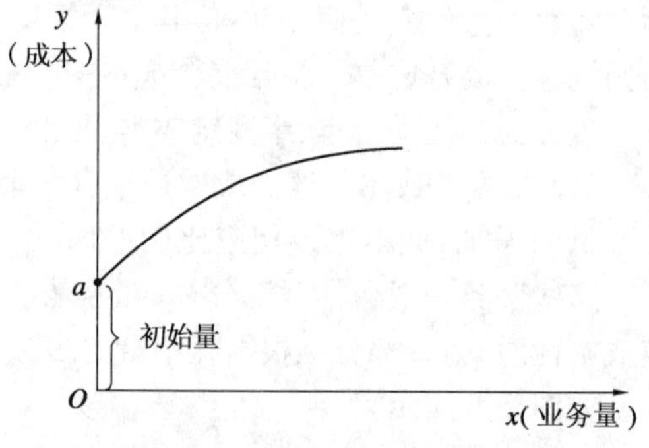

图 2.10　递减型曲线变动成本

2.1.3 相关范围

管理会计把不会改变固定成本、变动成本性态的业务量的特定变动范围称为相关范围。不论是研究固定成本还是变动成本，都必须联系到相关范围。只要在相关范围内，不管时间多久，业务量增减变动幅度多大，固定成本总额的不变性和变动成本总额的正比例变动性都将存在。如果一旦超出相关范围，这些特征就难以存在。

前例中光明厂向外单位租用3台机器设备，月租金为8 000元，其每月的最大生产能力为1 000件。当产量超过1 000件，势必还需增加机器设备的台数，租金总成本就相应增加。另外，该厂的产量低于200件时，租用的机器设备就无需3台，租金成本就相应减少。由此可见，光明厂的租金成本8 000元的固定不变的稳定性是受一定条件所制约的，即在最低200件和最高1 000件之间，这就是租金成本的相关范围。

在实际工作中，许多行业的变动成本总额和业务量之间的依存关系同固定成本的总额一样，也存在一定的"相关范围"，也就是说，在一定业务量范围内，变动成本总额和业务量之间保持着相当稳定的正比例增减变动关系，即完全线性关系；但在一定业务量范围之外，它们之间则可能表现为非线性关系。

例如，某些行业的产品生产，在小批量生产时，单位产品消耗的直接材料和直接人工较多，与产量的增长不一定成正比例，从而使变动成本总额线呈向下弯曲的趋势(即斜率随产量的增加而缩小)，形成非线性关系。但当产量增长到某一定范围时，各种材料和人工消耗就比较稳定，从而使变动成本总额和业务量总数之间呈完全的线性关系，这个范围就称为变动成本的"相关范围"。如果产量超出"相关范围"继续增长，就可能出现一些新的不利因素，促使产品的单位变动成本增高，从而使变动成本总额线呈向上弯曲的趋势(即斜率随产量的增加而增加)，形成非线性关系。

综上所述，固定成本与变动成本通常都是针对"相关范围"而言的。

【技能训练】

1) 问题讨论

(1) 分成小组，选择一个简单的产品(或服务)，集体讨论可能发生的成本和分配给产品的成本，然后说明哪个是固定的，哪个是变动的?

(2) 一本教材从编写到出版发行，会发生哪些费用? 哪些是固定的? 哪些是变动的?

(3) 试判断以下成本费用属于变动成本、固定成本还是混合成本。

① 构成产品实体的原材料费用；

② 生产产品的工人工资；

③ 车间管理人员工资；

④ 行政管理人员工资；

⑤ 生产设备按直线法计提的折旧费；

⑥ 广告费；

⑦ 燃料及动力费；

⑧ 房屋租金；

⑨ 外购半成品；

⑩ 销售人员的基本工资。

(4) 识别图 2.12 中①②③④所代表的成本类型。

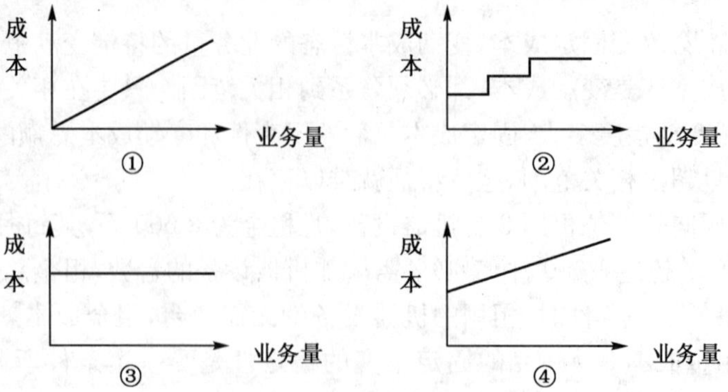

图 2.11　成本性态模型

(5) 图 2.12 的 a～l 图示为某公司可能发生的成本性态模型。横轴表示作业产出，纵轴表示总成本。

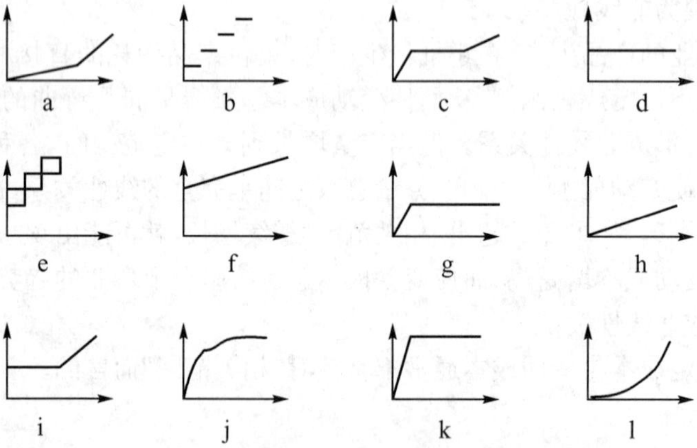

图 2.12　某公司成本性态模型

要求：

为以下情形选出相应的成本模型图解。

① 动力成本：每月 500 元的固定费用加上 0.12 元/千瓦小时的额外费用。

② 支付销售人员的佣金：年销售额小于 500 000 元时按 5%支付，大于 500 000 元的部分按 7%支付。

③ 零件外购成本：购买 3 000 个以下，单位成本为 12 元，大于 3 000 个时，单位成本为 10 元。

④ 以 100 付为单位购进的手术用手套成本。

⑤ 某地方院校的学费：每学时收费 250 元，大于 15 个学时的按 15 个学时计。

⑥ 另一所院校的学费：在 12～16 学时之间的，按每学时 375 元收费；多于 16 学时的，在每学期 4 500 元的基础上，每增加一学时收费 300 元。

⑦ 美容院购买的洗甲水，每瓶洗甲水在失效之前大约可洗 50 只指甲。

⑧ 某公司购买的月未检验新进货物的诊断设备。

⑨ 医院里可供病人使用的睡衣。

⑩ 地方快餐店的人工成本：三个全日制雇员，外加高峰期的一些钟点工。

⑪ 一个制造商发现重型机器的维修成本与机器的已使用年限有关，随着机器已使用年限的增长，其维修成本也按一定比率增加。

2）案例分析

电风扇的成本分析

刘先生是一家电风扇厂的厂长。该厂7月份投产一批新型电风扇，产量为800台，每台成本为360元。由于消费者对该型号电风扇不太了解，当月产出的电风扇70%没能销售出去，于是8月份的产量降为400台，而每台成本却上升至403元，成本升幅超过10%。为此，刘厂长对新型电风扇生产车间的所有员工给予严厉批评，并扣发了每个人的当月奖金。但是该生产车间主任感到委屈，并向厂长提供了相关数据。这些数据表明：8月份成本实际上比7月份还要略低些。因此厂长对财务科提供的成本资料的准确性表示不满，而财务科科长坚决否认，并提供了充足的证据说明他们提供的成本信息完全是准确的。

请结合成本性态的理论，对此给出一个合理的解释并回答下列问题：

（1）电风扇的生产中哪些是固定成本？哪些是变动成本？

（2）单位变动成本与产量的关系如何？

（3）单位固定成本与产量的关系如何？

（4）在坐标系下，画出模型曲线。

项目2　如何进行成本性态分析

【相关知识】

2.2.1　成本性态分析的含义

成本性态分析就是在成本按性态分类的基础上，按照一定的程序，采用一定的方法，将全部成本进一步分成变动成本和固定成本两大类，并建立相应成本函数模型的过程。成本性态分析是管理会计的一项最基本的工作。通过成本性态分析，可以从定性和定量两方面掌握成本的各个组成部分与业务量之间的依存关系和变动规律，从而为应用变动成本法，开展本量利分析，实行短期决策、预测分析、全面预算、标准成本法的操作和落实责任会计奠定基础。

总成本可以用以下公式来描述：

总成本＝固定成本总额＋变动成本总额

＝固定成本总额＋单位变动成本×业务量

用y代表总成本，a代表固定成本总额，b代表单位变动成本，x代表业务量，则上述总成本公式可表示为：

$$y = a + bx$$

该成本函数是个直线方程式，将其绘制在坐标图上，如图2.13所示。

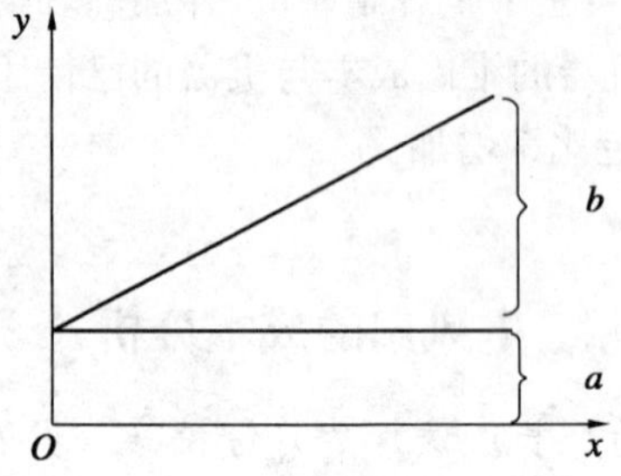

图 2.13　总成本性态模型

2.2.2　成本性态分析的方法

成本性态分析的方法有多种，一般采用历史资料分析法，即根据企业若干时期成本与业务量的历史资料，运用数学方法进行数据处理，以完成成本性态分析任务。这种方法要求企业资料齐全，成本数据与业务量的资料要同期配套，具备相关性，因而计算结果较为准确。常用的有高低点法、散布图法和回归直线法。

1）高低点法

高低点法是以某一时期的最高业务量（高点）的混合成本与最低业务量（低点）的混合成本之差除以最高业务量和最低业务量之差，求得单位变动成本；然后代入高点或低点的混合成本公式，据以分解出混合成本中变动成本和固定成本数额的一种方法。

用 y 代表某一时期某项混合成本总额，x 代表业务量，a 代表混合成本中的固定成本总额，b 代表混合成本中的单位变动成本，则上述总成本公式可表示为：

$$y = a + bx$$

根据高低点的基本原理，a、b 可按下列公式计算：

$$b = \frac{\text{最高点业务量的成本} - \text{最低点业务量的成本}}{\text{最高点业务量} - \text{最低点业务量}}$$

$$a = \text{最高点业务量的成本} - \text{单位变动成本} \times \text{最高点业务量}$$

或

$$= \text{最低点业务量的成本} - \text{单位变动成本} \times \text{最低点业务量}$$

【例 2-3】 光明厂 1—6 月份的机器维修费的有关资料如表 2.3 所示。

表 2.3　1—6 月份机器维修费用资料表

月份	业务量（机器小时）	维修费（元）
1月	4 000	540
2月	3 800	510
3月	5 300	660
4月	4 300	570
5月	4 500	565
6月	4 800	578

据上表可知，该公司业务量的最高点为 5 300 机器小时，业务量的最低点为 3 800 机器小时，最高点业务量的成本为 660 元，最低点业务量的成本为 510 元，则：

$$b = \frac{660 - 510}{5\,300 - 3\,800} = 0.1(元)$$

$$a = 510 - 0.1 \times 3\,800 = 130(元)$$

根据计算出的 a、b 的值，维修费的成本模型可写成：

$$y = 130 + 0.1x$$

计算表明，该项混合成本的固定部分为 130 元，变动部分为 0.1 元。

需要说明的是，高低点坐标的选择必须以一定时期内业务量的高低来确定，而不是按成本的高低确定。

高低点法简便易行，便于理解和掌握，但由于它从诸多历史资料中只选取了两组数据为计算依据并建立了成本性态模型，故可能不具有代表性，误差较大。因此该法只适用于成本变化趋势较稳定的企业。

2）散布图法

散布图法是将过去某一定期间的混合成本的数据逐一标明在坐标图上，形成若干个散布点，然后通过目测的方法，画出一条尽量与上下两侧各点距离相等的混合成本的变动趋势直线，该直线即可以近似的表示业务量与成本之间的关系。该直线与纵轴的交点是固定成本总额，它表示业务量为零时应承担的成本数额，直线的斜率为单位变动成本。

【例 2-4】 光明厂 7—12 月份的机器维修费的有关资料如下：

表 2.4 7—12 月份机器维修费用资料表

月份	业务量(千机器小时)	维修费(元)
7 月	6.5	120
8 月	8.5	130
9 月	5	110
10 月	8	130
11 月	10	140
12 月	6	125

根据表 2.4 中业务量和设备维修费的数据，绘制成散布图，如图 2.14 所示。

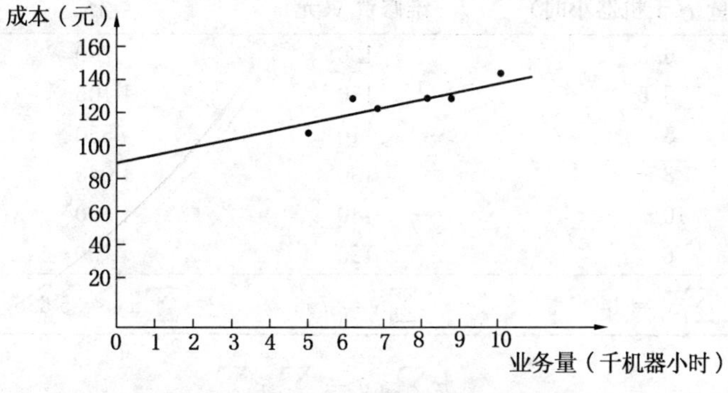

图 2.14 散布点图

从图 2.14 可以看出，直线与纵坐标的交点即为混合成本中的固定成本(a)，大约为 90 元，直线的斜率即是单位变动成本 b。单位变动成本的值可以通过任意一期的 x 与 y 值代入下列公式计算求得：

$$b=\frac{y-a}{x}$$

代入公式的 x 和 y 值可以是直线上任意一点的值，通常的值应取较大一些为好，现取值为 10 千机器小时，相应的 y 值为 140 元，则：

$$b=\frac{140-90}{10}=5$$

根据计算所得的 a 和 b 的值，维修费的成本模型为：

$$y=90+5x$$

3）回归直线法

回归直线法是根据过去一定期间的业务量和混合成本的历史资料，运用最小二乘法的原理，建立反映成本和业务量之间关系的回归直线方程，并据此确定混合成本中固定成本和变动成本的一种定量分析方法。

假设共有 n 期的业务量和成本的资料，用 x 代表业务量，用 y 代表某项混合成本，a 代表混合成本中的固定成本部分，b 代表混合成本中的单位变动成本，它们之间的关系可以用直线方程式 $y=a+bx$ 来表示，只要 x 与 y 之间基本上保持线性关系，就可以运用最小二乘法的原理求出 a 和 b 的值，最终确立该项业务的成本与变量之间变动趋势的直线方程式。则 a、b 的值可按如下公式计算：

$$a=\frac{\sum y-b\sum x}{n}$$

$$b=\frac{n\sum xy-\sum x\sum y}{n\sum x^2-(\sum x)^2}$$

【例 2-5】 以例 2-4 的资料来举例说明回归直线法的具体运用。为便于计算，先对资料作如下处理，见表 2.5 所示。

表 2.5 回归直线法计算表

月份	业务量 x（千机器小时）	维修费 y（元）	xy	x^2
7 月	6.5	120	780	42.25
8 月	8.5	130	1 105	72.25
9 月	5	110	550	25
10 月	8	130	1 040	64
11 月	10	140	1 400	100
12 月	6	125	750	36
$n=6$	$\sum x=44$	$\sum y=755$	$\sum xy=5\,625$	$\sum x^2=339.5$

$$b=\frac{n\sum xy-\sum x\sum y}{n\sum x^2-(\sum x)^2}$$

$$=\frac{6\times5\,625-44\times755}{6\times339.5-44^2}$$

$$= 5.25(\text{元} / \text{千机器小时})$$

$$a = \frac{\sum y - b\sum x}{n} = \frac{755 - 5.25 \times 44}{6} = 87.33(\text{元})$$

根据上述计算结果，采用回归直线法计算出的设备维修费混合成本的直线方程为：

$$y = 87.33 + 5.25x$$

与高低点法和散布图法相比，回归直线法由于运用了最小二乘法的原理，其计算过程更科学，因此计算结果相对来说较为精确。

【技能训练】

1）问题讨论

(1) 高低点法、散布图法、回归直线法比较起来，各自的优缺点是什么？

(2) 讨论电话通讯费用如何进行成本性态分析？

2）案例分析

维修费用性态模型的建立

G公司维修部门一定维修水平上的维修费用资料如下：

维修小时	40 000 小时	60 000 小时
维修费用	72 000 元	90 000 元

在40 000个维修小时上的维修费用可以分解如下：

租金(固定)	30 000 元
维修材料、配件成本(变动)	12 000 元
工资费用(混合)	30 000 元
合计	72 000 元

要求：

建立维修部门工资费用的成本性态模型并估计维修部门50 000个小时上的维修费用。

【拓展阅读与训练】

运用Excel进行混合成本的分解

光明厂1—6个月的机器维修费的有关资料如下：

表2.6 1-6月的机器维修费资料表

月　份	业务量(机器小时)	维修费(元)
1	4 000	540
2	3 800	510
3	5 300	660
4	4 300	570
5	4 500	565
6	4 800	578

步骤1:在空白电子表格中输入业务量和维修费数据,如图2.15所示。

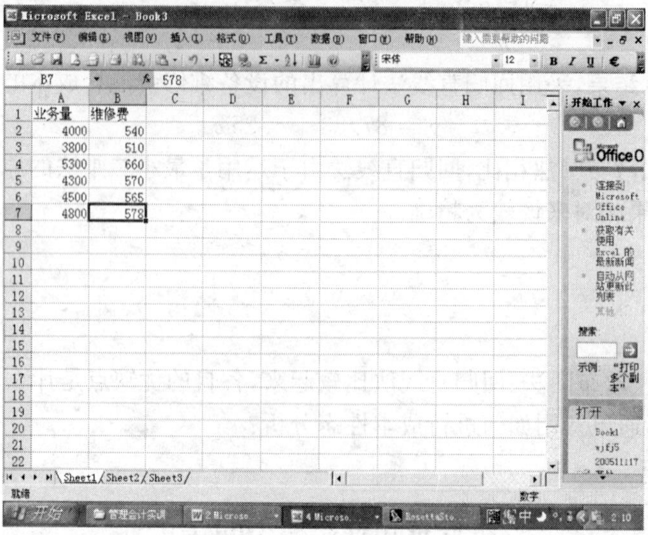

图2.15 输入数据

步骤2:打开"数据分析"对话框。

步骤3:在"工具"下拉菜单中,点击"数据分析"选项。通常,初次使用"数据分析"功能时,在"工具"下拉菜单中找不到"数据分析"选项,这时需要在该菜单中选择并点击"加载宏",在打开的对话框中,选中"分析工具库"选项后,点击"确定"即可。在"数据分析"对话框的"分析工具"窗口中,选择"回归",如图2.16所示。

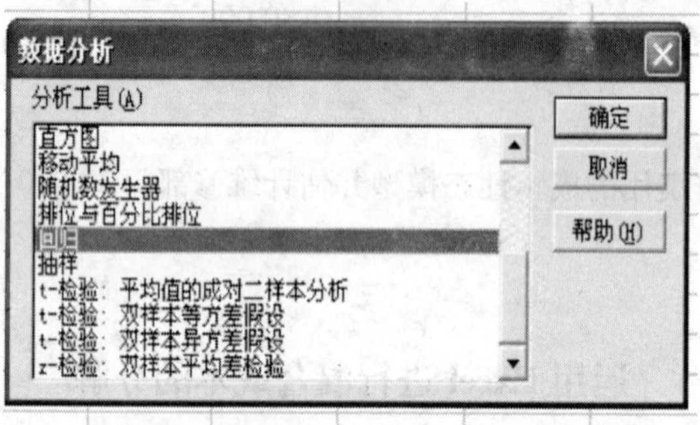

图2.16 分析工具对话框

步骤4:打开"回归"对话框。在"数据分析"对话框中选中"回归",并点击"确定"后,即可打开"回归"对话框,如图2.17所示。

步骤5:对"回归"对话框进行设置。

在该对话框中,在"Y值输入区域"小窗口中输入B2 : B7,即成本数据在电子表格中所处区域位置(用鼠标选中单元格B2至B7);在"X值输入区域"小窗口中输入A2 : A7,即业务量数据在电子表格中所处区域位置(用鼠标选中单元格A2至A7);其余选项取默认值,点击"确定"后即可得到输出结果。

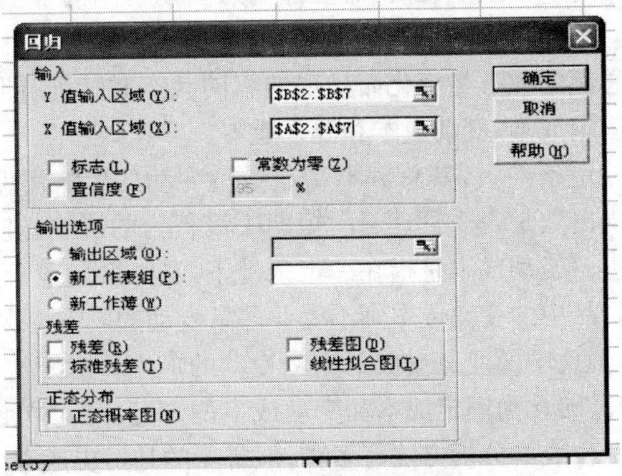

图 2.17　回归对话框

步骤 6:获取计算与分析结果。

输出结果如图 2.18 所示,包括三个表格,第三个表格中第一列数据即为成本估计中所需要的 a 和 b 值,它们分别为 178.929 8 和 0.087 993。

图中还提供了很多其他信息,由于篇幅有限,不再赘述。

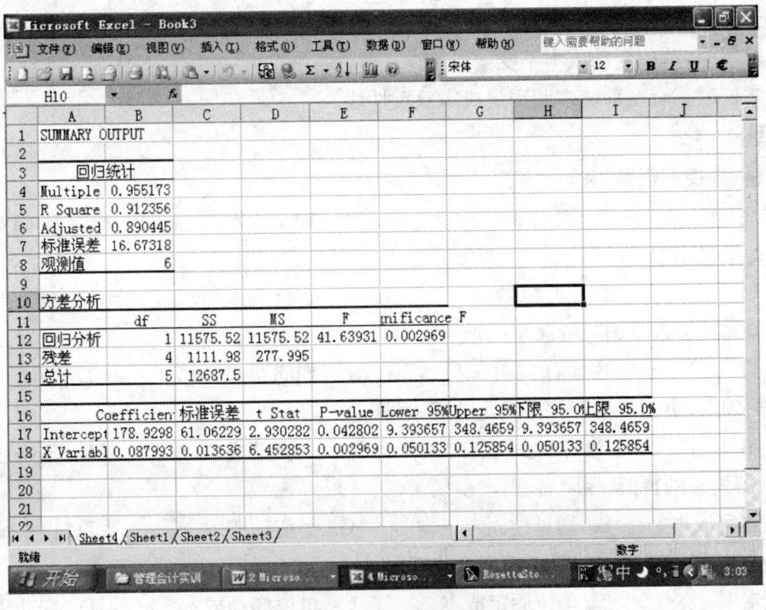

	A	B	C	D	E	F	G	H	I
1	SUMMARY OUTPUT								
2									
3	回归统计								
4	Multiple	0.955173							
5	R Square	0.912356							
6	Adjusted	0.890445							
7	标准误差	16.67318							
8	观测值	6							
9									
10	方差分析								
11		df	SS	MS	F	nificance F			
12	回归分析	1	11575.52	11575.52	41.63931	0.002969			
13	残差	4	1111.98	277.995					
14	总计	5	12687.5						
15									
16		Coefficien	标准误差	t Stat	P-value	Lower 95%	Upper 95%	下限 95.0%	上限 95.0%
17	Intercept	178.9298	61.06229	2.930282	0.042802	9.393657	348.4659	9.393657	348.4659
18	X Variabl	0.087993	0.013636	6.452853	0.002969	0.050133	0.125854	0.050133	0.125854

图 2.18　输出结果对话框

【本模块要点归纳】

成本是企业进行经营预测、决策,编制预算,成本控制和业绩评价的重要依据,无论财务会计还是管理会计都将成本信息的计量、确定和使用作为其核心内容。

成本是指经济活动中为实现一定目标所投入或耗费的资源的货币表现。制造企业的成本通常分为生产成本和非生产成本两大类。生产成本是指在生产过程中为制造产品而耗费经济资源的货币表现。生产成本按经济用途分为直接材料、直接人工和制造费用三大成本项目。非生产成本是指与产品生产无关,而全部列入当期费用的各项支出,包括管理费用、销售费用和财务费用。

相关范围内成本总额随业务量变化而呈现的不同状态和特征,即成本性态。根据成本性态可以将其划分为固定成本、变动成本和混合成本。

固定成本是指在一定条件下,其总额不受业务量变动的影响而保持固定不变的成本。固定成本还可根据其支出数是否受管理部门短期决策行为的影响,进一步分为约束性固定成本和酌量性固定成本。变动成本是指在一定条件下,其总额随业务量的变动而成正比例变动的成本。但单位产品中的变动成本则不受业务量变动的影响而保持不变。混合成本是指既非完全固定不变,但也不随业务量成正比例变动的成本。对于混合成本则需要采用适当的方法进行分解,将其转化为固定成本和变动成本两部分,并建立起成本函数模型,即成本性态分析。常用的混合成本分析方法有多种,但常见的是历史成本分析法,而历史成本分析法又包括高低点法、散布图法和回归直线法三种。

【综合测试】

一、判断对错

1. 固定成本是指其总额在一定期间内不受业务量的影响而保持固定不变的成本。（　　）

2. 约束性固定成本通常是由企业管理当局在每一会计年度开始前制定年度预算,一旦预算制定之后,将对年度内固定成本的支出起着约束性作用。（　　）

3. 在相关范围内,单位变动成本不变 。（　　）

4. 混合成本同时兼有变动成本和固定成本双重性质。（　　）

二、单项选择

1. 直接材料、直接工资属于(　　)。

A. 制造费用　　B. 变动成本　　C. 加工成本　　D. 期间费用

2. 机器设备维修用的材料属于(　　)。

A. 直接材料　　B. 间接材料　　C. 直接成本　　D. 管理费用

3. 维修人员和警卫人员的工资属于(　　)。

A. 直接工资　　B. 间接人工　　C. 期间费用　　D. 机会成本

4. 在相关范围内,不随产量变化而变化的成本是(　　)。

A. 固定成本　　B. 单位固定成本　　C. 半变动成本　　D. 混合成本

5. 厂房、机器设备的折旧、保险费、财产税属于(　　)。

A. 约束性固定成本　　B. 酌量性固定成本　　C. 半变动成本　　D. 以上均可

6. 散布图法中,成本变动趋势直线的斜率代表(　　)。

A. 固定成本　　B. 单位固定成本　　C. 单位变动成本　　D. 变动成本总额

7. 在利用高低点法进行成本性态分析时,高低点坐标的选择标准应是(　　)。

A. 自变量业务量的高低　　B. 因变量成本的高低　　C. 变动成本总额　　D. 单位固定成本

8. 化验员、检验员的工资属于(　　)。

A. 变动成本　　B. 固定成本　　C. 阶梯式成本　　D. 约束性成本

三、多项选择

1. 以下说法正确的是(　　)。

A. 折旧费用不一定都属固定成本

B. 无论哪一种成本,在成本性态分析中均可用直线方程 $y=a+bx$ 来模拟

C. 固定成本是不随业务量变动而变动的那部分成本

D. 单位成本随业务量呈反比例变动的一定是固定成本

2. 采用高低点法分解混合成本时，应分别选择(　　)。

A. (50,100)　　B. (60,120)　　C. (70,130)　　D. (65,130)

3. 在相关范围内固定不变的是(　　)。

A. 固定成本　　B. 单位产品固定成本

C. 变动成本　　D. 单位变动成本

E. 历史成本

四、计算分析

1. 大明公司2010年1—7月份的成本数据在相关范围内的变动情况如下表所示。

月份	机器工作小时	水电费支出(元)
1月	40	45
2月	45	52
3月	32	40
4月	25	30
5月	26	34
6月	20	27
7月	15	26
合计	203	254

要求：

(1) 用高低点法进行水电费的分解。

(2) 用回归直线法进行水电费的分解。

2. 某公司近5年的A产品的产量及成本资料如下表所示。

年份	2006年	2007年	2008年	2009年	2010年
产量(台)	250	200	300	360	400
总成本(元)	275 000	240 000	315 000	350 000	388 000

要求：

(1) 采用高低点法、散布图法、回归直线法分解总成本。

(2) 若计划年度(2011年)的预计产量为430台，则其预计的总成本和单位成本分别是多少？

3. 迅达工厂将过去1年12个月中最高业务量与最低业务量情况下的制造费用总额摘录如下：

摘　要	高点(10月)	低点(3月)
业务量(机器小时)	75 000	50 000
制造费用(元)	176 250	142 500

上表制造费用总额中包括变动成本、固定成本和混合成本三类。该厂会计部门曾对低点月份业务量为50 000机器小时的制造费用总额作了分析，其各类成本的组成情况如下：

变动成本总额　　50 000元

固定成本总额　　60 000元

混合成本总额　　32 500元

制造费用总额　　142 500元

要求：

(1) 采用高低点法将该厂的混合成本分解为变动部分与固定部分，并写出混合成本公式。

(2) 若该厂计划期间的生产能量为 65 000 机器小时，则其制造费用总额为多少？

五、复习思考

1. 什么是成本性态？
2. 什么是固定成本？什么是变动成本？它们各有哪些特征？
3. 什么是固定成本与变动成本的相关范围？
4. 什么是混合成本，其分解方法有几种？

模块 3　变动成本法

【知识目标】

掌握变动成本法的概念、基本原理；熟悉变动成本法与完全成本法的主要区别，了解变动成本法的优缺点与适用场合。

【技能目标】

学会变动成本法及完全成本法条件下成本、利润等相关指标的计算，会利用变动成本法对企业的真实业绩进行评价。

【引导案例】

利润的升降到底是怎么回事

S 公司是一家生产 VCD 的企业，近年来由于市场竞争激烈，造成库存积压严重，利润微薄。该公司经理王某将要在 2004 年 3 月初离任，他很想在他离任前干出点名堂，把利润搞上去。2004 年伊始，王经理亲自抓市场销售，跑客户、疏通各种渠道，千方百计扩大市场份额，同时加强企业产品成本的管理，从原材料的节约、直接人工的消耗上精打细算，各项成本尽力控制在原有水平上。经过一个月的努力，销量提高了，库存下降了。王经理满心欢喜，以为利润肯定得到了提高，但出人意料的是，财务科长提供的 1 月份的利润数字竟然低于 2003 年 12 月份，令王经理大惑不解。

正在此时，有一位自称熟悉财务的李顾问给王经理出了一个主意：要想提高 2 月份的利润其实是很容易的事情，你不要管销售，只要把产量提上去，最好提高 1 倍或 2 倍。王经理如法炮制。2 月份的产量大大提高了，虽然 2 月份的销量没有变化，库存也大大增加，但 2 月底的财务报表反映，利润却大幅度提高了。王经理纳闷：是不是财务部门把利润算错了？李顾问笑了笑，说出了其中的秘密。

请问：你是怎样看待这件事情的？

项目 1　认知变动成本法

【相关知识】

3.1.1　变动成本法的概念

变动成本法是指在组织常规的产品成本计算过程中，以成本性态分析为前提，在计算产品成本时只包括产品生产过程中所消耗的直接材料、直接人工和变动制造费用即变动生产成本，而把固定制造费用即固定生产成本及非生产成本全部作为期间成本处理的产品成本计算方法。在变动成本法下成本构成如图 3.1 所示。

- 总成本
  - 产品成本
    - 直接材料
    - 直接人工
    - 变动制造费用
    - （直接材料、直接人工、变动制造费用）变动生产成本
  - 期间成本
    - 固定制造费用（固定生产成本）
    - 销售费用
    - 管理费用
    - 财务费用
    - （销售费用、管理费用、财务费用）非生产成本
- （变动生产成本、固定制造费用）生产成本

图 3.1　变动成本法的成本构成

变动成本法是与传统的成本计算法相对立的概念，变动成本法产生之后，传统的成本计算法便被称为完全成本法。所谓完全成本法是指在组织常规的产品成本计算过程中，以成本按照经济用途分类为前提，将全部生产成本作为产品成本的构成内容，而将非生产成本作为期间成本的一种成本计算方法。其成本构成如图 3.2 所示。

- 总成本
  - 产品成本
    - 直接材料
    - 直接人工
    - 变动制造费用
    - 固定制造费用
    - （以上四项）生产成本
  - 期间成本
    - 销售费用
    - 管理费用
    - 财务费用
    - （以上三项）非生产成本

图 3.2　完全成本法的成本构成

3.1.2　变动成本法的理论依据

变动成本法的理论依据是：产品成本只应该包括变动生产成本；固定生产成本必须作为期间成本处理。

按照管理会计理论的解释，产品成本是指那些在生产过程中发生的，随着产品实体的流动而流动，随着产量的变动而变动，只有当产品实现销售收入时才能与相关收入实现配比、得到补偿的成本。期间成本是指那些不随产品实体的流动而流动，而是随着产品生产经营持续期间的长短而增减，其效益随着时间的推移而消逝，不能递延到下期，只能于发生的当期计入利润表由当期的销售收入补偿的费用。

作为生产活动结果的物质产品与产品成本之间存在着密切的依存关系。从定性的角度看，一方面产品是产品成本的物质承担者，没有产品实体的存在，产品成本就失去了载体；另一方面，不消耗费用和发生成本，也不可能形成产品。从定量的角度看，在相关范围内，产品成本数额的多少必然与产品产量的大小密切相关，在生产工艺没有发生实质性变化、成本水平保持不变的条件下，产品成本总额应当随着产品的产量成正比例变动。因此，在变动成本法下，只有变动生产成本才能构成产品成本的内容。显然，这比完全成本法仅从生产过程与产品之间的因果关系出发，得出“凡是在生产领域发生的成本都应列作产品成本”的结论更为合理。

尽管产品是在生产领域中形成的，但并非所有生产成本都应当构成产品成本的内容。因为生产成本中包括固定性制造费用，在相关范围内，该项费用的发生与实际产品产量的多少或有无并没有因果关系。如果当期产品产量为零，就不会存在“产品”这个成本的物质承担者，也就不应当有“产品成本”存在。在变动成本法下，解释这种现象十分简单，事实也的确如此。如果同样情况发生在完全成本法下，就会发生一方面产品产量为零，而另一方面由于车间设备照提折旧而导致的固定性制造费用不为零，产品成本同时不为零的奇特现象。

从这个意义上看，固定性制造费用(即固定生产成本)只是定期地创造了可供企业利用的生产能量，因而与期间的关系更为密切。在这一点上它与销售费用、管理费用和财务费用等非生产成本只是定期地创造了维持企业经营的必要条件一样具有时效性。不管这些能量和条件是否在当期被利用或被利用得是否有效，这种成本发生额都不会受到丝毫影响，其效益随着时间的推移而逐渐丧失，不能递延到下期。因此，在变动成本法下，固定性制造费用应当与非生产成本同样作为期间成本处理。

3.1.3 变动成本法与完全成本法的区别

1) 应用的前提条件不同

应用变动成本法必须以成本性态分析为前提条件。变动成本法按照成本性态把全部成本划分为变动成本和固定成本两大部分，对于具有混合成本性质的制造费用按生产量分解为变动性制造费用和固定性制造费用两部分。对于具有混合成本性质的销售费用、管理费用或财务费用则必须按销售量进行分解。

应用完全成本法必须以成本按经济用途分类为前提，将全部成本分为生产成本和非生产成本。凡在生产领域中为生产产品发生的成本都应归属于生产成本，发生在流通领域和服务领域由于组织日常销售或进行日常行政管理而发生的成本则归属于非生产成本，如图 3.3 所示。

成本(按性态分类)
- 变动成本
  - 变动生产成本
    - 直接材料
    - 直接人工
    - 变动制造费用
  - 变动非生产成本
    - 变动销售费用
    - 变动管理费用
    - 变动财务费用
- 固定成本
  - 固定生产成本(即固定性制造费用)
  - 固定非生产成本
    - 固定销售费用
    - 固定管理费用
    - 固定财务费用

成本(按经济用途分类)
- 生产成本
  - 直接材料
  - 直接人工
  - 制造费用
- 非生产成本
  - 销售费用
  - 管理费用
  - 财务费用

图 3.3 两种成本法在应用前提条件方面的区别

2) 产品成本及期间成本的构成内容不同

在变动成本法下，产品成本只包括变动生产成本，固定生产成本和非生产成本则全部作为期间成本处理。

在完全成本法下，产品成本则包括全部生产成本，只有非生产成本作为期间成本处理。两法在成本构成内容方面的区别如图 3.4 所示。

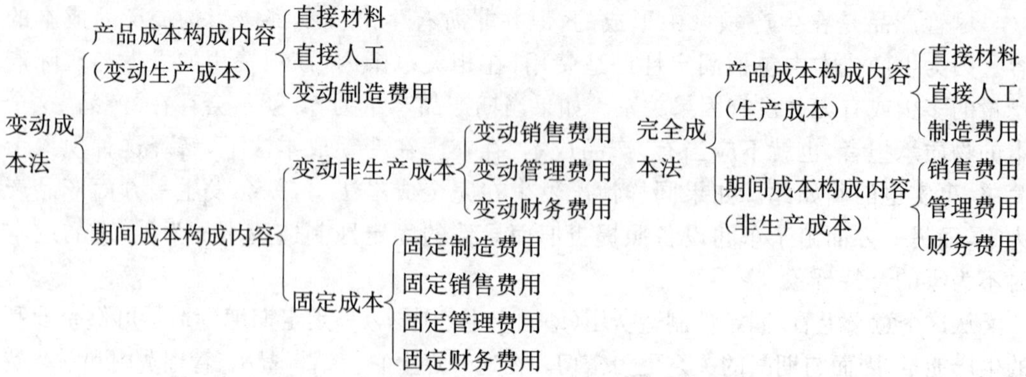

图 3.4　两种成本法在成本构成内容方面的区别

【例 3-1】 两种成本法产品成本和期间成本的计算。

甲企业只生产一种产品，2010 年初存货量为零，当年生产量为 500 件，本期销售量为 400 件，期末存货量 100 件，销售单价为 100 元/件。当期发生的有关成本资料如表 3.1 所示。

表 3.1　甲企业成本资料　　单位：元

费用项目	金额	费用项目	金额
直接材料	15 000	变动销售费用	480
直接人工	7 500	固定销售费用	900
变动制造费用	2 500	变动管理费用	320
固定制造费用	12 000	固定管理费用	2 100

要求：分别用变动成本法和完全成本法计算企业的产品成本和期间成本。

解：① 在变动成本法下

本期产品成本合计＝直接材料＋直接人工＋变动制造费用
＝15 000＋7 500＋2 500＝25 000（元）

单位产品成本＝25 000÷500＝50（元/件）

期间成本＝固定制造费用＋变动销售费用＋固定销售费用＋变动管理费用＋固定管理费用
＝12 000＋480＋900＋320＋2 100＝15 800（元）

② 在完全成本法下

本期产品成本合计＝直接材料＋直接人工＋变动制造费用＋固定管理费用
＝15 000＋7 500＋2 500＋12 000＝37 000（元）

单位产品成本＝37 000÷500＝74（元/件）

期间成本＝变动销售费用＋固定销售费用＋变动管理费用＋固定管理费用
＝480＋900＋320＋2 100＝3 800（元）

计算结果表明，变动成本法计算的产品成本总额和单位产品成本比完全成本法的相应数值要低，而期间成本却高于完全成本法。这种差异源于两种成本方法对固定制造费用的处理不同。

3) 销货成本及存货成本的水平不同

广义的产品有销货和存货两种实物形态。在企业本期销售量和期末存货量均不为零的情况下，本期发生的产品成本要在已销产品和期末存货之间分配。由于变动成本法与完全成本法对固定制造费用的处理方法不同，导致两种成本计算法的销货成本及存货成本的水平不同。在变动成本法下产品成本不包括固定制造费用，固定制造费用列入期间成本，直接计入当期利润表。在完全成本法下产品成本包括固定制造费用，固定制造费用要在销货与存货之间分配，使一部分固定制造费用转化为销货成本被计入当期利润表，另一部分固定制造费用转化为存货成本递延到下期。两种成本法在销货成本及存货成本的水平方面的区别如表 3.2 所示。

表 3.2 两种成本法在销货成本及存货成本水平方面的区别

广义的产品	产品成本	固定制造费用的处理	
		变动成本法	完全成本法
销货	销货成本	不包括	包括，记入当期损益
存货	存货成本	不包括	包括，期末存货吸收递延下期(带走)；期初存货释放纳入本期(带入)

【例 3-2】 两种成本法销货成本和存货成本的计算。

承例 3-1 资料，按两种成本计算法确定产品的期末存货成本和本期销货成本，并分析造成差异的原因。

解：① 在变动成本法下

期末存货成本＝单位期末存货成本×期末存货量
＝50×100＝5 000(元)

本期销货成本＝单位销货成本×本期销货量
＝50×400＝20 000(元)

② 在完全成本法下

期末存货成本＝单位期末存货成本×期末存货量
＝74×100＝7 400(元)

本期销货成本＝单位销货成本×本期销货量
＝74×400＝29 600(元)

从以上计算可知，在完全成本法下期末存货成本比变动成本法高出 2 400 元，这是因为完全成本法下的期末存货成本除了包括变动生产成本外，还包括 2 400 元的固定制造费用(单位固定制造费用×期末存货量＝12 000÷500×100)；同理，完全成本法下本期销货成本比变动成本法高出 9 600 元，也是因为完全成本法下的本期销货成本中还包括了 9 600 元的固定制造费用(单位固定制造费用×本期销货量＝12 000÷500×400)。

4) 销货成本的计算公式不完全相同

从理论上说，无论哪一种成本计算方法都可以按下式计算本期销货成本：

本期销货成本＝期初存货成本＋本期产品成本－期末存货成本
＝期初存货单位成本×期初存货量＋本期单位成本×本期产量

－期末存货单位成本×期末存货量

在变动成本法下，当前后期生产水平不变，即单位变动生产成本不变的条件下，期初存货单位成本、本期单位成本、期末存货单位成本三者完全相等，均是单位变动生产成本，因此，本期销货成本的计算公式可推导为简化公式：

本期销货成本＝单位产品成本×（期初存货量＋本期产量－期末存货量）
＝单位产品成本×本期销售量

在完全成本法下，产品成本不但包括变动生产成本也包括固定生产成本，当前后期生产成本水平不变（即单位变动生产成本不变，固定生产成本即固定制造费用不变）的条件下，由于单位产品的固定生产成本与产量成反比例变动，期初存货单位成本、本期单位成本、期末存货单位成本三者不可能完全相等。因此，在一般情况下，本期销货成本不可以按简化公式计算。

5）损益确定程序不同

（1）营业净利润的计算程序不同　变动成本法下按贡献式损益确定程序计算营业净利润，即首先用营业收入补偿本期实现销售产品的变动成本，确定贡献边际，然后再用贡献边际补偿固定成本以确定当期营业净利润，计算公式为：

营业收入－变动成本＝贡献边际
贡献边际－固定成本＝营业净利润

式中：

变动成本＝本期销货成本（销货中的变动生产成本）＋变动非生产成本
＝单位变动生产成本×销售量＋单位变动非生产成本×销售量
固定成本＝固定生产成本＋固定非生产成本
＝固定性制造费用＋固定性销售费用＋固定性管理费用＋固定性财务费用

完全成本法下按传统式损益确定程序计算营业净利润，即首先用营业收入补偿本期实现销售产品的营业成本，确定营业毛利，然后再用营业毛利补偿营业费用以确定当期营业净利润，计算公式为：

营业收入－营业成本＝营业毛利
营业毛利－营业费用＝营业净利润

式中：

营业成本＝本期销货成本（完全生产成本）
＝期初存货完全生产成本＋本期发生的完全生产成本
－期末存货完全生产成本
营业费用＝非生产成本＝销售费用＋管理费用＋财务费用

（2）编制的利润表格式及提供的中间指标不同　由于两种成本法的损益确定程序不同，使它们所使用的利润表格式存在一定的区别。变动成本法使用贡献式利润表；完全成本法使用传统式利润表。除了格式不同外，不同的利润表还可以提供不同的中间指标。贡献式利润表提供贡献边际指标；传统式利润表提供营业毛利指标。两个指标的意义和作用是完全不同的。

【例 3－3】 两种成本法营业利润的计算与利润表编制。

仍用例 3－1 所提供的资料，分别计算两种成本法下的当期营业净利润。

解：① 变动成本法下

营业收入＝400×100＝40 000(元)

销货中的变动生产成本＝400×50＝20 000(元)

变动成本＝20 000＋480＋320＝20 800(元)

贡献边际＝40 000－20 800＝19 200(元)

固定成本＝12 000＋900＋2 100＝15 000(元)

营业净利润＝19 200－15 000＝4 200(元)

② 完全成本法下

营业收入＝400×100＝40 000(元)

营业成本＝0＋74×500－74×100＝29 600(元)

营业毛利＝40 000－29 600＝10 400(元)

营业费用＝480＋900＋320＋2 100＝3 800(元)

营业净利润＝10 400－3 800＝6 600(元)

编制出来的两种利润表如表 3.3 所示。

表 3.3 利润表 单位：元

贡献式		传统式	
营业收入	40 000	营业收入	40 000
变动成本		营业成本	
销货中的变动生产成本	20 000	期初存货成本	0
变动销售费用	480	本期生产成本	37 000
变动管理费用	320	可供销售的商品生产成本	37 000
变动成本合计	20 800	期末存货成本	7 400
贡献边际	19 200	营业成本合计	29 600
固定成本		营业毛利	10 400
固定制造费用	12 000	营业费用	
固定销售费用	480	销售费用	1 380
固定管理费用	2 100	管理费用	2 420
固定成本合计	15 000	营业费用合计	3 800
营业净利润	4 200	营业净利润	6 600

(3) 计算出来的营业净利润有可能不同　两种不同的损益确定程序对于生产成本中的变动生产成本处理方法是相同的，都作为销货成本从营业收入中扣除，对于生产成本中的固定生产成本处理方法是不同的，在贡献式损益表中产品成本不包括固定制造费用，固定制造费用属于期间费用在贡献边际后全额扣除；在传统式损益表中产品成本包括固定制造费用，在本期销货量和期末存货量均不为零的情况下，固定制造费用一部分作为销货成本在营业毛利前被扣除，一部分作为存货成本递延到下期。由于计入不同成本计算法利润表的固定性制造费用的水平不同，致使两种成本法的营业净利润出现差异。

【例 3-4】 两种成本法多期利润比较。

某企业产销一种产品，连续 3 年的产销和成本资料如表 3.4 所示。用两种成本计算方法分别确定各期的营业净利润，结果如表 3.5 及 3.6 所示。

表 3.4 某企业产销和成本资料

项　目	第一年	第二年	第三年
期初存货(件)	2 000	2 000	4 000
生产量(件)	10 000	10 000	10 000
销售量(件)	10 000	8 000	12 000
期末存货(件)	2 000	4 000	2 000
单位售价(元)	30	30	30
单位变动成本(元)	10	10	10
固定制造费用(元)	50 000	50 000	50 000
变动销售费用(元)	10 000	10 000	10 000
固定销售费用(元)	20 000	20 000	20 000
变动管理费用(元)	4 000	4 000	4 000
固定管理费用(元)	6 000	6 000	6 000

表 3.5 变动成本法利润表 单位：元

项　目	第一年	第二年	第三年
营业收入	300 000	240 000	360 000
变动成本			
变动生产成本	100 000	80 000	120 000
变动销售费用	10 000	10 000	10 000
变动管理费用	4 000	4 000	4 000
变动成本合计	114 000	94 000	134 000
贡献边际	186 000	146 000	226 000
固定成本			
固定制造费用	50 000	50 000	50 000
固定销售费用	20 000	20 000	20 000
固定管理费用	6 000	6 000	6 000
固定成本合计	76 000	76 000	76 000
营业净利润	110 000	70 000	150 000

表 3.6 完全成本法利润表 单位：元

项　目	第一年	第二年	第三年
营业收入	300 000	240 000	360 000
营业成本			
期初存货成本	30 000	30 000	60 000
本期生产成本	150 000	150 000	150 000
期末存货成本	30 000	60 000	30 000
营业成本合计	150 000	120 000	180 000
营业毛利	150 000	120 000	180 000
营业费用			
变动销售费用	10 000	10 000	10 000
变动管理费用	4 000	4 000	4 000

续 表

项 目	第一年	第二年	第三年
固定销售费用	20 000	20 000	20 000
固定管理费用	6 000	6 000	6 000
营业费用合计	40 000	40 000	40 000
营业净利润	110 000	80 000	140 000

比较表 3.5 和表 3.6 可以看出，第一年变动成本法利润和完全成本法利润恰好相等；第二年变动成本法利润比完全成本法利润少 10 000 元；第三年，变动成本法利润比完全成本法利润多 10 000 元。因此可以得出结论：即使是在前后期成本水平、价格、存货计价方法都不变的情况下，两种成本法下的营业净利润之间可能出现差异，但没有必然性。

6）所提供信息的用途不同

这是变动成本法与完全成本法之间最本质的区别。

典型的完全成本法形成于 19 世纪，它是适应企业内部事后将间接成本分配给各种产品，反映生产产品发生的全部资金耗费，确定产品实际成本和损益，满足对外提供报表的需要而产生的。在完全成本法下，随着产量的提高单位产品负担的固定成本降低，这样有助于促进企业扩大生产，能刺激增产的积极性。

变动成本法是为满足面向未来决策，强化企业内部管理的要求而产生的。由于它能够提供科学的反映成本与业务量之间、利润与销售量之间有关量的变化规律的信息，因而有助于加强成本管理，强化预测、决策、计划、控制和业绩考核等职能，促进以销定产，减少或避免因盲目生产而带来的损失。

如果连续考察一段较长时期内的销售量与按变动成本法确定的营业利润的相关资料，就会发现两者之间存在以下规律：

(1) 当某期销售量比上期增加时，该期按变动成本法确定的营业利润会比上期增加；

(2) 当某期销售量比上期减少时，该期按变动成本法确定的营业利润会比上期减少；

(3) 当某期销售量最高时，该期按变动成本法确定的营业利润最高；

(4) 当某期销售量最低时，该期按变动成本法确定的营业利润也最低；

(5) 当任意两期销售量相同时，这两期按变动成本法确定的营业利润相同。

可见，变动成本法销量与营业利润有一定规律性联系，在变动成本法下，营业利润真正成了反映企业销售量多少的晴雨表，有助于促使企业重视市场销售。变动成本法与完全成本法的主要区别可归纳为表 3.7。

表 3.7 变动成本法与完全成本法的主要区别

标 志		变动成本法	完全成本法
应用的前提条件不同		以成本性态分析为前提	以成本按经济用途分类为前提
成本的构成内容不同	产品成本	变动生产成本： 直接材料 直接人工 变动性制造费用	生产成本： 直接材料 直接人工 制造费用

续 表

标　　志		变动成本法	完全成本法
成本的构成内容不同	期间成本	变动非生产成本： 变动性销售费用 变动性管理费用 变动性财务费用 固定成本： 固定性制造费用 固定性销售费用 固定性管理费用 固定性财务费用	非生产成本： 销售费用 管理费用 财务费用
常用销货成本计算公式不同		销货成本＝单位变动生产成本×本期销货量	销货成本＝期初存货成本＋本期发生的产品成本－期末存货成本
损益确定程序不同	主要公式	营业收入－变动成本＝贡献边际 贡献边际－固定成本＝营业净利润	营业收入－营业成本＝营业毛利 营业毛利－营业费用＝营业净利润
	利润表格式	贡献式	传统式
所提供信息的用途不同		主要满足内部管理的需要	主要满足对外提供报表的需要

3.1.4 对变动成本法的评价

1）变动成本法的优点

变动成本法突破了传统的狭隘的成本观点，为强化企业内部的经营管理、提高经济效益开创了新路。这种方法的优点可归纳为以下几点：

(1) 变动成本法能提供最有用的管理信息，为预测前景、参与决策和规划未来服务。变动成本法提供的有关变动成本、贡献边际及其有关信息对管理部门最为有用。因为它揭示了业务量与成本变动的内在规律，找出了生产、销售、成本和利润之间的依存关系，提供各种产品的盈利能力等重要信息。所有这些能帮助管理人员深入地进行本量利分析和贡献边际分析，以预测前景、规划未来（例如预测保本点，规划目标利润、目标销售量或销售额、目标成本，编制弹性预算等）；有利于正确地进行短期经营决策。如接受追加订货的决策，亏损产品停产或转产的决策，有关产品是否深加工的决策，零件、部件、配件自制或外购的决策，生产工艺技术方案的决策，最优价格的决策等等。

(2) 变动成本法能够促进企业重视市场营销，做到以销定产。采用变动成本法后，产量的高低与存货的增减对净利润都没有影响。而在完全成本法下产量的高低与存货的增减都直接影响净利润，会出现一方面销售量下降，另一方面生产量大幅度增长，反而造成净利润增加的虚假现象，致使企业盲目生产，仓库积压，资金沉淀。在变动成本法下，在销售单价、单位变动成本、销售组合不变的情况下，净利润将随销售量同方向变动，这样一来，就会促使企业十分重视销售环节，加强促销工作，并把注意力集中在研究市场动态、搞好销售预测和以销定产方面，力求做到薄利多销、适销对路，防止盲目生产。

(3) 变动成本法便于分清各部门的责任，有利于进行成本控制与业绩评价。一般说来，变动生产成本的高低最能反映出生产部门和供应部门的工作实绩。例如，在直接材料、直接人工和变动制造费用方面如有所节约或超支，就会立即从产品的变动生产成本指标上反映出来，可以通过事前制定标准成本和建立弹性预算进行日常控制。至于固定制造费用的高低，责任一般不在生产部门，通常应由管理部门负责，可以通过制定费用预算的办法进行控制。另外变动成本法所提供的信息还能把由于产量变动引起的成本超降清楚地区别开来。这就不仅有利于企业在事后进行科学的成本分析，以及采用正确的方法进行成本控制，还能对各责任单位的工作成绩作出恰当的实事求是的评价与考核。

(4) 简化成本计算，便于加强日常管理。采用变动成本法把固定制造费用列作期间成本，从贡献边际项下直接扣除，可以省掉许多间接费用分摊的手续。这不仅大大简化了产品成本的计算工作，避免间接费用分摊中的主观随意性，而且可以使会计人员从繁重的核算工作中解脱出来，集中精力向日常管理的深度和广度进军。

2) 变动成本法的局限性

(1) 变动成本法不符合财务会计产品成本的传统概念以及对外报告的要求。按照传统观念的理解，产品成本是指在生产领域为生产产品而发生的全部生产成本，既包括变动生产成本，也包括固定生产成本。这种观念长期以来在世界范围内得到广泛的支持和认可，并被吸收到企业会计基本准则之中，作为对外报告的标准。但是按变动成本法确定的产品成本显然不能满足这一要求。以变动成本法编制财务报表时，可能导致股东、债权人、员工及其他利益相关者做出错误的决策。所以在对外报告方面，这种方法未被接受。何况变动成本与固定成本的划分，在很大程度上是假设的结果，不是一种非常精确的计算。

(2) 变动成本法不能适应长期决策的需要。变动成本法建立在成本性态分析的基础之上，因此它以相关范围假定为存在前提，但是成本性态受到多个因素的影响，因此，固定成本和变动成本的水平不可能长期不变。而长期决策涉及的时间较长，又要解决增加或减少生产能力和扩大或缩小经营规模的问题，必然突破相关范围。因此，变动成本法所提供的资料，一般不适于长期决策的需要。

(3) 变动成本法不能适应定价决策的需要。由于变动成本法下的单位产品成本中不包含固定制造费用，就无法依此成本进行价格决策。

(4) 使用变动成本法可能会引起所得税方面的问题。

【技能训练】

1) 问题讨论

(1) 在企业内部管理中变动成本法比完全成本法好在哪里？

(2) 产品成本与期间成本的区别，变动成本法及完全成本法赞成或不赞成固定性制造费用列入产品成本的理由。

(3) 如果生产量大于销售量，采用何种成本计算方法可获得较高净利？理由是什么？

(4) 如果销售量大于生产量，采用何种成本计算方法可获得较高净利？理由是什么？

2）案例分析

第六年盈利了吗？

天宇公司生产单一产品，年生产能力为 4 000 万件，但在第五年时仅生产并销售 1 000 万件。这一年无期初存货也无期末存货。该年的损益表如表 3.8 所示。

表 3.8　天宇公司第五年损益表　　单位：万元

项　目	金　额
销售收入 3×1 000	3 000
减已销产品成本	
变动生产成本 1×1 000	1 000
固定生产成本	2 400
已销产品成本	3 400
营业毛利	(400)
减销管费用(全部固定性)	500
营业净利润	(900)

公司董事会十分重视这笔亏损。有一顾问愿任总经理来扭转此情况。但他提出，他不领取固定工资，而领取年终利润的 10%(在分红之前)。董事会同意了他的要求。

新总经理一上任就抓生产，使公司年产量提高到 3 000 万件，而销量仍保持 1 000 万件。第六年的损益表如 3.9 所示。

表 3.9　天宇公司第六年损益表　　单位：万元

项　目	金　额
销售收入 3×1 000	3 000
减已销产品成本	
期初存货成本	0
本期生产成本	
变动生产成本 1×3 000	3 000
固定生产成本	2 400
本期生产成本	5 400
期末存货成本	
存货变动生产成本 1×2 000	2 000
存货固定生产成本 2/3×2 400	1 600
期末存货成本	3 600
已销产品成本	1 800
营业毛利	1 200
减销管费用(全部固定性)	500
分红前利润	700
减 10%	70
营业净利润	630

在核查了报表后，新总经理领取了 70 万元，并辞去职务，又与另一公司签订了合同。他的理由是天宇公司已赢利了，他喜欢接受新的挑战。

问题：

(1) 如果你是董事会中一员，你如何看待第六年的损益表？

(2) 若使用变动成本法，第五年利润为多少？第六年呢？第六年期末存货又是多少？

案例分析指导：

从天宇公司两年的损益表来看，其损益表是在完全成本法下作出的，属于传统式损益表。第六年的销量与第五年是相等的，都是 1 000 万件，应该说经济效益是相同的。但是在完全成本法下，产品成本中包括固定生产成本(固定制造费用)，固定生产成本要在已销产品成本和期末存货中分摊，只有 1/3 的固定生产成本冲减了本期销售收入，2/3 的固定生产成本随存货递延到下期，因此就造成了第六年利润虚增的现象。这也说明了完全成本法不能真实地反映企业的真实业绩。

如果使用变动成本法，则第五年的损益表如表 3.10 所示。

表 3.10　变动成本法天宇公司第五年损益表　　单位：万元

项　目	金　额
销售收入 3×1 000	3 000
减已销产品变动成本 1×1 000	1 000
贡献边际	2 000
固定成本	
固定生产成本	2 400
固定销管费用	500
固定成本	2 900
营业净利润	(900)

因为变动成本法下，产品成本不包括固定生产成本，将固定生产成本全数作为期间成本处理。因为第六年与第五年销量相同，固定生产成本相同，所以第六年的损益表与第五年的损益表是完全相同的。依变动成本法，第六年期末存货为 2 000 万件，期末存货成本＝1×2 000＝2 000(万元)。

成本计算法之争

张庆是一家大型建筑材料制造公司的分公司经理。该分公司主要生产水泥柱和水泥砖。两年来该公司业绩持续下滑，为了尽快扭转这个局面，公司总经理王力召集了所有的分公司经理开会，讨论业绩下滑的原因以及解决的办法。

张庆首先发言，他分析了收入和利润下降的原因。他认为业务量下降的主要原因是民用和商用建筑市场萧条、竞争激烈。张庆的分公司已经失去好几次投标机会，他们失利的主要原因是投标价格(他们的定价以完全成本核算为基础)比竞争对手高。因为按公司政策规定，分公司经理不能接受价格低于完全成本的订单，为此张庆的分公司失去了好几项业务。张庆要求公司改变有关报价的政策，建议以变动成本而非完全成本核算作为投标底价。在经济衰退期，只要变动成本的报价能产生正的贡献边际，就可能在一定程度上补偿固定成本，有助于维持分公司利润。

张庆还建议改用变动成本计算法为基础编制分公司损益表，以便能更好地反映分公司业绩。因为，以变动成本计算法为基础编制的各产品损益表能更好地提供有关产品业绩的信息，从而有利于投标。

王力断然否定了这个建议，他坚持认为所有的成本必须得到补偿，否则公司就会破产："以低于成本的价格出售产品，企业是无法生存的。而且我希望了解你们各个分公司补偿全部成本后的利润——而不仅仅是补偿变动成本后的利润。除非你们能证明变动成本计算法更好，否则我不会考虑改变目前的政策。"

会后，张庆决定准备一份正式的报告，让王力相信变动成本计算法的作用。为了使自己的论点更具有说服力，他让分公司财务经理提供了上季度有关水泥砖（8'×8'×16'）的资料，如表 3.11 所示。

表 3.11　水泥砖资料　　单位：元

项　　目	金　　额
上季度的产量（与销售量）（块）	100 000
生产能力（块）	140 000
单位制造成本	
直接材料	0.22
直接人工	0.14
变动制造费用	0.09
固定性制造费用	0.10
合计	0.55
非制造成本	
销售费用	
固定销售费用	10 000
变动销售费用	销售收入的 5%
管理费用（全部为固定）	20 000

总固定性制造费用为 140 000 元（预计和实际）。变动性制造费用按预计的发生额计算，制造费用差异结转入"产品销售成本"账户。100 000 件产品的平均单价为 0.90 元。

要求：

(1) 用完全成本计算法和变动成本计算法编制该季度的损益表。这一资料有助于支持张庆的论点吗？

(2) 假设张庆咨询过销售经理，得知该分公司能够再生产和销售 30 000 块水泥砖；假设单价为 0.54 元，请计算销售这 30 000 块砖的毛利，再计算这些水泥砖的贡献边际。请讨论形成这两个数字不同的原因。

(3) 用完全成本计算法和变动成本计算法分别编制损益表，反映以 0.54 元的单价销售 30 000 块水泥砖的利润情况。在要求(2)中，哪个数字——毛利还是贡献边际能恰当地反映销售 30 000 块水泥砖对分公司利润的影响？请解释原因。

(4) 你会采用什么办法使王力相信，变动成本计算法是十分有用的管理决策工具？他认为公司必须补偿其全部成本，损益表应该反映所有的成本——而不仅仅是变动成本，这种观点有根据吗？请解释原因。

项目 2　计算并分析两种成本计算法下分期营业净利润差额

【相关知识】

3.2.1　两种成本计算法下分期营业净利润差额产生的根本原因

由例 3-4 可以看出，完全成本法下的营业净利润与变动成本法下的营业净利润可能相等，也可能不相等。原因是什么呢？

通过比较两种成本法下营业净利润的计算公式，分析它们的相同点和不同点，可以发现：

（1）在两种成本法下，销售收入是完全相同的，不会导致营业净利润出现差额。

（2）在两种成本法下，销售费用、管理费用、财务费用只是在计入利润表的位置和补偿途径方面有形式上的区别，即都从销售收入中全额扣除，所以也不会导致营业净利润出现差额。

（3）在两种成本法下，变动生产成本都是产品成本的构成内容，都以相同的金额从销售收入中扣除，也不会导致营业净利润出现差额。

（4）只有固定性制造费用这个项目在不同的成本法下处理方式不同。分析两种成本法下分期营业净利润出现差额的根本原因，必须从分析固定制造费用入手。

在变动成本法下，计入当期利润表、由当期利润承担的是当期发生的全部固定制造费用；而完全成本法下，计入当期利润表、由当期利润承担的固定制造费用数额，不仅受到当期发生的固定制造费用水平的影响，而且要受到期末存货和期初存货水平的影响。因此，在其他条件不变的前提下，只要某期完全成本法下期末存货吸收的固定制造费用与期初存货释放的固定制造费用水平不同，就意味着两种成本法计入当期利润表的固定制造费用的数额不同，则一定会使两种成本法计算的当期税前净利润出现差异，差额的大小等于期末存货吸收的固定制造费用数额与期初存货释放的固定制造费用数额之差；如果某期完全成本法下期末存货吸收的固定制造费用与期初存货释放的固定制造费用水平相同，就意味着两种成本法计入当期利润表的固定制造费用的数额相同，两种成本法的当期税前净利润必然相等。

总之，导致两种成本法下营业净利润出现差额的根本原因在于两种成本法计入当期利润表的固定性制造费用的水平出现了差异，而这种差异又具体表现为完全成本法下期末存货吸收的固定性制造费用与期初存货释放的固定性制造费用之间的差异。用公式表示如下：

完全成本法发生固定制造费用计入当期利润的数额
＝－（期初存货的固定制造费用＋本期发生的固定制造费用
－期末存货的固定制造费用）
变动成本法发生固定制造费用计入当期利润的数额
＝－本期发生的固定制造费用

以上两式相减，得：

两种成本法发生固定制造费用计入当期利润的差额
＝期末存货的固定制造费用－期初存货的固定制造费用

因为在其他条件不变的情况下，两种成本法发生固定制造费用计入当期利润的差额就是两种成本法当期营业净利润的差额，所以：

两种成本计算法当期营业净利润的差额

＝完全成本法下期末存货吸收的固定制造费用

－完全成本法下期初存货释放的固定制造费用

3.2.2 两种成本计算法分期营业净利润差额的变动规律

1）一般变动规律

在不考虑其他附加条件的情况下，依以上公式可以找出两种成本法分期营业净利润差额的一般变动规律，如表 3.12 所示。

表 3.12 一般变动规律

完全成本法下期末、期初存货的固定制造费用关系			两种成本法的营业净利润关系		
期末存货吸收的固定制造费用	＝	期初存货释放的固定制造费用	完全成本法下的营业净利润	＝	变动成本法下的营业净利润
期末存货吸收的固定制造费用	＞	期初存货释放的固定制造费用	完全成本法下的营业净利润	＞	变动成本法下的营业净利润
期末存货吸收的固定制造费用	＜	期初存货释放的固定制造费用	完全成本法下的营业净利润	＜	变动成本法下的营业净利润

2）特殊变动规律

通过整理两种成本法当期营业净利润的差额公式可以得出：

两种成本法当期营业净利润的差额

＝完全成本法下期末存货的单位固定制造费用×期末存货量

－完全成本法下期初存货的单位固定制造费用×期初存货量

从上式可以得出表 3.13 所示的特殊变动规律。

表 3.13 特殊变动规律（一）

期末存货量	期初存货量	两种成本法的营业净利润关系
≠0	0	完全成本法下的营业净利润＞变动成本法下的营业净利润
0	≠0	完全成本法下的营业净利润＜变动成本法下的营业净利润
0	0	完全成本法下的营业净利润＝变动成本法下的营业净利润

当期末存货量和期初存货量均不为零，前后期固定制造费用和产量均不变，按完全成本法计算的单位期末存货中的固定性制造费用与单位期初存货中的固定性制造费用相等时，营业净利润差额的性质取决于期末存货量和期初存货量的数量关系（或产销平衡关系），如表 3.14 所示。

表 3.14 特殊变动规律（二）

期末存货量与期初存货量关系	两种成本法的营业净利润关系
期末存货量＝期初存货量（产＝销）	完全成本法下的营业净利润＝变动成本法下的营业净利润
期末存货量＞期初存货量（产＞销）	完全成本法下的营业净利润＞变动成本法下的营业净利润
期末存货量＜期初存货量（产＜销）	完全成本法下的营业净利润＜变动成本法下的营业净利润

由此可见，期末存货量和期初存货量之间的数量关系及产销平衡关系与营业净利润差额之间并不存在一成不变的联系，只有在特定条件下，才有一定规律可循，因此，不能盲目地套搬这些特殊规律。

3.2.3 营业净利润差额简算法及其应用

两种成本法下的营业净利润差额用公式表示为：

某期两种成本计算法下营业净利润差额
＝该期完全成本法下的营业净利润
－该期变动成本法下的营业净利润

营业净利润差额的简算公式为：

某期两种成本计算法下营业净利润差额
＝完全成本法下期末存货吸收的固定制造费用
－完全成本法下期初存货释放的固定制造费用

某期两种成本计算法下营业净利润差额
＝完全成本法下期末存货的单位固定制造费用×期末存货量
－完全成本法下期初存货的单位固定制造费用×期初存货量

在实务中有时不需要按两种成本法同时计算营业净利润，而是先计算出变动成本法下的营业净利润指标，再利用利润差额简算法确定两种成本法的营业净利润差额，最后按以下简化公式直接推算出完全成本法下的营业净利润。

完全成本法下的营业净利润
＝变动成本法下的营业净利润
＋按简算法计算的营业净利润差额

【例 3－5】 某厂生产甲产品，产品单价为 10 元/件，单位产品变动生产成本为 4 元，固定性制造费用总额为 24 000 元，销售及管理费用为 6 000 元，全部为固定性的，存货按先进先出法计价，最近 3 年的产销量资料如表 3.15 所示。

要求：

(1) 分别按两种方法计算单位产品成本；

(2) 分别按两种方法计算期末存货成本；

(3) 分别按两种方法计算期初存货成本；

(4) 分别按两种方法计算各年营业净利润(编制利润表)；

(5) 用差额简算法验证完全成本法下的各年营业净利润。

表 3.15 甲产品 3 年产销量资料 单位：件

产销量	第一年	第二年	第三年
期初存货量	0	0	2 000
本期生产量	6 000	8 000	4 000
本期销售量	6 000	6 000	6 000
期末存货量	0	2 000	0

解：(1) 在变动成本法下

① 各年的单位产品成本＝单位产品变动生产成本＝4(元)

② 各年的期末存货成本＝单位产品成本×期末存货量

第一年的期末存货成本＝4×0＝0

第二年的期末存货成本＝4×2 000＝8 000(元)

第三年的期末存货成本＝4×0＝0

③ 各年的期初存货成本＝单位产品成本×期初存货量

第一年为零；第二年为零；第三年为 4×2 000＝8 000(元)

④ 各年的营业净利润见表 3.16。

表 3.16　甲产品变动成本法利润表　　单位：元

项　　目	第一年	第二年	第三年
营业收入	6 000×10＝60 000	6 000×10＝60 000	6 000×10＝60 000
变动成本	6 000×4＝24 000	6 000×4＝24 000	6 000×4＝24 000
贡献边际	36 000	36 000	36 000
固定成本			
固定制造费用	24 000	24 000	24 000
固定销售及管理费用	6 000	6 000	6 000
固定成本合计	30 000	30 000	30 000
营业净利润	6 000	6 000	6 000

(2) 在完全成本法下

① 各年的单位产品成本＝单位产品变动生产成本＋单位产品的固定制造费用

＝单位产品变动生产成本＋固定制造费用总额/各年产量

第一年的单位产品成本＝4＋24 000÷6 000＝8(元)

第二年的单位产品成本＝4＋24 000÷8 000＝7(元)

第三年的单位产品成本＝4＋24 000÷4 000＝10(元)

② 期末存货成本＝单位产品成本×期末存货量

第一年的期末存货成本＝0×8＝0

第二年的期末存货成本＝2 000×7＝14 000(元)

第三年的期末存货成本＝0×10＝0

③ 期初存货成本＝单位产品成本×期初存货量

第一年的期初存货成本＝0

第二年的期初存货成本＝0

第三年的期初存货成本＝2 000×7＝14 000(元)

④ 各年的营业净利润见表 3.17。

表 3.17　甲产品完全成本法利润表　　单位：元

项　　目	第一年	第二年	第三年
营业收入	6 000×10＝60 000	6 000×10＝60 000	6 000×10＝60 000
营业成本			
期初存货成本	0	0	14 000

本期生产成本	6 000×8=48 000	8 000×7=56 000	4 000×10=40 000
可供销售的商品生产成本	48 000	56 000	54 000
期末存货成本	0	14 000	0
营业成本	48 000	42 000	54 000
营业毛利	12 000	18 000	6 000
营业费用			
固定销售及管理费用	6 000	6 000	6 000
营业费用合计	6 000	6 000	6 000
营业净利润	6 000	12 000	0

⑤ 验证：

因为：

完全成本法下的营业净利润＝变动成本法下的营业净利润
＋按简算法计算的营业净利润差额

按简算法计算的营业净利润差额
＝完全成本法下期末存货的单位固定制造费用×期末存货量
－完全成本法下期初存货的单位固定制造费用×期初存货量

所以：

第一年完全成本法下的营业净利润＝6 000＋0＋0＝6 000(元)

第二年完全成本法下的营业净利润＝6 000＋3×2 000＝12 000(元)

第三年完全成本法下的营业净利润＝6 000＋0－3×2 000＝0

结果与完全成本法下的利润表中的数字相同。

【技能训练】

1) 问题讨论

(1) 两种成本法下利润差额简算法的现实意义在哪里?

(2) 怎样才能使变动成本计算法兼顾对外编制财务报告的需要?

2) 案例分析

困惑在哪里

下面是华丰有限责任公司 2010 年 4～6 月份的部分利润表。

表 3.18　华丰有限责任公司利润表　(2010 年)　　单位:元

项　　目	4 月	5 月	6 月
主营业务收入(单价 25)	1 750 000	1 875 000	2 000 000
减:主营业务成本			
期初存货成本	80 000	320 000	400 000
本期生产成本			
变动生产成本(单位成本 9)	765 000	720 000	540 000
固定性制造费用	560 000	560 000	560 000

续　表

项　　目	4月	5月	6月
本期生产成本合计	1 325 000	1 280 000	1 100 000
本期可供销售的产品成本	1 405 000	1 600 000	1 500 000
减:期末存货成本	320 000	400 000	80 000
本期主营业务成本	1 085 000	1 200 000	1 420 000
主营业务利润	665 000	675 000	580 000
减:销售费用和管理费用	620 000	650 000	680 000
税前净利	45 000	25 000	(100 000)

华丰有限责任公司的副总经理王利对这三个月的税前净利感到非常困惑,他说:"最近三个月来,我们公司的销售量一直稳步增长,为什么利润反而越来越少?6月份我们完成了200万的销售额,反而亏损了10万元,难道我们的利润不是和销售额成正比例增长的吗?"王利找来公司新招聘的财务主管张骞,希望他能解释其中的缘由。张骞告诉经理,财务报表是按照完全成本法编制的,并介绍了完全成本法和变动成本法的含义,同时说当生产与销售不平衡时,变动成本法可以更好地向管理者报告利润。华丰有限责任公司第二季度的生产和销售数据如表3.19所示。

表3.19　华丰有限责任公司产销量数据　　单位:件

项　　目	4月	5月	6月
产　　量	85 000	80 000	60 000
销　　量	70 000	75 000	80 000

其他资料如下:

(1) 4月1日公司的存货数量为5 000件。

(2) 每季度的固定制造费用为1 680 000元,并且在季度内平均发生。

(3) 销售一单位产品的变动性销售、管理费用为6元。上表中剩下的销售、管理费用是固定成本。

(4) 公司使用先进先出法,在产品存货可以忽略不计。

听完张骞的介绍,王利说:"我知道我们的生产和销售有时不平衡。这是由于在本季度开始的时候为了预防7月份可能出现的自然灾害停产而增加了产量,但台风并未出现,7月份的时候我们不得不削减产量以消耗过多的存货。"

要求:

① 使用变动成本法重新编制4、5、6三个月的利润表。

② 向经理解释为什么使用完全成本计算法编制的利润表反映的利润呈现不稳定变动,为什么利润与销售量不成正相关关系?

③ 计算两种成本法下的利润差额,并用简算法进行验证。

案例分析要点:

分析此案例需按以下要点进行:

变动成本法和完全成本法下的营业利润的计算,固定性制造费用在两种方法下的处理,简算法下的营业利润。

案例分析指导：

(1) 在变动成本法下，4、5、6 三个月的主营业务收入与完全成本法相同，如表3.20所示。

各月变动销货成本 ＝ 单位变动生产成本 × 各期销货量

各月变动的销售及管理费用 ＝ 单位变动销售及管理费用 × 各期销货量

各期固定性销售及管理费用＝各月总的销售及管理费用－各月变动的销售及管理费用

表 3.20　变动成本法利润表　　单位：元

项　　目	4 月	5 月	6 月
主营业务收入	1 750 000	1 875 000	2 000 000
变动成本			
变动的销货成本	9×70 000＝630 000	675 000	720 000
变动的销售及管理费用	6×70 000＝420 000	450 000	480 000
变动成本合计	1 050 000	1 125 000	1 200 000
固定成本			
固定性制造费用	560 000	560 000	560 000
固定性销售及管理费用	620 000－420 000＝200 000	200 000	200 000
固定成本合计	760 000	760 000	760 000
税前净利	(60 000)	(10 000)	40 000

按变动成本法计算的各月税前净利随销售量的增大而增大，与销售量成正相关变动，所以说在变动成本法下“销售量”成为企业利润的晴雨表，有利于企业内部的管理和经营。

(2) 在完全成本法下，每期利润水平不仅受到当期发生的固定性制造费用的影响，而且要受到期初存货和期末存货中包含的固定性制造费用的影响，只要各期产量和销售量不等，期初、期末存货量不等，各期税前净利必然不相等。因为在完全成本法下，单位成品成本中包含固定性制造费用，当期销货成本中就可能包含了上期的固定性制造费用，也可能将本期的固定性制造费用随着存货被递延到下期。而在变动成本法下，单位成品成本中不包含固定性制造费用，当期销货成本中就必然不包含固定性制造费用，当期产生的固定性制造费用全部作为期间成本被扣除。所以完全成本法下利润与销售量不成正相关关系，变动成本法下利润与销售量成正相关关系。

(3) 两种成本法下的利润差额，用简算法进行验证，如表 3.21 所示。

表 3.21　简算法计算表　　单位：元

项　目	4 月	5 月	6 月
两种成本法下的利润差额	105 000	35 000	(140 000)
简算法验证			
期末存货吸收的固定性制造费用	20 000 × 7 ＝ 140 000	25 000 × 7 ＝ 175 000	5 000×7＝35 000

续 表

项　　目	4月	5月	6月
减:期初存货释放的固定性制造费用	5 000×7 = 35 000	20 000×7 = 140 000	25 000×7 = 175 000
得:两种成本法下的利润差额	105 000	35 000	(140 000)

洪高公司的盈利情况

洪高有限公司生产小型电子计算器,预计每季销售量大约是5 000件,平均价格每件30元;因而生产就定在了该水平上。由于第一季度销售量没有超过3 500件,一开始就有了存货。到第一季度末发现先前对销量的估计太乐观了,第二季度生产相应的减至2 000件。变动生产成本平均每件20元,固定性间接费用每季达20 000元。公司在第一季度售出2 000件,在第二季度售出4 000件(价格降低了5%)。当总经理看到公司头两季度的利润表时,他很吃惊。公司使用先进先出法核算成本,其资料见表3.22所示。

表3.22　洪高公司两季度利润表　　单位:元

项　　目	第一季度	第二季度
销售收入	60 000	114 000
期初存货	—	72 000
生产成本	120 000	60 000
可供销售的成本	120 000	132 000
减:期末存货	7 2000	30 000
销货成本	48 000	102 000
税前净利	12 000	12 000

要求:

(1) 请你为总经理写一份简短报告,解释为什么销售量翻了一番但两个季度的利润是相等的。

(2) 如果使用变动成本方法编制利润表将显示怎样不同的结果?并进行解释。

(3) 用完全成本法和变动成本法比较半年的结果,并且解释其差异。

案例分析指导:

(1) 销售量增长一倍,从第一季度2 000件到第二季度4 000件,但是,售价在第二季度下降了5%,因此,销售收入仅增长了90%,从6万元到11.4万元。在每个季度当中,扣除了每件20元的直接成本后,贡献边际额(间接费用和利润)上升了70%,从2万元到3.4万元,上升了1.4万元。

在完全成本法下,从利润中扣除的固定性间接费用:从第一季度的8 000元(20 000/5 000×2 000)增长到第二季度的2.2万元(20 000/5 000×3 000+20 000/2 000×1 000)。两个季度之间间接费用1.4万元的增长恰好抵消了贡献边际额上升的1.4万元,所以两季度的毛利相等。

(2) 变动成本法下利润表如表 3.23 所示。

表 3.23　变动成本法利润表　　单位:元

项　　目	第一季度	第二季度
销售收入	2 000×30＝60 000	4 000×28.50＝114 000
销售成本	2 000×20＝40 000	4 000×20＝80 000
贡献边际额	20 000	34 000
固定间接费用	20 000	20 000
税前净利	0	14 000

在变动成本法下,存货中不包括固定性间接费用,实际上固定性间接费用在发生时即被作为“期间成本”从利润中扣除了。而在完全成本法下存货中包括固定性间接费用,由于第一季度存在 3 000 件期末存货,就有了 1.2 万元(20 000/5 000×3 000)的固定性间接费用没有在当期扣除,而是随着存货被顺延到了下期,使得变动成本法下的税前净利小于完全成本法下的税前净利 1.2 万元。在第二季度当中,由于存在 3 000 件的期初存货就带来了 1.2 万元的上期固定性间接费用,又由于存在 1 000 件的期末存货,又把本期的 1 万元(20 000/2 000×1 000)固定性间接费用顺延到下期,第二季度实际多扣除了 2 000 元的固定性间接费用,所以,使得变动成本法下的税前净利大于完全成本法下的税前净利 2 000 元。

(3) 半年时间,完全成本法的利润为 2.4 万元(1.2 万元＋1.2 万元)比变动成本法的利润 1.4 万元(0＋1.4 万元)多出了 1 万元,这 1 万元在第二季度的期末存货价值上显示出来。

【拓展阅读与训练】

作业成本法

在过去的 20 年里,企业的经营环境发生了巨大的变化。在新的环境下,传统的成本管理方法受到了猛烈冲击,各种新的成本管理方法不断产生与发展。在这些新的成本管理方法中,作业成本管理便是一种最具代表性的方法,其核心是作业成本法。

作业成本法能在近年蓬勃发展,原因可以简要归纳为两个方面,一是制造环境的改变;二是市场竞争的日益激烈。

20 世纪 70 年代以来,随着现代科技的发展,计算机的应用领域已向人类社会活动的各个方面扩展开来。许多企业为提高劳动生产率,降低成本,提高产品质量,纷纷采用以数控机床、计算机辅助设计、计算机集成制造等现代化装备和手段为主要特征的计算机一体化制造系统。这种环境使产品成本结构发生了重大变化,许多人工被机器取代,直接材料成本、直接人工成本占产品成本的比例大大下降,而间接费用在产品中的比重日益上升,而且间接费用与直接材料、直接人工的相关性越来越小。若仍按传统的方法进行分配已不太合适。如某些以人工成本作为分配基础的公司,其间接费用分配率为 500%,甚至更高,而 70 年代前的间接费用仅为直接人工费用的 50%～60%。产品成本结构的根本变化使得以工时或机时为基础的间接费用分配方法已不能准确提供产品成本信息，难以为管理决策和控制提供有用信息。

技术进步导致产品市场寿命缩短，产品市场寿命的缩短加剧了竞争。使竞争加剧的另一个原因是客户需求的个性化、多样化。随着社会生产力的飞速发展，社会财富的迅速增长，人们有了更多的选择余地，需求的个性化、多样化是大势所趋。需求的个性化、多样化给生产厂家以更多的机会，同时又加剧了竞争。在当今全球竞争激烈的时代，各厂家对控制的需求越来越迫切。由于激烈的竞争增加了对控制的需求，控制可以提高组织的效率，竞争还对管理会计系统的使用频率和重要性产生影响。需求的个性化、多样化同时也迫使公司改变其生产模式，把传统的少品种、大批量生产模式转变为适应客户需要的多品种、小批量的生产模式。在这种情况下，很多与批量(而不是与产量)直接相关的成本在产品成本中的比重日益提高。如果仍采用传统成本计算方法来分配这类成本，必然导致成本信息的严重失真。

作业成本法的产生有着深厚的社会经济技术背景和客观要求基础，它代表着企业成本制度的未来发展趋势。

作业成本法的研究最早可追溯到20世纪40年代初。当时最早提出的概念是"作业会计"(Activity-Based Accounting 或 Activity Accounting)。最早从理论和实践上探讨作业会计的是美国会计学家埃里克·科勒(Eric Kohler)教授。不过，首先对作业成本法(ABC)给出明确解释的是哈佛大学的青年学者罗宾·库珀(Robin Cooper)和罗伯特·卡普兰。他们认为，成本计算的基本对象是作业而非资源；作业消耗资源，产品消耗作业。作业成本法是以作业为中心的。作业成本法的理论基础是成本动因理论，这种理论认为费用的分配应着眼于费用发生的原因，把费用的分配与导致这些费用产生的原因联系起来，按照费用发生的原因分配。作业成本法把作业分为四个层次：分别是单元作业、批别作业、产品作业、支持作业，其中单元层次作业是与产品的产量成正比的，批别作业的成本与产品的生产批数成正比，产品作业的成本与生产产品的品种数量成正比，支持作业与产品生产无直接关系。显然不同层次的作业具有不同的成本动因。按照传统成本的处理方法：对批别作业和产品作业的成本按产品产量分配，这必然导致产品成本计算的扭曲。在多品种小批量的生产模式下，这种扭曲尤为严重。

作业成本核算的运行需要先确定资源、作业、成本对象以及资源动因和作业动因，并根据实际的消耗关系建立资源向作业的分配和作业向产品的分配。资源就是各项费用，来自企业总分类账户；成本对象通常是各种产品；作业根据企业的实际情况确定。作业成本采用二阶段分配实现成本计算，即资源成本按资源动因分配到各个作业，归集到作业的成本按作业动因分配各产品。

传统成本与企业生产无关，作业成本与企业生产联系紧密。作业成本核算体系的设计要充分考虑企业实施作业成本的目的，其作业的认定是对生产过程进行分析后得出的，并结合生产过程确定成本动因，在生产过程分析的基础上建立成本核算体系，因此可以说作业成本法是按企业管理和控制的需要，定制的成本核算方法，是个性化的成本核算方法。而传统成本则相反，它有固定的模式，虽然也有分批法、分步法和品种法等不同成本核算方法，但是并未考虑企业的实际需求和目的，企业必须选择一种成本核算方法。传统成本法是企业适应成本核算方法，而作业成本法是成本核算方法适应企业，两者有根本的不同。作业成本法开发的最初目的是克服传统成本计算制度对成本的扭曲，但是后来，研究的结果却逐渐超越了解决成本扭曲问题的本意。随着运用作业成本法的企业逐渐增多，管理者发现作业成本法给企业成本管理提供了良好的基础。于是，利用作业成本信息进行预算管理、生产管理、进行顾客盈利性分析等应用纷纷出现。这些颇具成效的方法，被视为与当代管理会计相关的收获而受到普遍赞誉，以作业为基础的作业管理已经成为现代管理会计的核心。

要求：

以作业成本法为题，通过搜集资料、研究整理，做出一个包括"什么是作业成本法、有何特点、怎样应用"为内容的 PPT 报告。派代表进行课堂交流。

【本模块要点归纳】

变动成本法是指只将变动生产成本作为产品成本的构成内容，而将固定生产成本及非生产成本作为期间成本的一种成本计算方法。其理论依据为：产品成本必然与产品产量密切相关。只有变动生产成本才应该计入产品成本；固定生产成本在相关范围内，它的发生与各期实际产量的多少无关，它与非生产成本一样具有时效性，其效益随着时间的推移而逐渐丧失，不能递延到下期，因此，固定生产成本应当与非生产成本同样作为期间成本处理。变动成本法与完全成本法在许多方面存在着区别。

变动成本法与完全成本法下分期利润差额的变化存在着一般变动规律与特殊变动规律，其关键点就在于固定性制造费用在完全成本法下随着存货递延到下期扣除，在变动成本法下在当期全部扣除。

两种成本法下的营业净利润差额也存在着一定的规律，在实务中有时不需要按两种成本法同时计算营业净利润，而是先计算出变动成本法下的营业净利润指标，再利用利润差额简算法确定两种成本法的营业净利润差额，最后按简化公式直接推算出完全成本法下的营业净利润。

【综合测试】

一、判断对错

1. 制造费用在两种成本法下都属于产品成本的内容。（　）

2. 在两种成本法下利润表的格式不同，完全成本法编制贡献式利润表，而变动成本法编制传统式利润表。（　）

3. 完全成本法认为，凡是因产品生产而发生的耗费都应计入产品成本。（　）

4. 在生产量不变的情况下，按变动成本法计算的税前净利润与销售量变动方向相同，而按完全成本法计算的税前净利润与销售量变动方向相反。（　）

5. 变动成本法能够促进以销定产，与销售量联系紧密。如果前后两个会计期间的销量相同，则按变动成本法计算确定的税前净利润相同。（　）

6. 当存货量不为零时，按变动成本法确定的存货成本必然小于完全成本法下的存货成本。（　）

7. 变动成本法是将成本按经济职能分类，将全部生产成本作为产品成本，将非生产成本作为期间成本，又称为制造成本法。（　）

8. 变动成本法计算的产品成本包括直接材料、直接人工、变动制造费用和变动销售及管理费用，不包括固定制造费用。（　）

9. 两种成本法计入当期利润表的期间费用，虽然形式上不同，但实质上相同。（　）

10. 若某期在两种成本法下期末存货吸收的固定生产成本与期初存货释放的固定生产成本的水平相同，则两种成本法计算的当期营业利润必然相等。（　）

二、单项选择

1. 变动成本法提供信息的主要用途是(　　)。

A. 满足对外提供报表的需要

B. 满足决策、强化企业内部管理的需要

C. 使营业净利润的计算更加科学

D. 使得销货成本及存货成本的计算更为合理

2. 变动成本法与完全成本法确定的营业净利润不相等的根本原因是(　　)。

A. 两种方法计算销售收入的方法不同

B. 两种方法计入当期损益的固定成本的水平不同

C. 两种方法对固定性制造费用的处理方式不同

D. 两种方法应用的前提条件不同

3. 期初存货中的固定生产成本 5 000 元,期末存货中的固定生产成本 7 000 元,本期按变动成本法计算的利润为 200 元,则按完全成本法计算的利润应为(　　)。

A. −3 200 元　　B. 3 200 元　　C. 800 元　　D. 2 200 元

4. 当某期生产量大于销售量、期末存货的固定制造费用大于期初存货的固定制造费用时,按完全成本法计算的税前净利润(　　)按变动成本法计算的税前净利润。

A. 大于　　B. 小于

C. 等于　　D. 小于或等于

5. 当期末存货量为零,按变动成本法计算的本期营业净利润大于按完全成本法计算的营业净利润时,则期初存货量必须(　　)。

A. 为零　　B. 不为零

C. 小于零　　D. 与期末存货量相等

6. 在变动成本法下,固定制造费用与非生产成本应(　　)。

A. 作为期间成本处理　　B. 计入产品成本

C. 递延到下期　　D. 在在产品与产成品之间分摊

7. 按完全成本法计算确定的产品单位成本要比按变动成本法确定的相应数值(　　)。

A. 高或相等　　B. 低　　C. 相等　　D. 不一定

8. 变动成本法下产品成本中一定不包含的项目是(　　)。

A. 生产工人的工资　　B. 按机器工时计提的设备折旧费

C. 生产领用原材料　　D. 车间管理人员的工资

9. 本期产量 2 000 件,销售量 800 件,本期发生的固定生产成本 5 000 元,单位变动生产成本 10 元,则完全成本法下期末存货吸收的固定生产成本为(　　)。

A. 20 000 元　　B. 3 000 元　　C. 5 000 元　　D. 1 000 元

10. 期初存货量 300 件,本期产量 200 件,销售量 400 件,上期单位产品成本 15 元(其中单位固定成本 4 元),本期单位变动成本与上期相同,本期发生的固定生产成本 2 000 元。则完全成本法下期末存货吸收的固定生产成本为(　　)(按先进先出法核算)。

A. 3 000 元　　B. 4 500 元　　C. 1 000 元　　D. 2 400 元

三、多项选择

1. 完全成本法和变动成本法共同的产品成本是(　　)。

A. 直接材料　　B. 直接人工　　C. 销售费用

D. 管理费用　　E. 变动制造费用

2. 在完全成本法下,如果单价、单位变动成本和固定成本总额均不变,下列说法正确的有(　　)。

A. 各年销售量相同的情况下,营业利润必然相同

B. 销售量增加,营业利润必然增加

C. 销售量减少，营业利润必然减少

D. 销售量增加，营业利润不一定增加

E. 销售量减少，营业利润不一定减少

3. 变动成本法是为适于面向未来，加强企业内部管理而产生的，它具有的优点是（　　）。

A. 促使企业重视市场，做到以销定产　　B. 简化了成本核算

C. 强化了成本分析控制　　D. 促进成本降低

E. 便于开展本量利分析，进行科学的预测和短期经营决策

4. 在变动成本法下，期间成本包括（　　）。

A. 变动制造费用　　B. 固定制造费用　　C. 变动销售费用

D. 固定销售费用　　E. 管理费用

5. 与完全成本法不同，变动成本法（　　）。

A. 按成本性态进行成本分类

B. 产品成本中只包括变动生产成本，而不包括固定生产成本

C. 以贡献边际总额作为计算税前净利润的中间指标

D. 成本核算简单，有利于进行成本控制和部门业绩评价

E. 更符合传统的成本概念

6. 下列各项中不会引起变动成本法与完全成本法确定的税前净利润出现差额的有（　　）。

A. 变动生产成本　　B. 固定生产成本　　C. 非生产成本

D. 销售收入　　E. 以上都正确

7. 变动成本法是按贡献式损益确定程序计量损益的一种成本计算模式，它基于的理由是（　　）。

A. 产品成本只包括变动生产成本

B. 产品成本包括固定生产成本和变动生产成本

C. 固定生产成本应当作为期间成本处理

D. 变动生产成本应当作为期间成本处理

8. 完全成本法下的营业净利润与变动成本法下的营业净利润之间的关系是（　　）。

A. 可能大于　　B. 可能小于　　C. 可能等于

D. 无规律可循　　E. 有规律可循

9. 在完全成本法与变动成本法下均作为期间成本处理的项目是（　　）。

A. 变动制造费用　　B. 固定制造费用　　C. 管理费用

D. 财务费用　　E. 销售费用

10. 变动成本法所提供的信息对强化企业管理有相当大的积极作用，例如可以（　　）。

A. 加强成本管理　　B. 促进以销定产　　C. 调动企业增产的积极性

D. 简化成本核算　　E. 满足对外报告的需要

四、计算分析

1. 某企业只产销一种产品，有关成本资料如下：单位产品的直接材料为5元/件、直接人工为4元/件、变动性制造费用为1元/件；全年固定制造费用总额为50 000元；全年产量为10 000件，产品销售单价为28元；变动性销售费用为1元/件，固定性销售费用为3 000元/年，变动性管理费用为1元/件，固定性管理费用为2 000元/年。假定当年销售量为9 000件，分别计算两种成本法下的产品单位成本、存货成本、期间成本、销货成本和税前净利润。

2. 某企业生产甲产品，两年来的有关资料见下表（实物量单位：件，价值量单位：元），企业采用先进先出法，对产品存货成本进行计价。

项　　目	第一年	第二年
生产量	180 000	150 000
销售量	150 000	170 000
产品销售单价	20	20
单位产品变动生产成本	8	8
全年固定制造费用	300 000	300 000
单位变动销售及管理费用	2	2
全年固定销售及管理费用	200 000	200 000

要求：分别采用两种成本法计算第一年和第二年的营业净利润。

3. 已知某厂连续两年的产销量、成本和售价等资料如下表(实物量单位：件，价值量单位：元)：

项目	第一年	第二年
生产量	8 000	10 000
销售量	8 000	6 000
单位产品变动成本	15	15
固定性制造费用	40 000	40 000
销售及管理费用	10 000	10 000
单价	40	40

该厂按变动成本法计算的营业利润第一年为 150 000 元，第二年为 100 000 元，存货按先进先出法计价。

要求：用利润差额简算法计算完全成本法的各年营业利润。

4. 某企业只产销一种产品，计算完成下列损益表。

单位：元

传　统　式		贡　献　式	
项　　目	金额	项目	金额
营业收入	①	营业收入	400 000
期初存货成本	0	本期销售产品变动生产成本	⑤
加本期生产成本	②	变动性销售费用	16 000
减期末存货成本	36 000	变动性管理费用	4 000
营业成本	③	贡献边际	⑥
营业毛利	④	固定性制造费用	60 000
减销售费用	30 000	固定性销售费用	⑦
管理费用	30 000	固定性管理费用	⑧
营业净利润	16 000	营业净利润	⑨

五、复习思考

1. 什么是变动成本法？什么是完全成本法？二者的产品成本和期间成本的构成内容分别是什么？

2. 变动成本法的理论依据是什么？

3. 两种成本法的销货成本和营业净利润的计算公式是什么？

4. 两种成本法下营业净利润出现差异的根本原因是什么？两种成本法计算的营业净利润之间如何相互转换？

5. 两种成本法下营业净利润差额的变动规律是什么？

6. 变动成本法的优缺点是什么？

模块 4　本量利分析

【知识目标】

掌握本量利分析概念，贡献边际及相关指标的计算；掌握单一品种条件下的本量利分析方法；熟悉本量利关系的表现形式和多品种条件下的本量利分析方法；了解有关因素变动对保本点和保利点的影响。

【技能目标】

能熟练运用本、量、利三者之间的关系评价企业的经营安全程度、盈利能力，会利用本量利分析的基本方法分析解决企业的经营管理问题。

【引导案例】

滨海啤酒厂因何亏损

20 世纪 80 年代中期，A 市的啤酒市场一直处于供不应求状态，上级有关部门决定从满足市场需要出发，投资兴建滨海啤酒厂。于是从国外引进了先进的生产设备，招募了素质较好的工人。但投产后的前 3 年一直处于亏损状态。为了改变此种状态，厂领导也是想尽了一切办法，比如：增加广告费投入，进一步提高销量；进行职工的全员培训，提高全员的质量意识；更换部分中层干部，让责任心强、管理严格的人走上管理岗位；努力降低原材料的消耗量；实行多品牌战略等。1 年后，虽然销量有所上升，生产成本有所下降，管理也更加严格，但仍然无法逃脱亏损的厄运。问题究竟在哪里呢？直到有一天，该厂厂长参加了企业管理培训班，在培训班上，老师详细讲解了本量利分析法后才明白。在老师的帮助下，该厂厂长借助财务会计资料，对该厂进行了本量利分析，发现在现有的固定成本、变动成本以及啤酒销售价格的情况下，滨海啤酒厂要想保本，年产量至少要达到 5 万吨，而由于技术原因，无法发挥先进设备批量生产的优势，年产量只有 3.5 万吨。看来亏损是必然的了。

请问：本量利分析法能解决什么问题呢？对管理决策又有哪些帮助呢？

项目 1　认知本量利分析

【相关知识】

4.1.1　本量利分析的含义

本量利分析(cost volume profit analysis)，全称成本－数量－利润分析，简称 CVP 分

析。本量利分析是指在成本性态分析的基础上，用数学模型和图示来揭示成本、业务量（产量、销量、产销量）和利润三者之间的依存关系，为会计预测、决策和制订规划提供必要信息的一种定量分析方法。

在企业的经营中，管理人员往往想知道以下一些问题：企业至少应销售多少产品才能保本？在销售一定数量产品的情况下，能获多少利润？期望获得一定数量的利润，必须销售多少产品？在一定的销量下，要确保达到一定的利润其价格或成本又应为多少？诸如此类涉及产品的价格、数量、成本和利润之间关系的问题，都需要经过本量利分析来解决。

4.1.2 贡献边际及其相关指标

1）贡献边际的含义

贡献边际也称贡献毛益，是指产品的销售收入与相应变动成本之间的差额。贡献边际除了可用总量指标即贡献边际总额（记作 Tcm），还有单位贡献边际（记作 cm）和贡献边际率（记作 cmR）两种表现形式。其中，单位贡献边际是指产品的销售单价与单位变动成本的差额；贡献边际率是指贡献边际占销售收入的百分比。

2）贡献边际相关指标的计算

$$\begin{aligned}\text{贡献边际}(Tcm) &= \text{销售收入} - \text{变动成本} = px - bx \\ &= \text{单位贡献边际} \times \text{销售量} = cm \cdot x\end{aligned}$$

$$\begin{aligned}\text{单位贡献边际}(cm) &= \text{单价} - \text{单位变动成本} = p - b \\ &= \frac{\text{贡献边际}}{\text{销售量}} = \frac{Tcm}{x}\end{aligned}$$

$$\begin{aligned}\text{贡献边际率}(cmR) &= \frac{\text{贡献边际}}{\text{销售收入}} \times 100\% = \frac{Tcm}{px} \\ &= \frac{\text{单位贡献边际}}{\text{单价}} \times 100\% = \frac{cm}{p} \times 100\%\end{aligned}$$

引入贡献边际指标之后，本量利基本关系式可写为：

$$\begin{aligned}\text{营业利润}(P) &= \text{销售收入} - \text{变动成本} - \text{固定成本} \\ &= Tcm - a \\ &= cm \cdot x - a\end{aligned}$$

从以上公式可以看出贡献边际指标的性质：企业各种产品提供的贡献边际并不是企业的营业净利润。因为贡献边际首先用来补偿企业的固定成本，只有当贡献边际大于固定成本时才能为企业提供利润，否则企业将出现亏损。所以，贡献边际是一个反映盈利能力的指标，或者说是一个反映能为营业利润做多大贡献的指标。

与贡献边际率密切相关的指标是变动成本率。所谓变动成本率（记作 bR）是指变动成本占销售收入的百分比，公式为：

$$\begin{aligned}\text{变动成本率}(bR) &= \frac{\text{变动成本}}{\text{销售收入}} \times 100\% = \frac{bx}{px} \times 100\% \\ &= \frac{\text{单位变动成本}}{\text{单价}} \times 100\% = \frac{b}{p} \times 100\%\end{aligned}$$

将贡献边际率与变动成本率两个指标联系起来考虑，可以得出以下关系式：

$$贡献边际率 + 变动成本率 = cmR + bR = 1$$

可见，贡献边际率和变动成本率属于互补性质，变动成本率越高，贡献边际率越低、盈利能力越小；反之，变动成本率越低，贡献边际率越高，盈利能力越强。

上述所有公式必须在理解的基础上熟练掌握，灵活运用。例如，若贡献边际率已知，则计算单位贡献边际和贡献边际的公式可写成如下形式：

$$\begin{aligned} 单位贡献边际(cm) &= 销售单价 \times 贡献边际率 \\ &= p \cdot cmR \end{aligned}$$

$$\begin{aligned} 贡献边际(Tcm) &= 销售收入 \times 贡献边际率 \\ &= px \cdot cmR \end{aligned}$$

【例 4-1】 某企业生产 A 产品，每单位售价 10 000 元，单位变动成本 6 000 元，固定成本总额 800 000 元，当年生产销售 1 000 台。贡献边际和贡献边际率可计算如下：

单位产品贡献边际＝10 000－6 000＝4 000(元)

全部产品贡献边际＝(10 000－6 000)×1 000

＝4 000×1 000＝4 000 000(元)

贡献边际率＝4 000÷10 000×100%＝40%

或＝4 000 000÷10 000 000×100%＝40%

4.1.3 本量利关系的表达形式

本量利关系的数学表达主要有三种形式：损益方程式、贡献边际方程式和本量利图。

1) 损益方程式

(1) 基本的损益方程式　目前多数企业都使用损益法来计算利润，即首先确定一定期间的收入，然后计算与这些收入相配合的成本，两者之差为期间利润。其基本公式如下：

$$利润(P) = 销售收入(S) - 总成本(y)$$

由于：

$$总成本(y) = 变动成本(bx) + 固定成本(a)$$

$$销售收入(S) = 单价(p) \times 销量(x)$$

假设产量和销量相同，则有：

$$利润 = 单价 \times 销量 - 单位变动成本 \times 销量 - 固定成本$$

$$P = px - (a + bx)$$

这个方程式是明确表达本量利之间关系的基本方程式，它含有 5 个相互联系的变量，给定其中 4 个，便可求出另 1 个变量的值。

【例 4-2】 某企业生产一种产品，单价 18 元，单位变动成本 12 元，本月计划销售 1 000 件，每月固定成本 3 000 元，预期利润是多少？

解：将有关数据代入损益方程式：

$$\begin{aligned} P &= px - (a + bx) \\ &= 18 \times 1\,000 - 12 \times 1\,000 - 3\,000 \\ &= 3\,000(元) \end{aligned}$$

(2) 损益方程式的变换形式　根据基本的损益方程式进行恒等变换，可得出 4 个损益方程式的变换形式。

① 计算销量的方程式

销量＝(固定成本＋利润)/(单价－单位变动成本)

假设前例企业拟实现目标利润 3 600 元，则销量应为：

销量＝(3 000＋3 600)/(18－12)＝1 100(件)

② 计算单价的方程式

单价＝(固定成本＋利润)/销量＋单位变动成本

假设前例企业计划销售 1 200 件，欲实现利润 3 600 元，则单价应定为：

单价＝(3 000＋3 600)/1 200＋12＝17.5(元/件)

③ 计算单位变动成本的方程式

单位变动成本＝单价－(固定成本＋利润)/销量

假设前例企业每月固定成本 3 000 元，单价 18 元，计划销售 1 200 件，欲实现利润 3 600 元，则单位变动成本应控制水平为：

单位变动成本＝18－(3 000＋3 600)/1 200＝12.5(元/件)

④ 计算固定成本的方程式

固定成本＝单价×销量－单位变动成本×销量－利润

假设前例企业单位变动成本 12 元，单价 18 元，计划销售 1 200 件，欲实现利润 4 000 元，则固定成本应控制水平为：

固定成本＝18×1 200－12×1 200－4 000＝3 200(元)

(3) 包含期间成本的损益方程式　为符合多步损益表的结构，不但要分解产品成本，而且要分解销售费用、管理费用等期间成本。将它们分解以后，方程式为：

税前利润＝销售收入－(变动产品成本＋固定产品成本)
　　　　　－(变动销售和管理费＋固定销售和管理费)
　　　　＝单价×销量－(单位变动产品成本＋单位变动销售和管理费)×销量
　　　　　－(固定产品成本＋固定销售和管理费)

【例 4－3】　某企业每月固定制造成本 1 000 元，固定销售费 100 元，固定管理费 150 元；单位变动制造成本 6 元，单位变动销售费 0.70 元，单位变动管理费 0.30 元；该企业产销一种产品，单价 10 元；本月计划销售 500 件产品，问预期利润是多少？

利润＝10×500－(6＋0.7＋0.3)×500－(1 000＋100＋150)＝250(元)

2) 贡献边际方程式

(1) 基本的贡献边际方程式　由于创造了贡献边际这个新的概念，上面介绍的基本的损益方程式可以改写成新的形式。

因为：

$$利润=销售收入-变动成本-固定成本$$
$$=贡献边际-固定成本$$

所以：

$$利润=销量\times单位边际贡献-固定成本$$

这个方程式，也可以明确表达本量利之间的数量关系。

【例 4-4】 某企业只生产一种产品，单价 6 元，单位变动成本 3 元，销量 600 件，固定成本 1 000 元，则：

$$利润=(6-3)\times600-1\,000=800(元)$$

(2) 贡献边际率方程式　上述贡献边际方程式，还可以利用贡献边际率改写成下列形式：

$$利润=贡献边际-固定成本$$
$$=销售收入\times贡献边际率-固定成本$$

据上例的资料计算：

$$贡献边际率=(6-3)/6\times100\%=50\%$$
$$利润=(6\times600)\times50\%-1\,000=800(元)$$

3) 本量利图

将成本、销量、利润的关系反映在直角坐标系中，即成为本量利图，因其能清晰地显示企业不盈利也不亏损时应达到的产销量，故又称为盈亏临界图或损益平衡图。用图示表达本量利的相互关系，不仅形象直观、一目了然，而且容易理解。

根据资料的多少和目的的不同，本量利图有多种形式。

(1) 基本的本量利图

【例 4-5】 假设某企业只生产一种产品，单价 10 元，单位变动成本 6 元，每月固定成本 1 000 元。根据所给资料绘制基本的本量利图如图 4.1 所示。

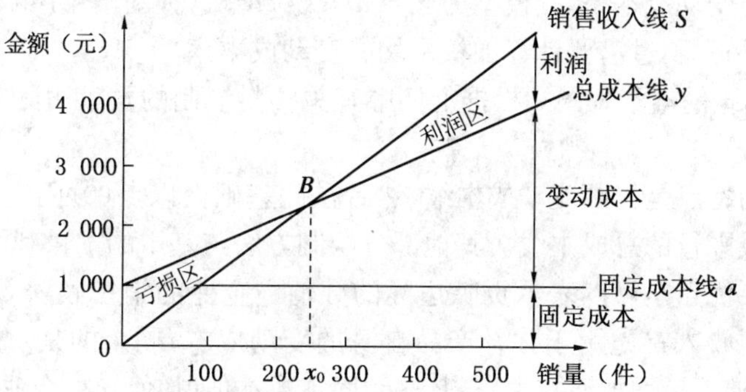

图 4.1　基本的本量利图

基本的本量利图绘制步骤如下：

① 选定直角坐标系，以横轴表示销售数量，以纵轴表示成本和销售收入金额。

② 在纵轴上找出固定成本数值，以此点(0，固定成本值)为起点，绘制一条与横轴平行的固定成本线。

③ 以点(0，固定成本值)为起点，以单位变动成本为斜率，绘制总成本线 $y = a + bx$。

④ 以坐标原点(0，0)为起点，以单价为斜率，绘制销售收入线 $S = px$。

基本的本量利图表达的意义如下：

① 固定成本线与横轴之间的距离为固定成本，它不随产量增减而变动。

② 总成本线与固定成本线之间的距离为变动成本，它随产量变动成正比例变化。

③ 总成本线与横轴之间的距离为总成本，它是固定成本与变动成本之和。

④ 销售收入线与总成本线交点(B)在横轴上对应的销售量 X_0 点是保本点，表明企业在此销售量下总收入与总成本相等，既没有利润，也不发生亏损。在此基础上，增加销售量，销售收入超过总成本，S 和 y 的距离为利润值，形成利润区；反之，形成亏损区。

图中的销售量(横轴)不仅可以用实物量表示，也可以用金额来表示，其绘制方法与上面介绍的大体相同。通常，这种图画成正方形，见图 4.2。

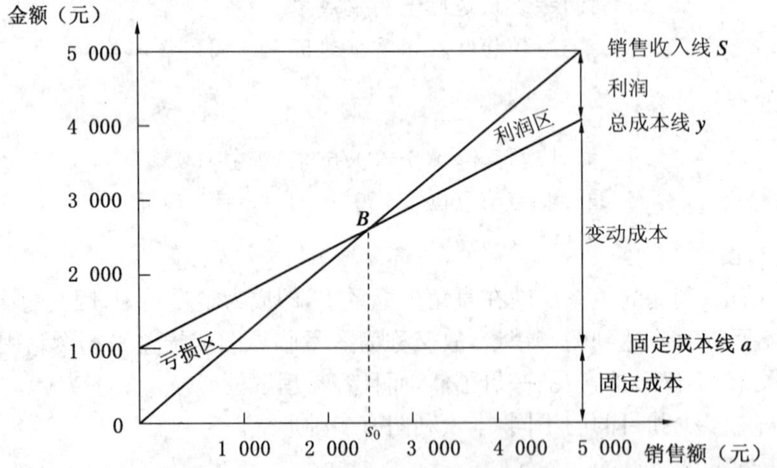

图 4.2　金额式本量利图

在绘制时，销售收入线 S 为从原点出发的对角线，其斜率为 1，总成本线从点(0，固定成本值)出发，斜率为变动成本率，其模型为 $y = a + s \cdot bR$。这种图不仅用于单一产品，还可用于多种产品的情况，只不过需要计算加权平均的变动成本率。

(2) 贡献边际式的本量利图　根据上例中有关资料绘制的贡献边际式本量利图如 4.3 所示。

这种图绘制的特点是先画变动成本线，然后在此基础上以点(0，固定成本值)为起点画一条与变动成本线平行的总成本线。其他部分绘制方法与基本的本量利图相同。

这种图的主要优点是可以表示贡献边际的数值。企业的销售收入 S 随销售量成正比例增长。这些销售收入首先用于弥补产品自身的变动成本，剩余的是贡献边际(阴影面积 Tcm)。贡献边际随销量增加而扩大，当其达到固定成本值(B 值)时，企业处于保本状态，当贡献边际超过固定成本后，企业进入盈利状态。

(3) 利润式本量利图　如图 4.4 所示。

利润式本量利图的绘制方法是：① 确定直角坐标系，横轴表示业务量，纵轴表示利润

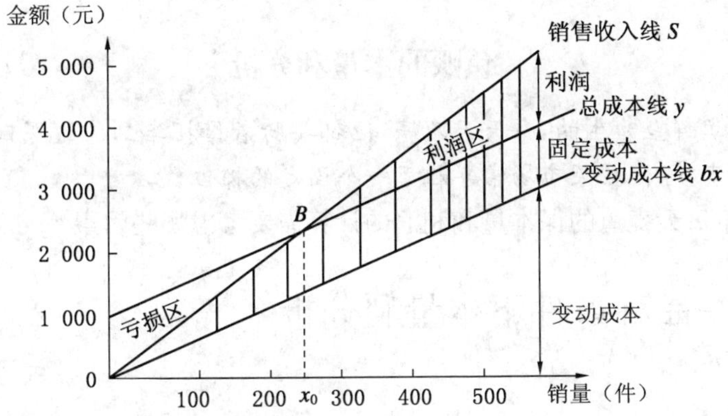

图 4.3　贡献边际式本量利图

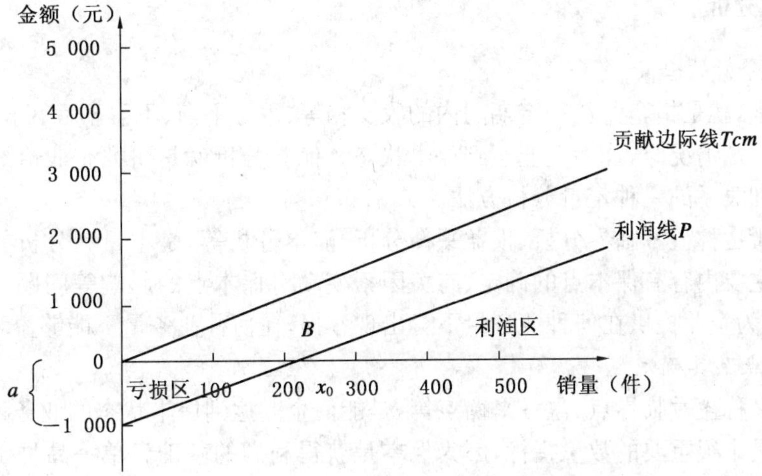

图 4.4　利润式本量利图

或贡献边际。② 业务量为销量，可以以坐标原点(0,0)为起点，以单位贡献边际为斜率画一条贡献边际线。③ 以纵轴上的负数固定成本值为起点，作一条平行于贡献边际线的利润线。

这种图表达的含义是：① 当单价和成本水平一定时，业务量越大，贡献边际和利润越多。② 业务量为零时，贡献边际为零，企业的亏损额等于固定成本。③ 利润线与横轴的交点(B)为保本点。

该图能清晰地反映业务量变动对利润的影响，简单明了，更易于企业管理人员理解，但它不能显示业务量变动对成本的影响。

【技能训练】

1）问题讨论

(1) 什么是贡献边际？有哪几种表现形式？

(2) 为什么管理人员必须懂得他们公司的成本是如何随着产量的变化而变化的？

(3) 一个不得不努力实现月度利润的酒店老板说："我们越忙，赔得越多。"你认为该酒店的贡献边际如何？

2）案例分析

鱼贩的本量利分析

张希是靠贩卖鲜鱼为生的，每天天不亮，他都要骑着摩托车到海边买回两大筐的鲜鱼，到居民区菜市场卖掉，他在菜市场常年租了一个固定的摊位。

请分析，张希每天卖鱼的保本量和利润的计算需要考虑哪些因素？

项目2　单一品种条件下本量利分析

【相关知识】

4.2.1　保本分析

1）保本分析的含义

所谓保本，就是指企业在一定期间内的收支相等、盈亏平衡、不盈不亏、利润为零。当企业处于这种特殊情况时，称为企业达到保本状态。保本分析就是研究企业恰好处于保本状态时的本量利关系的一种定量分析方法。

保本分析也称盈亏临界分析、损益平衡分析、够本分析等，是本量利分析的一项重要内容。研究的主要内容有保本点的确定、有关因素变动对保本点的影响等问题。通过研究分析这些内容，为企业提供在何种业务量下会出现亏损，在何种业务量下能够盈利等信息。

2）保本点及其确定

保本点又称盈亏临界点、盈亏平衡点等，是能使企业达到保本状态的业务量的总称。

保本点是个很重要的数量指标，因为保本是获得利润的基础。单一品种条件下的保本点有两种表现形式：一是保本点销售量，简称保本量（记作 x_0）；二是保本点销售额，简称保本额（记作 s_0），其确定方法如下。

（1）方程式法　方程式法又称基本公式法，是指在本量利关系基本方程式的基础上，根据保本点的定义，先求出保本量，再推算出保本额的一种方法。

利润＝单价×销量－单位变动成本×销量－固定成本

令利润等于零，此时产品销售量就是保本点的销售量，即

零＝单价×保本点销售量－单位变动成本×保本点销售量－固定成本

则有：

保本点销售量＝固定成本/（单价－单位变动成本）

$$x_0 = \frac{a}{p-b}$$

计算保本额的公式可以写成：

$$s_0 = px_0 = p \cdot \frac{a}{p-b} = \frac{a}{1-\frac{b}{p}}$$

【例 4－6】 某企业生产一种产品，单价 18 元，单位变动成本 10 元，固定成本总额 10 000元，计算其保本点销售量。

$$保本点销售量\ x_0 = 10\,000/(18-10) = 1\,250(件)$$

$$保本点销售额\ s_0 = 10\,000/[1-(10/18)] = 22\,500(元)$$

(2) 贡献边际法 贡献边际法是指利用贡献边际与业务量、利润之间的关系直接计算保本量和保本额的一种方法。实际上，贡献边际法也属于方程式法的形式。

由：$x_0 = \dfrac{a}{p-b}$

得：$x_0 = \dfrac{a}{cm}$

$s_0 = px_0 = \dfrac{a}{cmR} = \dfrac{a}{1-bR}$

【例 4－7】 仍按例 4－6 的资料，要求按贡献边际法计算保本量和保本额。

解：因为：$cm = p-b = 18-10 = 8$ (元)

$cmR = cm/p = 8/18 = 44.4\%$

所以：$x_0 = \dfrac{a}{cm} = 10\,000/8 = 1\,250$(件)

$s_0 = \dfrac{a}{cmR} = 10\,000/44.4\% = 22\,500$(元)

(3) 图解法 图解法是指通过绘制本量利图来确保保本点和保本额的一种方法，如图 4.5 所示。

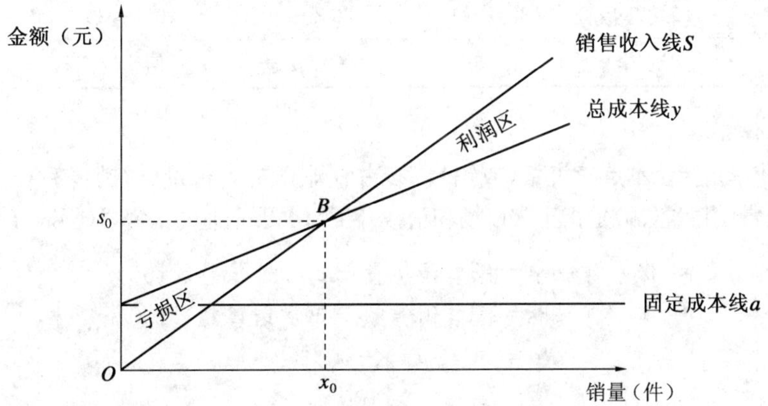

图 4.5 利用本量利图确定保本点

绘图方法如前所述。此法具有形象直观、容易理解的优点，但由于绘图比较麻烦，而且保本量和保本额数值的确定都需要在数轴上读出，因此结果可能不会十分准确。

4.2.2 经营安全程度分析

1) 安全边际

安全边际是实际或预计的销售量或销售额(分别记作 x_1, s_1)与保本销售量或销售额(分别记作 x_0, s_0)的差值而定的。安全边际有绝对量和相对量两种表示，其中绝对量包括安全边际量(记作 $MS_{量}$)和安全边际额(记作 $MS_{额}$)；相对量为安全边际率(记作 MSR)。

$$安全边际量=实际(预计)销售量-保本销售量$$

$$MS_{量}=x_1-x_0$$

$$安全边际额=实际(预计)销售额-保本销售额$$

$$\begin{aligned}MS_{额}&=s_1-s_0\\&=MS_{量}\times 单价\end{aligned}$$

安全边际率=安全边际量(或安全边际额)÷实际(预计)销售量(或销售额)×100%

$$\begin{aligned}MSR&=MS_{量}\div x_1\times 100\%\\&=MS_{额}\div s_1\times 100\%\end{aligned}$$

【例 4-8】 某企业实际销售 A 产品数量 2 000 件,保本销售量 1 250 件,产品销售单价为 100 元,求安全边际量、安全边际额、安全边际率。

解:$MS_{量}=x_1-x_0$

$=2000-1250=750$(件)

$MS_{额}=s_1-s_0$

$=MS_{量}\times$ 单价

$=750\times 100=75\,000$(元)

$MSR=750\div 2\,000\times 100\%$

$=37.5\%$

安全边际指标都是正指标,数值越大,企业的经营安全程度越高,所以安全边际和安全边际率可用来评价企业经营的安全程度。企业经营安全性的检验数据如表 4.1 所示。

表 4.1 企业经营安全性检验标准

安全边际率	40%以上	30%~40%	20%~30%	10%~20%	10%以下
安全程度	很安全	安全	较安全	值得注意	危险

2) 保本作业率

保本作业率是指保本点销售量(或销售额)占企业正常销售量(或销售额)的百分比(记作 dR)。所谓正常销售量(额)是指正常市场和正常开工情况下企业的销售量(额)。计算公式为:

保本作业率=保本销售量÷正常销售量×100%

=保本销售额÷正常销售额×100%

$$\begin{aligned}dR&=x_0\div x_1\times 100\%\\&=s_0\div s_1\times 100\%\end{aligned}$$

上面这个比率表明了企业保本的业务量在正常业务量中所占的比重。在实际工作中,大多数企业的生产能力是按正常销售量来规划的,生产经营能力和正常销售量基本相同。所以,保本作业率还表明保本状态下的生产经营能力的利用程度。

如上例中,设企业正常销售额为 27 000 元,保本销售额(前面已计算)为 22 500 元,则:

保本作业率 $(dR)=22\,500\div 27\,000\times 100\%=83.33\%$

从以上计算可以看到,该企业的作业率必须达到正常作业的 83.33%以上,才能取得盈利,否则就会发生亏损。

保本作业率是一个反指标,数值越小,说明企业经营安全程度越高。

安全边际率与保本作业率的关系为：

$$保本作业率+安全边际率=1$$
$$dR+MSR=1$$

4.2.3 保利分析

1) 保利分析的含义

所谓保利分析是指企业一定时期内目标利润已知条件下的本量利分析。在市场经济条件下，企业追求盈利是生存和发展的前提条件。只有在考虑到盈利存在的条件下，才能充分揭示成本、业务量和利润之间的正常关系。

2) 保利点及其确定

保利点是指在单价和成本水平既定的情况下，为确保实现确定的目标利润能够实现而应当达到的销售量和销售额的总称。

目标利润记作 TP，保利量记作 x_p，保利额记作 s_p，则依据本量利公式可写成：

$$TP=px_p-(a+bx_p)$$

这样，保利点的计算公式为：

$$x_p=\frac{a+TP}{p-b}=\frac{a+TP}{cm}$$
$$s_p=p\cdot x_p$$
$$=\frac{a+TP}{cmR}$$

对于企业的管理者来说，他们很关心税后利润的大小，所以在利润规划中，往往把税后利润作为目标，这一目标称为目标净利润(记作 TTP)。

由于税后利润等于利润总额减去所得税，即：

$$税后利润=利润总额-所得税$$
$$=利润总额\times(1-所得税税率)$$

如果确定了目标净利润，目标利润也就确定了，即：

$$目标利润=目标净利润/(1-所得税税率)$$
$$TP=TTP/(1-tR)$$

这样，计算实现目标净利润的销售量(保净利量)和销售额(保净利额)的公式可以写成：

$$保净利量=\frac{a+\frac{TTP}{1-tR}}{p-b}=\frac{a+\frac{TTP}{1-tR}}{cm}$$

$$保净利额=\frac{a+\frac{TTP}{1-tR}}{cmR}$$

【例 4-9】 已知某企业只生产甲产品，单价为 10 元，单位变动成本为 6 元，固定成本为 40 000 元。

(1) 假定该企业的目标利润(TP)为 12 000 元，计算该企业的保利点。

(2) 假定该企业某年的目标净利润(TTP)为10 720元，所得税税率(tR)为33%。计算该企业的保净利点。

解：保利量 $x_p = \dfrac{a+TP}{p-b} = (40\,000+12\,000)\div(10-6) = 13\,000$(件)

保利额 $s_p = p\cdot x_p = 10\times 13\,000 = 130\,000$(元)

$$保净利量 = \frac{a+\dfrac{TTP}{1-tR}}{p-b} = \frac{40\,000+\dfrac{10\,720}{1-33\%}}{10-6} = 14\,000(件)$$

保净利额 = 保净利量 × 单价 = 14 000 × 10 = 140 000(元)

4.2.4 有关因素变动对保本点和保利点的影响

在计算保本点时，假定单价、固定成本、单位变动成本诸多因素均不变动，但实际上这种静态平衡是不可能维持很久的，企业的目标利润确定后，还要根据本企业的生产能力及市场预测的情况进行利润的敏感分析，也就是分析各有关因素的变动对企业保本点及目标利润的影响程度。下面结合例题分别讨论各因素变动对保本点和保利点的影响。

【例4-10】 某企业预计年产销B产品20 000件，每件单位售价80元，单位产品变动成本55元，全年固定成本总额400 000元。原预计利润100 000元[预计利润＝20 000×(80－55)－400 000＝100 000元]。现根据本企业的生产能力(该企业最大生产能力为30 000件)和市场预测，要求在现有基础上利润增加20%，达到120 000元。为保证目标利润的实现，各个因素应如何变动？

解：根据以上资料，确定保本点销售量和目标利润如下：

保本点销售量＝400 000÷(80－55)＝16 000(件)

目标利润＝120 000元

计算各有关因素变动对保本点和保利点的影响。

1) 价格变动对保本点和保利点的影响

单位产品销售价格的变动是影响保本点和保利点的一个重要因素，在其他因素不变的情况下，单位售价提高将使产品的贡献边际增加，从而使保本点销量降低。这样，同样的销售量实现的利润就越多。反之，单位售价降低将使贡献边际减少，保本点销量增加。这样，同样的销售量实现的利润就越少。

设上例中其他条件不变，单位产品售价由80元提高到85元，必然会引起如表4.2所示的变动。

表4.2 单位售价变动对保本点和保利点的影响

项 目	变动前	变动后
单位产品售价(元)	80	85
单位产品变动成本(元)	55	55
单位产品贡献边际(元)	25	30
保本点销售量(件)	400 000/25＝16 000	400 000/30＝13 334
保利点销售量(件)	(400 000＋120 000)/25＝20 800	(400 000＋120 000)/30＝17 334

以上计算表明，在其他条件不变的情况下，当单位产品售价由80元提高到85元时，单

位产品的贡献边际由 25 元增加为 30 元，保本点销售量由 16 000 件减少到 13 334 件。这意味着在提高单位售价的条件下，要取得 120 000 元的目标利润，其销售量由原来的 20 800 件降低到 17 337 件。

2）单位变动成本变动对保本点和保利点的影响

在其他因素不变的情况下，单位变动成本的变动对贡献边际会产生影响，从而对保本点和保利点也必然产生影响。当单位产品的变动成本增加时，单位贡献边际按其增加额相应的减少，保本点销售量必然提高，保利点销量将会随之提高。反之，单位产品的变动成本减少时，单位贡献边际按其减少额相应的提高，保本点销售量必然下降，保利点销售量也减少。

设上例中其他因素不变，单位产品变动成本由原来的 55 元降低到 52 元，从而引起如表 4.3 所示的变动。

表 4.3　变动成本变动对保本点和保利点的影响

项　目	变动前	变动后
单位产品售价(元)	80	80
单位产品变动成本(元)	55	52
单位产品贡献边际(元)	25	28
保本点销售量(件)	400 000/25＝16 000	400 000/28＝14 286
保利点销售量(件)	(400 000＋120 000)/25＝20 800	(400 000＋120 000)/28＝18 572

上述计算表明，在其他条件不变的情况下，当单位产品变动成本由 55 元降低到 52 元时，单位产品的贡献边际由 25 元增加到 28 元，保本点销售量由 16 000 件减少到 14 286 件，保利点销售量由原来的 20 800 件降低到 18 572 件。

3）销售量变动对保本点和保利点的影响

上例中，在其他条件不变的情况下，为保证目标利润的实现，销售量应在原有基础上变化为：

目标利润＝目标销售量×(80－55)－400 000＝120 000(元)

目标销售量＝20 800(件)

即目标销售量在原来 20 000 件的基础上，增加到 20 800 件，增长 4%[即(20 800－20 000)/20 000＝4%]，才能保证目标利润的实现。

4）固定成本变动对保本点和保利点的影响

在其他因素不变的情况下，固定成本的增加或减少对保本点和保利点销售量均会发生影响。当固定成本增加时，保本点和保利点销售量会增加；当固定成本减少时，保本点和保利点销售量也减少。

设上例中其他因素不变，固定成本由原来的 400 000 元降低到 380 000 元，即减少 20 000元，则引起如表 4.4 所示的变动。

表 4.4　固定成本变动对保本点和保利点的影响

项　目	变动前	变动后
单位产品售价(元)	80	80
单位产品变动成本(元)	55	55
单位产品贡献边际(元)	25	25
固定成本(元)	400 000	380 000
保本点销售量(件)	400 000/25＝16 000	380 000/25＝15 200
保利点销售量(件)	(400 000＋120 000)/25＝20 800	(380 000＋120 000)/25＝20 000

上述计算表明，在其他条件不变的情况下，当固定成本减少时，保本点销售量由 16 000 件减少到 15 200 件，保利点销售量由原来的 20 800 件降低到 20 000 件。

5）多因素同时变动对保本点和保利点的影响

以上所述的是为了保证实现目标利润，分项逐一计算各有关因素所采取的相应措施。但在现实生活中，各有关因素往往不是孤立存在，而是相互制约、互为影响的。因此，为如实反映客观实际情况，往往需要综合计算各有关因素同时变动的影响。

假设上例中提高单位售价，由原来的 80 元提高到 85 元，同时增加广告费支出 50 000 元，降低单位变动成本，即由原来的 55 元降低为 52 元，则引起如表 4.5 所示的变动。

表 4.5　多因素同时变动对保本点和保利点的影响

项　目	变动前	变动后
单位产品售价(元)	80	85
单位产品变动成本(元)	55	52
单位产品贡献边际(元)	25	33
固定成本(元)	400 000	450 000
保本点销售量(件)	400 000/25＝16 000	450 000/33＝13 636
保利点销售量(件)	(400 000＋120 000)/25＝20 800	(450 000＋120 000)/33＝17 273

上述计算表明，当单位售价提高，固定成本同时增加，单位变动成本降低时，保本点销售量由原来的 16 000 件降低为 13 636 件，保利点销售量也由原来的 20 800 件减少为 17 273件。

【技能训练】

1）问题讨论

(1) 假如出现以下情况，保本点会有何变化？为什么？

① 如果单位变动成本增加。

② 如果销售量增加。

③ 如果单位贡献边际减少。

④ 如果固定成本降低。

(2) 单位产品销售价格减少 10％与单位变动成本增加 10％对利润的影响是否相同？

(3) “社会的趋势正在使保本点上升，所以安全边际会降低。”你认为这一说法正确吗？如果正确的话，为什么？它至关重要吗？

(4) 在确定产品的销售价格方面保本分析能有多大的帮助？

(5) 如果你知道安全边际和单位贡献边际，你如何计算出预期利润？

2）案例分析

海星公司的本量利分析

海星只生产一种产品，该产品于 2009 年初投产，当年即达到 10 000 件的设计能力，并实现销售 8 000 件。其他有关资料如下：

(1) 2009 年该产品的贡献边际率为 40％，单位变动成本为 60 元，固定成本为 200 000元。

(2) 经测算，2002 年该产品的单价和单位变动成本均不变，但为了实现 10 000 件产品的销售量，达到产销平衡，企业必须追加投入 40 000 元的固定成本。

要求：

(1) 计算该产品的下列有关指标：

① 变动成本率；

② 产品的单位售价；

③ 2009 年的销售收入；

④ 2009 年的贡献边际；

⑤ 2009 年的企业利润；

⑥ 预计 2010 年的固定成本；

⑦ 预计 2010 年企业的保本销售量(额)。

(2) 计算 2010 年企业的安全边际及安全边际率，并评价该企业经营的安全程度。

(3) 利用安全边际量指标，测算 2002 年企业的可实现利润。

案例分析指导：

(1) 计算指标如下

① 变动成本率＝1－40%＝60%

② 产品的单位售价＝60/60%＝100(元)

③ 2009 年的销售收入＝100×8 000＝800 000(元)

④ 2009 年的贡献毛益＝800 000－60×8 000＝320 000(元)

⑤ 2009 年的企业利润＝320 000－200 000＝120 000(元)

⑥ 预计 2010 年的固定成本＝200 000＋40 000＝240 000(元)

⑦ 2010 年企业的保本销售量＝240 000/(100－60)＝6 000(件)

2010 年企业的保本销售额＝6 000×100＝600 000(元)

(2) 2010 年安全边际量＝10 000－6 000＝4 000(件)

2010 年安全边际额＝4 000×100＝400 000(元)

2010 年的安全边际率＝4 000/10 000＝40%

由于企业的安全边际率较高(40%)，故其经营的安全程度较高。

(3) 2010 年可实现的利润＝(100－60)×4 000＝160 000(元)

大卫公司的本量利分析

大卫公司是生产家具的小型企业。目前企业存货很多，引起了管理层的担忧，因为资金被大量占用；同时，公司在考虑设计一种新型电脑椅，市价暂时定为 250 元。市场调查表明，第一年的销售量为 20 000 把椅子，最低销量为 15 000 把。如果设计成功的话，销售量会上升到 30 000 把；分销商加成为 50%，固定管理费用为每年 70 000 元，直接成本为每把 85 元。

计算：

(1) 保本产量为多少？

(2) 大卫公司考虑先生产 18 000 把椅子，如果头六个月的销量大，就会增加生产。请问，公司最初的试产所得利润是多少？

(3) 如果该公司希望得到 3 000 000 元的利润，那么应该生产多少把椅子？

(4) 如果公司把价格降至每把 220 元，销售量可能为 35 000 把。从利润角度讲，这一举措是否合理？请给出你的看法。

案例分析指导：

(1) 计算保本产量

假设 x 为售出的椅子数量

大卫公司的价格 $p = 125$ 元（250 元中的 50%是分销商的毛利润）

固定成本 $a = 70\,000$ 元，单位变动成本 $b = 85$

这样在保本水平上的产量为

$$x = a/(p - b) = 70\,000/(125 - 85) = 1\,750(\text{把})$$

(2) 计算 18 000 把椅子的利润

毛利为 $(125 - 85) \times 18\,000 = 720\,000$(元)

因此利润 $= 720\,000 - 70\,000 = 650\,000$(元)

(3) 计算完成 3 000 000 元利润所需产量

假设产量为 x 把，那么

$$\begin{aligned}\text{保利量} &= (\text{固定成本} + \text{目标利润})/(\text{单价} - \text{单位变动成本}) = (a + TP)/(p - b)\\ &= (70\,000 + 3\,000\,000)/(125 - 85) = 76\,750(\text{把})\end{aligned}$$

(4) 计算 35 000 把椅子的利润

销售收入　　$35\,000 \times 110 = 3\,850\,000$(元)

直接成本　　$35\,000 \times 85 = 2\,975\,000$(元)

毛利 $= 3\,850\,000 - 2\,975\,000 = 875\,000$(元)

固定一般管理费 $= 70\,000$ 元

利润 $= 875\,000 - 70\,000 = 805\,000$(元)

这一利润高于 18 000 把椅子带来的利润，相当于以单价 250 元销售了 21 875 把椅子的利润。公司是否会降价取决于他们对市场需求力度的看法。如果销售成功，35 000 把椅子以单价 250 元的售价全部售出，公司将获利 1 330 000 元。因此有必要使风险和利润保持平衡。

美吉幼儿读物出版社的保本分析

美吉幼儿读物出版社是以生产受欢迎的幼儿读物为主的一家出版公司。公司的管理者计划在原来普通版的幼儿英语读物的基础上出版一套精装的"新世纪"幼儿英语快乐课堂，以使小读者们从视觉、触觉、听觉方面感受学习英语的快乐。其预算的生产成本及收入明细如下：

(1) 无论精装的"新世纪"幼儿英语快乐课堂将出版多少册，制版、编辑、摄影师、录音师和作者的费用预计在 160 000 元。

(2) 50 000 册精装的"新世纪"幼儿英语快乐课堂的印刷成本预计为每 1 000 册 2 000 元。

(3) 无论印刷多少册，精装的"新世纪"幼儿英语快乐课堂的装订及完成费用预计每册为 2 元。

(4) 向零售商如书店、报刊经销者提供精装的"新世纪"幼儿英语快乐课堂，预计售价为每册 12 元。

要求：

(1) 画一个传统的保本点图并指出保本点；通过计算证明保本点画的准确性；如果精装的"新世纪"幼儿英语快乐课堂的实际销量为 35 000 册，请估计一下出版公司的安全边际量大致为多少？

(2) 美吉幼儿读物出版社另有 1 000 册销量不好的幼儿读物，现在也不大可能卖掉。一个地方市场的经销商向他们出价 1 800 元买这些书。请你给出美吉幼儿读物出版社的管理者应该或不应该接受这一出价的理由。如果这些书还没有装订和最后完成，那么会不会影响他们的决策？(假设与"新世纪"的成本结构相同)

案例分析指导：

(1) 普通保本图　如图 4.6 所示。

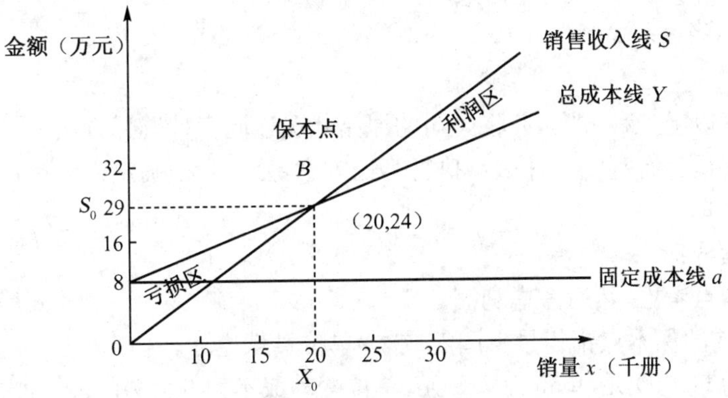

图 4.6　保本图

① 通过计算证实保本点：使用下面任何一公式：

a. 固定成本/贡献边际：160 000/8 = 20 000(册)

b. $px = a + bx$，其中：p：售价为 12 元；a：固定成本为 160 000 元；b：变动成本为 2 000/1 000 + 2 = 4(元)

∵ $12x = 160\,000 + 4x$

∴ $x = 20\,000$(册)

c. 固定成本 / 贡献边际率 = 160 000/(8/12) = 240 000(元)

② 计算安全边际量(销量 35 000 册时)

安全边际量=实际销售量－盈亏平衡点销售量

安全边际量为：35 000 − 20 000 = 15 000(册)

或：35 000 × 12 − 240 000 = 180 000(元)

(2) 经销商的出价 1 800 元是可以接受的，如果：

① 它代表可能的最高出价；

② 对多余存货另做他用(如废纸处理收入)不能实现更高的收入。1 000 册的成本与此决策无关。如果该书还没有装订和完成(假设与"新世纪"相同每册 2 元)，那么可接受的最低出价就变成了 (10 00 × 2) = 2 000 元。

其他可能值得考虑的因素包括：

① 经常性的清仓对"商誉"的影响，通常来讲存货商们不愿意其存货由市场经销商"削价"。

② 可以将多余的书以“削价”卖给固定的客户。

胜利插座公司通过何种途径增加利润

胜利插座公司在国内电器用品领域里经历了几年的竞争以后，发现竞争的困难越来越大。公司现在维持年生产能力是 60 000 单位。变动成本已经尽最大努力降到每单位 6 元；而且在短期的时间里不可能将年固定间接费用削减到 60 000 元以下。总经理想知道提高利润的最佳办法，希望在短期内所有的可变因素不会有其他变化。他正在考虑三种方案：

(1) 通过加班的办法，设法挖掘公司内部潜力增加 20%的生产能力。由于发放加班津贴，直接人工成本会每单位增加 0.3 元。

(2) 在现行销售单价 7.50 元的基础上加价 10%。

(3) 降价 10%以利促销。

要求：

请仔细考虑以上三种方案，并将公司的原始状况连同三种选择方法一起考虑，你认为哪一种方案对公司最为有利？为什么？执行第三方案，公司必须确定为保持目前的利润水平，还要增加多少产量？

案例分析指导：

首先从保本点考虑，然后考虑利润。

① 公司目前的保本点销售量＝固定成本/单位贡献边际。

固定成本为 60 000 元，单价为 7.5 元，单位变动成本为 6 元，单位贡献边际＝7.5－6＝1.5 元，保本点销售量＝60 000/1.5＝40 000(单位)

此时的利润＝ 安全边际量 × 单位贡献边际

＝(60 000 － 40 000) × 1.5 ＝ 30 000(元)

② 通过加班的办法，设法挖掘公司内部潜力增加 20%的生产能力。由于发放加班津贴，直接人工成本会每单位增加 0.3 元。

固定成本为 60 000 元，单价为 7.5 元，单位变动成本为 6.3 元，单位贡献边际＝7.5－6.3＝1.2 元，

生产量 ＝ 60 000 ×(1 ＋ 20%) ＝ 72 000(单位)

保本点销售量 ＝ 60 000/1.2 ＝ 50 000(单位)

比原始条件下的保本点上升，公司的盈利空间变小。

此条件下的利润＝ 安全边际量 × 单位贡献边际

＝(72 000 － 50 000) × 1.2 ＝ 26 400(元)

利润比原始条件下的利润下降了 3 600 元，因此不可取。

③ 在现行销售单价 7.50 元的基础上加价 10%。

固定成本为 60 000 元，单价 ＝ 7.5 ×(1 ＋ 10%) ＝ 8.25 元，单位变动成本为 6 元，

单位贡献边际 ＝ 8.25 － 6 ＝ 2.25(元)

保本点销售量 ＝ 60 000/2.25 ＝ 26 667(单位)

比原始条件下的保本点销售量下降，公司的盈利空间增大。

此条件下的利润＝ 安全边际量 × 单位贡献边际

＝(60 000 － 26 667) × 2.25 ≈ 75 000(元)

利润比原始条件下的利润上升了 75 000 − 30 000 = 45 000(元)，虽然单价上升了，但保本点下降了，如果还能保持目前的最大销售量，提高单价的方案是可取的，因为利润比原来增大了。

④ 降价 10%以利促销。执行第三方案，公司必须确定为保持目前的利润水平，还要增加多少产量。

固定成本为 60 000 元，单价为 7.5 × (1 − 10%) = 6.75 元，单位变动成本为 6 元，

单位贡献边际 = 6.75 − 6 = 0.75(元)

保本点销售量 = 60 000/0.75 = 80 000(单位)

比原始条件下的保本点销售量上升，公司的盈利空间大大降低。这一方案不可行。

设要维持 30 000 元的利润将要求增加 x 销售量

$30\,000 = 0.75x$

$x = 40\,000$ 单位

从以上计算和分析可知，方案(2)是最佳方案，它可以提供增加利润的机会，方案(3)似乎就难以令人满意，方案(1)也会降低利润。

项目 3　多品种条件下的本量利分析

【相关知识】

在产销一种以上产品的企业，总的保本点销售量只能用金额表示，不能用产品的实物数量计算。因为各种产品的销售单价和单位变动成本不同，产品实物数量不能用作计算的共同基础，而只能采用销售收入金额来表示。多种产品的本量利分析方法主要有以下几种。

4.3.1　综合贡献边际率法

综合贡献边际率法是指在确定企业综合贡献边际率(记作 cmR')的基础上，分析多品种条件下本量利关系的一种方法。多品种条件下的本量利分析同样要确定保本点和保利点。在此方法下，计算公式为：

$$综合保本销售额 = 固定成本总额 / 综合贡献边际率 = \frac{a}{cmR'}$$

$$综合保利销售额 = (固定成本总额 + 目标利润) / 综合贡献边际率 = \frac{a + TP}{cmR'}$$

这种方法对各种产品一视同仁，不要求将固定成本在各种产品之间进行分配，而是将各品种共同所创造的贡献边际视为补偿企业全部固定成本的收益来源。该方法的关键是正确确定综合贡献边际率。其具体确定方法有以下几种。

1) 总额法

总额法是根据一定条件下全厂各种产品的贡献边际总额与销售收入总额之比来确定综合贡献边际率的方法。计算公式为：

综合贡献边际率=全部产品贡献边际总额÷全部产品销售收入总额×100%

贡献边际总额和销售收入总额可以是一定时期的计划数，也可以是一定时期的实际数，在计算时二者必须一致。

【例 4-11】 某企业生产 A、B、C 三种产品，固定成本总额为 22 000 元，有关资料如表 4.6 所示。

表 4.6 某企业 A、B、C 产品有关资料

项目	A 产品	B 产品	C 产品	合计
销售收入(元)	50 000	30 000	20 000	100 000
变动成本(元)	30 000	15 000	11 000	56 000
贡献边际(元)	20 000	15 000	9 000	44 000
贡献边际率(%)	40	50	45	44
固定成本(元)	22 000			

综合贡献边际率=(20 000+15 000+9 000)÷100 000×100%=44%

综合保本销售额=22 000÷44%=50 000(元)

在企业产品品种不多时，采用总额法比较简便易行。

2) 比重法

比重法是根据各种产品各自的贡献边际率和各种产品各自在企业总销售收入中所占的销售比重计算综合贡献边际率的方法。其计算公式如下：

综合贡献边际率=∑(各种产品贡献边际率×各种产品销售比重)

依上例资料计算如下：

(1) 计算各种产品各自的贡献边际率

A 产品贡献边际率=20 000/50 000=40%

B 产品贡献边际率=15 000/30 000=50%

C 产品贡献边际率=9 000/20 000=45%

(2) 计算各种产品的销售比重

A 产品的销售比重=50 000/100 000×100%=50%

B 产品的销售比重=30 000/100 000×100%=30%

C 产品的销售比重=20 000/100 000×100%=20%

(3) 计算综合贡献边际率

综合贡献边际率=40%×50%+50%×30%+45%×20%=44%

在企业难以预测销售额的情况下，采用比重法较为合适。

4.3.2 顺序法

顺序法是将各种产品的贡献边际率由大到小按顺序排列，将贡献边际总额与固定成本进行比较以确定综合保本点和综合保利点的方法。

【例 4-12】 某企业生产 A、B、C、D 四种产品，有关资料如表 4.7 所示。

表 4.7　某企业四种产品资料　　单位:元

产品	销售收入	贡献边际率	固定成本
A产品	80 000	35%	
B产品	40 000	40%	
C产品	100 000	55%	
D产品	50 000	50%	
合计	270 000		90 000

按照顺序法的要求,将A、B、C、D四种产品按贡献边际率由大到小的顺序排列,并用取得的累计贡献边际与固定成本进行比较,最后确定保本点所在的产品。有关计算如表4.8所示。

表 4.8　顺序分析表　　单位:元

产品	销售收入	贡献边际率	贡献边际	累计贡献边际	固定成本	利润
C产品	100 000	55%	55 000	55 000	90 000	−35 000
D产品	50 000	50%	25 000	80 000	90 000	−10 000
B产品	40 000	40%	16 000	96 000	90 000	6 000
A产品	80 000	35%	28 000	124 000	90 000	34 000
合计	270 000		124 000	124 000	90 000	34 000

由表4.8可知保本点所在产品为B产品,可用下面公式计算出保本点的销售额。

保本点销售额=保本点前产品累计销售额+保本点上产品应负担的固定成本/保本点上产品的贡献边际率

上式中"保本点前产品累计销售额"是指上表中利润为负值的产品销售收入累计数额,本例C、D两种产品(利润为负数)的销售收入累计150 000元;"保本点上产品应负担的固定成本"是指上表中利润由负值转化为正值的最后一个负值数,本例为−10 000元;"保本点产品贡献边际率"是指上表中利润由负值转化为正值时,第一个正值利润所对应的产品的贡献边际率,即B产品的贡献边际率40%。将上表中有关数据代入公式,得:

保本点销售额=150 000+10 000/40%=175 000(元)

这说明,该企业按预计产销量完成C、D两产品的销售任务后,必须再继续生产和销售B产品预计产销量的62.5%(25 000/40 000),即取得B产品25 000元的销售收入,才能保证企业不亏损。

顺序法不必将固定成本进行分配,而且有利于企业合理搭配产品品种,寻求增加盈利的最优组合方案,但必须预先知道各种产品预期销售收入。若企业品种多,作表的工作量比较大。

【技能训练】

1）问题讨论

(1) 为什么一个多品种产品的公司可能选择只计算综合保本点而不是分产品的保本点?

(2) 综合贡献边际率法与顺序法有何不同?

2）案例分析

利达公司本量利分析

利达公司生产和销售甲、乙两种产品，产品的单位售价分别为5元和10元，贡献边际率分别为40%和20%，全年固定成本为50 000元。

要求：

(1) 假设全年甲、乙两种产品分别销售了20 000件和40 000件，计算下列指标：

① 保本销售额；

② 甲、乙两种产品的保本销售量；

③ 安全边际额；

④ 预计利润。

(2) 如果增加促销费10 000元，可使甲产品销售量增至40 000件，而乙产品的销售量会减少到20 000件。计算此时的综合保本销售额和安全边际额，并说明采取这一促销措施是否合算。

案例分析指导：

(1) 甲、乙产品的综合贡献边际率

=(5×20 000×40%+10×40 000×20%)/(20 000×5+40 000×10)

=24%

① 综合保本销售额=50 000/24%=208 333(元)

② 甲产品占销售额比重=(20 000×5)/500 000=20%

乙产品占销售额比重=(40 000×10)/500 000=80%

甲产品保本点销售量=(208 333×20%)/5=8 333(件)

乙产品保本点销售量=(208 333×80%)/10=16 667(件)

③ 安全边际额=正常销售额-保本点销售额

=500 000-208 333=291 667(元)

④ 预计利润=销售收入×贡献边际率-固定成本

=500 000×24%-50 000

=70 000(元)

(2) 增加促销后的贡献边际率

=(5×40 000×40%+10×20 000×20%)/(40 000×5+20 000×10)=30%

所以综合保本销售额=(50 000+10 000)/30%=200 000(元)

安全边际额=400 000-200 000=200 000(元)

利润=400 000×30%-60 000=60 000(元)

增加促销后虽然保本点销售额下降，但固定成本上升幅度大于保本点下降幅度，导致企业利润降低，采取这一措施是不合算的。

本量利分析在渤海度假村的应用

渤海度假村是一个集娱乐、餐饮、住宿等为一体的民营企业。该度假村包括客房部、一个商务中心、一个餐厅和健身房。该度假村编制了一份详细的营业旺季的预算。营业旺季历时20周，其中高峰期为8周。客房部拥有80个单人间和40个双人间，双人间的收费为单人间收费的1.5倍。有关预测资料如下：

(1) 客房部　单人间每日变动成本为26元，双人间每日变动成本为35元。客房部固定成本为713 000元。

(2) 健身房　住客每人每天收费4元，散客每人每天收费10元。健身设施的固定成本为54 000元。

(3) 餐厅　平均每个客人给餐厅每天带来3元的贡献边际。固定成本为25 000元。

(4) 商务中心　出租商务中心可增加贡献边际总额40 000元。商务客人的估计数已包括在其他方面的预计中。

(5) 预订情况　营业高峰期客房部所有房间都已被预订。在其余12周，双人间客满率为60%；单人间客满率为70%。散客每天为50人。

假定所有的住客和散客都使用健身设施和在餐厅用餐；假定双人间每次均同时住两个人。

要求：

(1) 如果客房部确定的目标利润为300 000元，那么每间单人间和双人间的收费各应为多少？

(2) 客房部达到保本点时，单人间和双人间的最低收费各应为多少？

(3) 如果客房部利润为300 000元，那么度假村总利润可达到多少？

案例分析指导：

(1) 首先要确定业务量总数。本例业务量总数是20周全部房间的租房天数和20周全部房间的住客人次，如表4.9所示。

表4.9　业务量计算表

房间类型	客满率	租房天数	住客人次
单人间(80间)	100%:(7×8×80×100%)70%	4 480	4 480
	70%：(7×12×80×70%)	4 704	4 704
双人间(40间)	100%：(7×8×40×100%)	2 240	4 480
	60%：(7×12×40×60%)	2 016	4 032
总计			17 696

因为：利润＝总收入－变动成本－固定成本

则：总收入＝变动成本＋固定成本＋利润

$$=[(4\,480+4\,704)\times 26+(2\,240+2\,016)\times 35]+713\,000+300\,000$$

$$=(9\,184\times 26+4\,256\times 35)+713\,000+300\,000$$

$$=1\,400\,744(\text{元})$$

设单人房每天收费为x，则双人房收费为$1.5x$。

则：$9\,184x+4\,256\times1.5x=1\,400\,744$

单人房每天收费：$x=1\,400\,744\div15\,568=90$（元）

双人房每天收费：$1.5\times90=135$（元）

(2) 保本点收费，即最低收费

保本时，保本收入＝变动成本＋固定成本

＝387 744＋713 000

＝1 100 744（元）

则：$9\,184x+4\,256\times1.5x=1\,100\,744$

单人房最低每天收费：$x=1\,100\,744\div15\,568=71$（元）

双人房最低每天收费：$1.5\times71=107$（元）

(3) 散客人次＝50×7×20＝7 000（人次）

① 客房利润		300 000 元
② 健身房利润		
收入：住客 4×17 696	70 784	
散客 10×7 000	70 000	
收入合计	140 784	
固定成本	54 000	
健身房利润		86 784 元
③ 餐厅利润		
贡献边际(17 696＋7 000)×3	74 088	
固定成本	25 000	
餐厅利润		49 088 元
④ 商务中心利润		
贡献边际		40 000 元
总利润		475 872 元

【拓展阅读与训练】

利用 Excel 求解保本点及绘制本量利关系图

某公司生产一种产品的固定成本为 270 000 元，单位变动成本为 1.55 元，该产品的单位售价为 2.70 元，预计销售量 300 000 件，计算保本销售量，并绘制保本图。

用 Excel 求解的步骤如下：

(1) 建立电子表格　在电子表格中输入的数据与公式见表 4.10，其电子表格显示的数据见表 4.11。

表 4.10　电子表格示例(一)

	A	B	C	D	E
1	销售量	30 000			
2	固定成本	270 000			

续 表

	A	B	C	D	E
3	单位变动成本	1.55			
4	单价	2.7			
5	销售收入	=B1 * B4			
6	总成本	=B2+B3 * B1			
7	利润	=B5-B6			
8	保本销量	=B2/(B4-B3)			

表 4.11　电子表格示例(二)

	A	B	C	D	E
1	销售量	30 000			
2	固定成本	270 000			
3	单位变动成本	1.55			
4	单价	2.7			
5	销售收入	810 000			
6	总成本	735 000			
7	利润	75 000			
8	保本销量	234 782.6			

从表中显示结果可见,保本销量即为所求,如图 4.7 所示。

(2) 求在销量变化时,总成本、销售收入、固定成本的变化情况。

在 D3 至 D13 单元格中,分别输入一组销量数值:0,50 000,100 000,150 000,200 000,250 000,300 000,350 000,400 000,450 000,500 000。在 E2、F2、G2 单元格中分别输入"=B6"、"=B5"、"=B2",分别表示总成本、销售收入、固定成本,如图 4.7 所示。

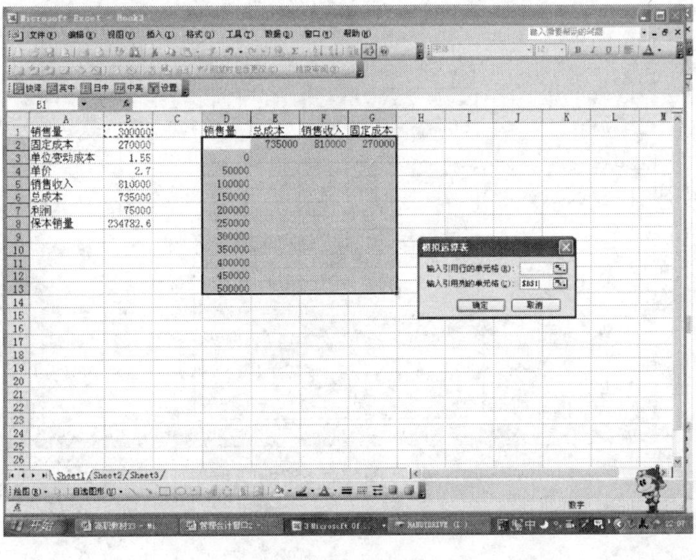

图 4.7　电子表格

(3) 用鼠标选中 D2 至 G13 区域，点击“数据”下拉菜单中“模拟运算表”，出现“模拟运算表”对话框，在“输入引用列的单元格”中输入“$B$1”（表示变量销售量数值，或点击单元格 B1 也可），点击确定，即可得出在不同销量下的总成本、销售收入、固定成本的数值，如图 4.8 所示。

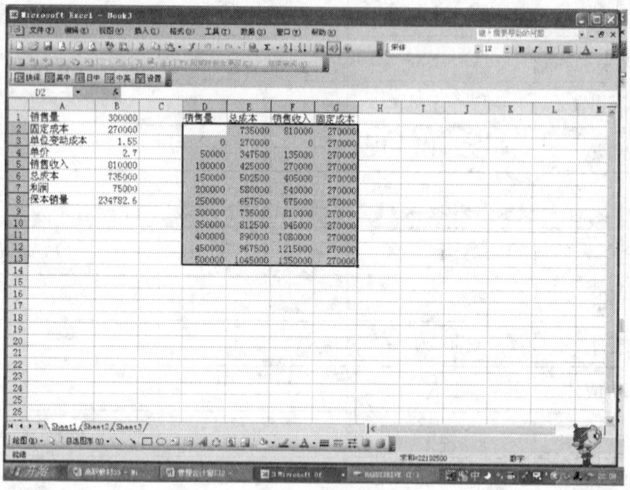

图 4.8 模拟运算

(4) 作本量利关系图　接以上步骤，在 D2 至 G13 数据区域被选定的状态下，点击“图表向导”，出现“图表向导- 4 步骤之 1 -图表类型”对话框，选“XY 散点图”，在“子图表类型”中，双击第二个曲线光滑的图形，出现“图表向导- 4 步骤之 2 -图表源数据”对话框，点击“下一步”按钮，出现“图表向导- 4 步骤之 3 -图表选项”对话框。在“标题”选项下，在“图表标题”中输入“本量利关系图”，在“数值(X)轴”中输入“销售量”，在“数值(Y)轴”中输入“金额”如图 4.9 所示。点击“完成”按钮，即可得到本量利关系图。图中有销售收入线、总成本线、固定成本线如图 4.10 所示。

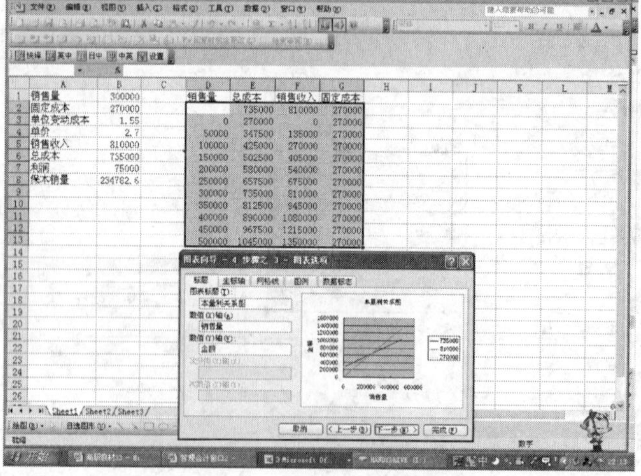

图 4.9 “图表选项”对话框

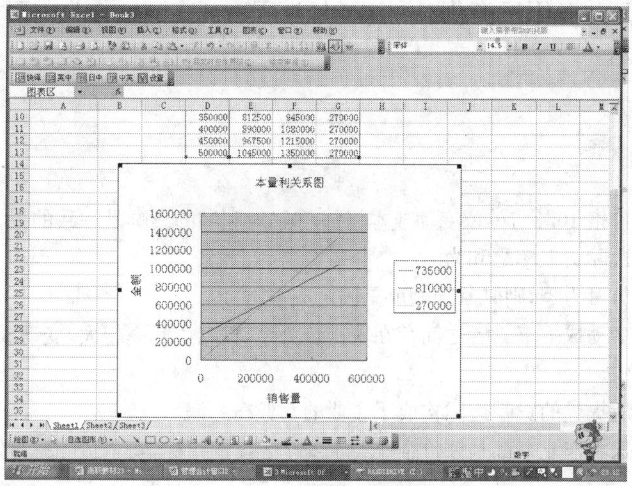

图 4.10　本量利关系图

【本模块要点归纳】

本量利分析是成本、业务量、利润关系分析的简称。进一步说就是分析固定成本、变动成本、销售量、单价、销售额、利润等变量之间的内在规律性联系。

贡献边际也称贡献边际或边际贡献，是指产品的销售收入与相应变动成本之间的差额。其指标有绝对指标和相对指标两种，绝对指标包括贡献边际总额（Tcm）和单位贡献边际（cm）两种，相对指标有贡献边际率（cmR）和变动成本率（bR）两种，用来反映企业产品的盈利能力。

$$贡献边际率 + 变动成本率 = 1$$

保本分析是对企业的保本点销售量和保本点销售额进行的分析。保本点销售量（额）是指能使企业达到保本状态的业务量，包括单一品种的保本点和多品种的保本点的分析。

企业的经营安全程度是通过安全边际评价来反映的。安全边际是指实际或预计的销售量或销售额与保本点销售量或销售额的差值，有绝对量和相对量两种表示方法，其中绝对量包括安全边际量和安全边际额，相对量包括安全边际率。安全边际是正指标，数值越大，企业经营安全程度越高，所以安全边际和安全边际率可用来评价企业经营的安全程度。

保本作业率是指保本点销售量或销售额占企业正常销售量或销售额的百分比，表明保本状态下的生产经营能力的利用程度。

$$安全边际率 + 保本作业率 = 1$$

保利分析是指在企业一定时期内目标利润已知条件下的本量利分析。在目前市场环境中，只有在考虑到盈利存在的条件下，才能充分揭示成本、业务量和利润之间的正常关系。保利点是指在单价和成本水平既定的情况下，为确保预先确定的目标利润能够实现而应达到的销售量和销售额的统称。保净利点又称实现目标净利润的业务量，是企业在一定时期缴纳所得税后实现的目标利润的业务量，包括实现目标净利润的销售量和实现目标净利润的销售额。

利润敏感性分析主要是研究有关因素发生多大变化，会使盈利转为亏损以及各因素变化对利润的影响程度。各因素变化对利润的敏感程度从高到低排列如下:单价、单位变动成本、销售量、固定成本。

【综合测试】

一、判断对错

1. 降低产品销售价格10%与单位变动成本增加10%对利润的影响是一致的。 (　　)

2. 变动成本率与边际贡献率之和为1。 (　　)

3. 如果企业的销售量为零,则其亏损额就是固定成本。 (　　)

4. 贡献边际率与变动成本率二者之间存在着密切关系,贡献边际率越大,变动成本率也就越大。 (　　)

5. 企业各种产品所提供的贡献边际构成了企业的营业净利润。 (　　)

6. 安全边际率与保本作业率都是评价企业经营安全程度的指标,安全边际率与保本作业率越大,则企业经营安全程度越好。 (　　)

7. 不论保本分析还是保利分析,计算销售量指标时,分母都是"单位贡献边际";而计算销售额指标时,分母都是"贡献边际率"。 (　　)

8. 目标利润单独变动时,只会影响保利点,却不改变保本点。 (　　)

9. 当企业生产经营多种产品时,无法使用本量利分析法。 (　　)

10. 在利用综合贡献边际率法进行本量利分析时,各产品的销售额比重必然构成影响多品种本量利关系的要素。 (　　)

二、单项选择

1. 保本点越高,说明(　　)。

A. 企业的经营风险越小　　B. 企业的盈利能力越强

C. 可实现的利润额越大　　D. 可实现的利润额越小

2. 已知某企业本年目标利润为400万元,产品单价500元,贡献边际率为40%,固定成本额为800万元,则企业的保本量为(　　)。

A. 60 000件　　B. 40 000件　　C. 50 000件　　D. 30 000件

3. 如果产品的单价与单位变动成本上升的百分率相同,其他因素不变,则保本销售量(　　)。

A. 上升　　B. 下降　　C. 不变　　D. 不确定

4. 如果本期销售量比上期增加,则可以断定按变动成本法计算的本期营业利润(　　)。

A. 一定等于上期　　B. 应当小于上期

C. 应当大于上期　　D. 可能等于上期

5. 当单价单独变动时,则(　　)。

A. 会使保本点同方向变动　　B. 会使安全边际向同方向变动

C. 会使利润反方向变动　　D. 会使保利点同方向变动

6. 某企业保本作业率为60%,安全边际量500件,则该企业实际销售量为(　　)。

A. 800件　　B. 833件　　C. 1 250件　　D. 1 500件

7. 某产品变动成本率70%,固定成本4 000元,目标净利润1 340元,所得税税率为33%,则实现目标净利润的销售额为(　　)。

A. 8 571元　　B. 17 800元　　C. 20 000元　　D. 26 869元

8. 某产品单价10元,贡献边际率为40%,固定成本800元,目标利润1 000元,则保利量为(　　)。

A. 300件　　B. 450件　　C. 200件　　D. 133件

9. 在其他因素不变的条件下,固定成本减少,保本点(　　)。

A. 不变　　B. 升高　　C. 降低　　D. 不一定变动

三、多项选择

1. 下列各项中，有可能成立的关系有（　　）。

A. 贡献边际率大于变动成本率　B. 贡献边际率小于变动成本率

C. 贡献边际率＋变动成本率＝1　D. 贡献边际率和变动成本率都大于零

2. 在单一品种条件下，影响保利点的因素包括（　　）。

A. 固定成本总额　B. 单价　C. 单位变动成本　D. 目标利润

3. 下列说法中正确的有（　　）。

A. 安全边际与单价同方向变动

B. 安全边际与单位变动成本同方向变动

C. 安全边际与固定成本同方向变动

D. 安全边际与销售量同方向变动

E. 目标利润对安全边际没有影响

4. 在单一品种条件下，影响保利点的因素包括（　　）。

A. 现金净流量　B. 单价

C. 单位变动成本　D. 目标利润

E. 固定成本总额

5. 在销售量不变的情况下，如果保本点提高，则（　　）。

A. 盈利区的三角形面积有所扩大　B. 盈利区的三角形面积有所缩小

C. 亏损区的三角形面积有所扩大　D. 亏损区的三角形面积有所缩小

E. 盈利区与亏损区的三角形面积都不变

6. 反映本量利关系的基本公式包括（　　）。

A. 营业净利润 ＝ 销售收入 － 总成本

B. 营业净利润 ＝ 销售收入 － 变动成本 － 固定成本

C. 营业净利润 ＝ 单价 × 销售量 － 单位变动成本 × 销售量 － 固定成本

D. 营业净利润 ＝（单价 － 单位变动成本）× 销售量 － 固定成本

7. 下列两个对应的指标中，相加等于 1 的有（　　）。

A. 安全边际率与保本作业率　B. 安全边际率与贡献边际率

C. 保本作业率与变动成本率　D. 贡献边际率与保本作业率

E. 变动成本率与贡献边际率

8. 下列各项中，能够同时影响保本点、保利点及保净利点的因素为（　　）。

A. 单位贡献边际　B. 目标利润

C. 固定成本总额　D. 贡献边际率

E. 所得税率

9. 企业经营安全程度的评价指标包括（　　）。

A. 保本量　B. 安全边际量

C. 安全边际额　D. 安全边际率

E. 保本作业率

10. 下列各项中，可据以判定企业恰好处于保本状态的标志有（　　）。

A. 收支相等　B. 安全边际率为零

C. 保本作业率为零　D. 贡献边际率等于固定成本

四、计算分析

1. 某企业产销 A 产品，单位售价 16 元，单位变动成本 10 元，固定成本总额 60 000 元，产销能力 100 000只。要求：

(1) 计算该产品保本点销售量和销售额。

(2) 假定单位售价降低至15元，单位变动成本减少至7元，计算新的保本点销售量和销售额。

2. 某企业设计B产品，预计单位变动成本200元，固定成本总额1 000 000元，预计产销能力10 000只。要求：

(1) 如果目标利润200 000元，单位产品售价应定在多少？

(2) 如果单位售价350元，目标利润600 000元，在不扩大产销条件下，应采取什么措施？

(3) 如果单位售价400元，预计单位变动成本、固定成本总额不变，要获利800 000元需销售多少只？

3. 某企业本年度发生变动成本20 000元，贡献边际率为60%，销售利润率为20%。要求：

(1) 计算本年度的利润。

(2) 计算本年度的安全边际额。

(3) 假定下年度各项条件不变，其销售额达到多少才能实现40 000元的目标利润？

4. 某企业生产和销售A、B两种产品。产品A单位售价5元，单位变动成本4元；产品B单位售价5元，单位变动成本3元；全月固定成本总额100 000元。要求：

(1) 设产品A和B的销售量分别为120 000件和40 000件，试计算：① 保本点销售额；② 可实现的利润。

(2) 假设销售总额不变，销售产品的品种构成由原来的3∶1改为1∶1，试计算：① 保本点销售额；② 可实现的利润。

5. 某企业生产和销售A、B两种产品。产品A单位售价5元，产品B单位售价2.5元；贡献边际率分别为：A产品40%，B产品30%；全月固定成本总额72 000元。要求：

(1) 设产品A和B的销售量分别为30 000件和40 000件，试计算：① 保本点销售额；② A、B两产品保本点销售量(用实物单位表示，固定成本按销售收入比例分配)；③ 用金额表示的安全边际和安全边际率；④ 本月的预计利润。

(2) 假设每月增加广告费，可使A产品月销量增加到40 000件，B产品月销量将减少到32 000件，计算采取该措施是否有利？请重新计算保本点。

6. 某企业生产和销售A、B两种产品，有关资料如下表所示。

产品	预计产销量(件)	售价(元)	单位变动成本(元)	固定成本总额(元)
A产品	1 000	60	30	
B产品	2 000	120	60	
合计				1 500 000

要求：

(1) 用综合贡献边际率法计算保本点销售额。

(2) 假定过去3年A和B产品实际产销量分别为1 200、1 900；950、2 100；1 100、1 800(其他条件不变)。用顺序法计算保本点销售额。

7. 某企业生产和销售A产品1 000台，每台售价20 000元，单位变动成本12 000元，全年固定成本总额5 000 000元，实现利润3 000 000元。要求：

(1) 如果其他因素不变，问销量上升10%，利润将如何变动？

(2) 如果其他因素不变，问售价上升10%，利润将如何变动？

(3) 如果其他因素不变，问单位变动成本下降10%，利润将如何变动？

(4) 如果其他因素不变，问固定成本总额下降10%，利润将如何变动？

8. 下表是4个企业分别在过去1年中生产和销售的情况，假定每个企业产销平衡，同时只产销一种产品。

	销售收入(元)	变动成本(元)	贡献边际率	固定成本(元)	净利润(元)
企业 1	180 000		40%		12 000
企业 2	300 000	165 000		100 000	
企业 3			30%	80 000	(5 000)
企业 4	400 000	260 000			30 000

要求:将有关数据填入表中空白处。

9. 某企业生产和销售 A 产品,有关资料如下:

销售收入:500 000 元

变动成本:350 000 元

固定成本:250 000 元

亏损:100 000 元

要求:

(1) 计算在目前条件下,该企业扭转亏损至少需要增加多少销售额?

(2) 如果固定成本下降为 200 000 元,该企业的销售额应为多少才不亏损?

(3) 计算当固定成本上升 20%,贡献边际率在原有基础上提高 20%时的保本点销售额。

(4) 如果该企业变动成本总额下降 20%,固定成本下降 20%,这时的保本点销售额又应为多少?

(5) 计算在要求(4)条件下的安全边际额和安全边际率。

五、复习思考

1. 什么是本量利分析? 本量利分析的作用是什么?
2. 什么是保本分析? 说明保本点的含义。
3. 什么是贡献边际和贡献边际率? 其本质是什么?
4. 什么是安全边际和安全边际率? 说出它们的意义和作用。
5. 什么是保本图? 如何利用保本图进行损益分析?
6. 试绘出单一品种的保本图,指出本量利三者之间的依存关系,并指出提高利润的途径。
7. 企业在多种产品产销情况下,如何利用综合贡献边际率法进行本量利分析?
8. 企业在多种产品产销情况下,如何应用顺序法进行本量利分析?
9. 有关因素变动对保本点和保利点有什么影响?

模块5　预测分析

【知识目标】

掌握预测分析的步骤、方法；掌握销售预测、利润预测、成本预测的方法，熟悉资金需要量预测的方法。

【技能目标】

树立预测的科学理念，能对利润、销售、成本、资金问题进行定性及定量的预测分析。

【引导案例】

首次经营“健身圈”获利可观

某区利群文具店同时经营体育用品。20世纪90年代，在国内市场首次出现“健身圈”的时候，市场经营意识很强的文具店刘经理，马上意识到赚钱的机会来了。他首先对市场进行了预测分析：第一，市场需求愿望的预测分析。通过调研他了解到，随着人们生活水平的提高，健康和健身已经成为人们日常生活的重要需求；不受场地、时间、年龄限制而又成本低廉、安全、可靠、有趣味性的体育锻炼器材肯定会受到人们的青睐；“健身圈”作为一种时尚产品在刚推出来的时候，肯定会受到人们的欢迎。第二、销售量的预测分析。全区有45万人口，按20个人购买一个计算，就是2万多个。除零散销售外，可以联系幼儿园、学校，可以和各单位联系，利用“三八妇女节”给女同志购买纪念品的机会进行集体销售，在尚未出现竞争对手的前提下，销量一定很可观。第三，利润预测分析。“健身圈”购入成本为每个6元，预计销售价格可卖到每个12元，扣除相应的经营费用，利润是很可观的。经过分析，刘经理决定分两批进货2万个。由于销售工作做得好，在1个月之内全部卖出。预期的利润真的实现了，刘经理笑了。

项目1　认知预测分析

【相关知识】

5.1.1　预测分析的概念和作用

1）预测分析的含义

预测是指用科学的方法预计、推测事物发展的必然性或可能性的行为，即根据过去和现在预计未来，由已知推断未知的过程。

预测的范围很广，如气象预测、地震预测、人口预测、经济预测、经营预测。所谓经营预测，是指企业根据现有的经济条件和掌握的历史资料以及客观事物的内在联系，对生产经营活动的未来发展趋势和状况进行的预计和测算。

管理会计中的预测分析是指按照一定原则和程序，运用专门的方法进行经营预测的过程。

预测分析根据预测对象的不同，可分为销售预测、利润预测、成本预测和资金预测等。

2) 预测分析的作用

在现代市场经济条件下，预测分析比以往任何时候都显得更为重要。其突出作用表现在以下两个方面。

(1) 避免工作盲目性和被动性　企业通过开展科学的预测分析，做到预先估计未来的发展趋势，以便采取积极措施，适应不断变化的形势。现代生产力的迅速发展，使社会经济环境异常复杂、瞬息万变。科学、准确的预测分析，可帮助企业的管理者克服经济工作中的盲目性与被动性，减少瞎指挥，同时也可避免因心中无数而坐失良机。

(2) 预测分析是决策分析的基础和前提　预测分析是决策分析的基础，它是为决策分析服务的，是决策科学化的前提条件。很明显，没有符合客观实际的预测，要作出最优决策是根本不可能的。在实际工作中，为了合理地规划企业的经济活动，必须把预测分析与决策分析紧密联系起来加以应用，才能相得益彰。

"凡事预则立，不预则废"。办任何事情之前，必须调查研究，摸清情况，深思熟虑，有科学的预见、周密的计划，才能使人们从事的活动获得预期的成功。

5.1.2 预测分析的步骤

预测分析一般可按以下步骤进行，如图 5.1 所示。

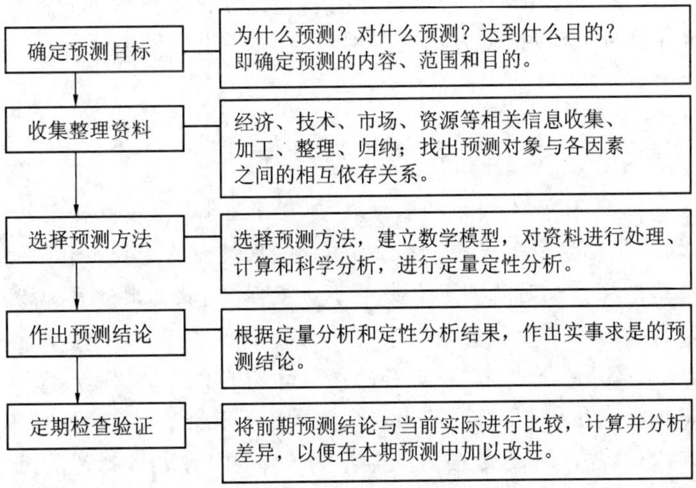

图 5.1　预测分析的步骤

5.1.3 预测分析的方法

1) 定性分析法

定性分析法是指由有关方面的专业人员根据个人经验和知识，结合预测对象的特点进行综合分析，对事物的未来状况和发展趋势做出推测的一类预测方法。它一般不需要进行复杂的定量分析，适合于缺乏完备的历史资料或有关变量间缺乏明显的数量关系等条件下的预测。

此法的特点是计算量较少，主要根据人们积累的实际经验和掌握的科学知识进行判断，因此西方国家常常称此法为判断分析法或集合意见法。

2）定量分析法

定量分析法又称数量分析法，是指在完整掌握与预测对象有关的各种要素定量资料的基础上，运用现代数学方法进行数据处理，据以建立能够反映有关变量之间规律性联系的各类预测模型的方法体系。定量分析法又可分为趋势预测分析法和因果预测法两类方法。

3）两类方法的关系

定性分析法与定量分析法在实际应用中并非相互排斥，而是相互补充、相辅相成。定量分析法虽然较精确，但许多非计量因素无法考虑。例如，国家的方针政策以及政治经济形势的变动，消费者心理以及习惯的改变，投资者的意向以及职工情绪的变化等等，这些都是定量分析法无法量化的因素。而定性分析法虽然可以将这些非计量因素考虑进去，但估计的准确性在很大程度上受预测人员的经验和素质的影响，这不免使预测结论因人而异，带有一定的主观随意性。因此实际工作中常常将二者结合应用，相互取长补短，以提高预测分析的准确性和预测结论的可信性。

【技能训练】

1）问题讨论

（1）20 世纪 80 年代，在企业管理界曾有这样一句话："管理的中心在经营，经营的重点在决策，决策的前提在预测，预测的依据在信息"，请谈谈你对这个问题的理解。

（2）讨论定性预测、定量预测方法的应用背景，并举出实例说明。

2）案例分析

带工具的人

现实的尴尬往往是，不少人自以为长缨在手，胜券在握，但当他爬到电线杆顶端的时候，才不幸地发现，铁丝早已换成了光缆，自己从屁股兜里摸出的老式工具，早就不中用啦，勉力而为还可能把螺丝搞坏。此时此刻怎么办？下去安触角，找工具？那就误事了。时间不等人，机遇不等人，狮子与羚羊的胜负只在早一秒与晚一秒之际、快一步与慢一步之间。凡事预则立，不预则废。必须事先找来"带工具的人"，才有可能宝刀不老，红旗不倒。人家的工具不是从屁股兜里摸出的钳子，而是从上衣兜里掏出的匣子；人家的操作不是用钳子大卸八块，而是用匣子输入程序。这就是差别。其实，一切工具的陈旧，都是因为触角的陈旧；触角不灵了，才导致工具变革的失灵。（摘自牛根生博客）

要求：

说说你对上面这些话的理解。并深入企业进行一次调研，了解他们是怎么看待预测，如何进行预测的？

项目 2　销售预测分析

【相关知识】

5.2.1　销售预测的含义

销售预测是指企业在一定的市场环境下，对该企业某产品在一定的区域和期间内的销售量或销售额期望值的预计和测算。在现代市场经济条件下，实行“以需定产、以销定产”，企业的各项经营活动和产品的销售是密切相关的。作为市场主体的企业必须十分关心在未来一定时期内哪些产品适销对路，产品在市场上占有多大份额，经营某项经济业务到底能赚取多少利润，成本多高，需要多少资金等。因此，销售预测在企业预测系统中处于先导的地位，它对于利润预测、成本预测和资金预测都起着重要的指导作用。

5.2.2　销售预测的分析方法

1）判断分析法

判断分析法是通过一些具有丰富经验的经营管理人员或知识渊博的外界经济学专家对企业一定期间特定产品的销售业务量情况做出判断和预测的一种方法。此法一般适用于不具备完整可靠的历史资料，无法进行定量分析的企业，尤其适用于新建企业或新投产的产品。判断分析法具体又包括以下三种方法。

(1) 推销员判断法　此法是由企业的推销人员根据他们的调查，将对特定预测对象的销售预测值填入卡片或表格，然后由销售部门经理对此进行综合分析以完成预测销售任务的一种方法。

【例 5－1】 某商店的 3 个营业员对某一商品的明年销售量估计如表 5.1 所示。

表 5.1　销售量估计计算表

	销售量	概率	销售量×概率
甲营业员			
最高销售	900	0.3	270
最可能销售	700	0.5	350
最低销售	400	0.2	80
期望值			700
乙营业员			
最高销售	1100	0.2	220
最可能销售	800	0.6	480
最低销售	600	0.2	120
期望值			820
丙营业员			
最高销售	800	0.3	240
最可能销售	600	0.5	300
最低销售	400	0.2	80
期望值			620

假定3个营业员的预测具有相同的重要性，则营业员方面的平均销售预测值为：

$$销售预测值=(700+820+620)/3=713.33$$

(2) 综合判断法　此法是由企业召集有关经营管理人员，特别是那些最熟悉销售业务的销售主管人员以及各地经销商负责人集中开会，由他们在会上根据多年的实践经验和判断能力对特定产品未来销售量进行判断和预测的一种方法。

(3) 专家判断法　此法是由专家根据他们的经验和判断能力对特定产品的未来销售量进行判断和预测的一种方法，主要有两种形式：

① 专家座谈法：就是通过召开专家座谈会的形式，发表预测意见，运用专家的集体智慧进行判断预测的一种方法。

② 特尔菲法：这种方法是美国兰德公司在20世纪40年代末期制定的，是后来较为盛行的一种预测方法。它用系统的程序，从草拟调查提纲、提供背景资料、轮番征询不同专家的意见直到汇总调查的结果，有时往往需要往返四五次，才能取得基本一致的意见。专家调查组的组成人数不宜过多，一般10～20人为宜。为了避免当面讨论产生互相干扰等弊病，或者由于知名知姓而可能使表达意见受到约束，专家之间不发生任何联系，他们只与调查人发生联系。其预测程序大致是：

a. 提出要求，明确预测目标，用书面形式通知被选定的专家、专业人员。要求每一位专家谈谈有什么特别资料可用来分析这些问题以及这些资料的使用方法。同时，向专家提供有关资料，并请专家提出还需要哪些资料。

b. 专家接到通知后，根据自己的知识和经验，对所测事物的未来发展趋势提出自己的预测，并说明其依据和理由，以书面形式答复主持预测的单位。

c. 主持预测的单位根据专家们的预测意见，加以归纳整理。对不同的预测值，分别说明预测者的依据和理由(根据专家意见，但不注明哪个专家意见)，然后再寄给各位专家，请他们重新考虑。

d. 专家们接到第二次信后，就各种预测意见及其依据和理由进行分析，提出自己修改的预测意见及其依据和理由。如此反复往返征询、归纳和修改，直到意见取得基本一致为止。

对调查结果要整理出书面意见、报表。

采用特尔菲法，与专家开会讨论得出的预测方案相比，可能要准确一些。这些预测，有很多是具有连续性的长期观察的特点，一般适用于长期预测。

特尔菲法的特点有以下几点：

a. 有控制的反馈：反馈表现在作业的多次反复和修正，但这是有目的、有组织、有控制地进行的。

b. 匿名：由于专家们背靠背地进行预测，可以避免人们心理上的相互干扰和影响，能够提出比较理想的预测值。

c. 量化计算：对各位专家的预测值进行统计，采用平均数或中位数得出数量化的结果。例如，假定专家的答案有9个：95、96、98、101、103、104、105、107、109。则中位数是(9+1)/2=5，即第五个答案，预测值取103。

2) 趋势预测分析法

趋势预测分析法是根据某项指标过去的、按时间顺序排列的数据，运用一定的数学方法进行加工、计算，借以预测未来发展趋势的分析方法。它的实质就是应用事物发展的连续性原理(也就是把未来视作历史的延伸)和数理统计的方法来预测事物发展的趋势。属于这类方法的有算术平均法、移动平均法、加权平均法、移动加权平均法、指数平滑法和修正的时间序列回归分析法等。

(1) 算术平均法　算术平均法是以过去若干时期的实际销售量的算术平均数作为计划期的销售预测数。这种方法一视同仁地看待"期内的各期销售量对未来预测销售量的影响"。其计算公式为：

$$预测销售量=各期销售量之和\div期数$$

$$\overline{x_{n+1}}=\frac{\sum x_n}{n}$$

【例 5-2】 某企业生产一种产品，2011 年 1—6 月份实际销量如表 5.2 所示，预测 2011 年 7 月份的销售量。

表 5.2　某产品 1—6 月份销量　　　单位：万件

月份	1 月	2 月	3 月	4 月	5 月	6 月
销量	25	23	26	29	24	28

解：依公式得：

$$7\text{ 月份的预测销量}=(25+23+26+29+24+28)\div 6=25.83(\text{万件})$$

算术平均法计算比较简单，适用于销售量比较平稳的商品预测分析。

(2) 移动平均法　移动平均法是从 n 期的时间数列销售中选取一组 m 期(假设 $m<\frac{n}{2}$，且数值固定不变)的数据作为观察期数据，求其算术平均数，并不断向后移动，连续计算观测值平均数，以最后一组平均数作为未来销售预测值的一种方法。如预测 7 月份的销售，采用 4,5,6 三个月的历史资料为依据；预测 8 月份，则以 5,6,7 三个月的历史资料为依据。此法假定预测值主要受最近 m 期销售业务量的影响。此法的计算公式是：

$$预测销售量(\overline{x})=最后\ m\ 期算术平均销售量$$

【例 5-3】 按例 5-2 资料，要求用移动平均法预测 7 月份的销售量(假定 $m=3$)。

解：利用最后 3 期销售量资料，得：

$$7\text{ 月预测销售量}(\overline{x})=(29+24+28)\div 3=27(\text{万件})$$

移动平均法虽然能够克服算术平均法忽视远近期销售量对预测量影响程度不同的缺点，有助于消除远期偶然因素的不规则影响，但仍存在只考虑 n 期数据中最后 m 期资料，缺乏代表性的弱点。此法适于销售量略有波动的产品预测。

(3) 加权平均法　加权平均法是指在掌握全部年 n 期资料的基础上，按近大远小的原则确定的各期权数，并据以计算加权平均销量的方法。公式为：

$$预测销售量\overline{x}=\sum(某期销售量\times该期权数)\div各期权数之和$$

$$\overline{x}=\left(\sum XW\right)/\sum W$$

权数的确定可采用以下两种方法：

第一，按自然数 $1,2,\cdots,n$ 的顺序确定权数，即令 $W_1=1,W_2=2,\cdots,W_n=n$。

第二，将各期权数设定为一组单调递增的小数，且满足 $\sum Wt = 1(0 < Wt < 1)$ 的条件。如当 $n = 3$ 时，可令 $Wt = 0.2, 0.3, 0.5$。

【例 5-4】 仍按例 5-2 资料，要求按自然数加权平均法预测 7 月份的销售量。

$$7\text{ 月份的销售量预测数 }(\bar{x}) = (25\times1+23\times2+26\times3+29\times4+24\times5+28\times6)\div(1+2+3+4+5+6) = 553\div21 = 26.33(\text{万件})$$

(4) 移动加权平均法 移动加权平均法是将移动平均法选定的最后 m 期中各期的实际销售量，按其距计划期的远近分别进行加权，然后计算其加权平均数，并据以作为计划期的销售预测数的一种预测方法。计算公式为：

$$\text{预测销售量}(\bar{x}) = \text{最后 } m \text{ 期加权平均销售量} + \text{趋势值}(b)$$

$b =$ (二季度每月平均实际销售量－一季度每月平均实际销售量)/3

式中：b 为平均每月的销售变动趋势值，目的是为了反映近期的销售发展趋势。

【例 5-5】 仍按例 5-2 资料，要求：利用最后 3 期销售量按移动加权平均法预测 7 月的销售量。

解：一季度每月平均实际销售量＝(25＋23＋26)/3＝24.67(万件)

二季度每月平均实际销售量＝(29＋24＋28)/3＝27(万件)

平均每月的销售变动趋势值 b＝(27－24.67)/3＝0.78

令 $W_1 = 0.2, W_2 = 0.3, W_3 = 0.5$，则：

$$7\text{ 月份销售预测值}(\bar{x}) = 29\times0.2+24\times0.3+28\times0.5+0.78 = 27.78(\text{万件})$$

(5) 平滑指数法 平滑指数法是在前期销售量的实际数和预测数的基础上，利用事先确定的平滑指数(用 α 表示)预测未来销售量的一种方法。其计算公式为：

$$\text{预测销售量}=\text{平滑指数}\times\text{前期实际销量}+(1-\text{平滑指数})\times\text{前期预测销量}$$

$$F_t = \alpha A_{t-1} + (1-\alpha)F_{t-1}$$

平滑指数 α 的取值范围一般在 0.3～0.7 之间，α 越大，则近期实际数对预测结果的影响越大；α 越小，则近期实际数对预测结果的影响越小。所以，采用较大的 α，则使此法的平均数能反映观察值新近的变动趋势；若采用较小的 α，则使此法的平均数能反映观察值变动的长期趋势。

【例 5-6】 仍用例 5-2 资料，若该企业原来预测 6 月份销量为 26 万件，平滑指数采用 0.7，要求：用指数平滑法预测 7 月份的销售量。

解：$F_7 = 0.7\times28+(1-0.7)\times26 = 27.4$(万件)

(6) 修正的时间序列回归法 此方法是通过分析一段时期内销售量与时间的函数关系来建立回归模型并据此进行预测的方法。预测模型为：

$$Q = a + bt$$

$$a = (\sum Q - b\sum t)/n$$

$$b = (n\sum tQ - \sum t\sum Q)/[n\sum t^2 - (\sum t)^2]$$

由于时间变量具有单调递增和间隔均匀的特点，据此可以对 t 值进行修正，使 $\sum t =$

0，回归系数的简化计算公式为：

$$a = \sum Q/n$$

$$b = \sum tQ/\sum t^2$$

经过修正的销售回归模型仍为：

$$Q = a + bt$$

当实际观测次数 n 为奇数时，将 0 置于所有观测期的中央，其余上下各期的 t 值均以 ±1 的级差增减，则各观测期的时间变量 t 值应分别为：…，−3，−2，−1，0，1，2，3，…

当实际观测次数 n 为偶数时，将 −1 与 +1 置于所有观测期的当中上下两期，其余上下各期的 t 值均以 ±2 的级差增减，则各观测期的时间变量 t 值应分别为：…，−5，−3，−1，1，3，5，…

【例 5-7】 仍依例 5-2 所示资料，要求用修正的直线回归法预测 7 月份及 8 月份的销量。

解：因本例的时期数 $n = 6$，为偶数，所以令第 3 期的 t 值为 −1，第 4 期的 t 值为 +1，上下均以 2 递增。列表计算如表 5.3 所示。

表 5.3 直线回归法资料计算表

月份	Q	t	tQ	t^2
1 月	25	−5	−125	25
2 月	23	−3	−69	9
3 月	26	−1	−26	1
4 月	29	+1	+29	1
5 月	24	+3	+72	9
6 月	28	+5	+140	25
$n = 6$	$\sum Q = 155$	$\sum t = 0$	$\sum tQ = 21$	$\sum t^2 = 70$

将表中的数据代入公式，可求得：

$$a = \sum Q/n = 155/6 = 25.83$$

$$b = \sum tQ/\sum t^2 = 21/70 = 0.3$$

则：$$Q = 25.83 + 0.3t$$

因为：7 月份的 t 值 = 5+2 = 7；8 月份的 t 值 = 5+4 = 9；

所以：7 月份的预测销量 $(Q_7) = 25.83 + 0.3 \times 7 = 27.93$（万件）

8 月份的预测销量 $(Q_8) = 25.83 + 0.3 \times 9 = 28.53$（万件）

3）因果预测分析法

因果预测分析法是指根据某项指标与其他有关指标之间相互依存、相互制约的规律性联系来建立相应的因果数学模型进行预测分析的方法。它的实质就是利用事物发展的因果关系来推测事物发展的趋势。属于这种方法的有本量利分析法、投入产出法、回归分析法等，最常见的是回归分析法。

在因果预测分析法下，用于建立预测模型的回归分析法同趋势预测分析法采用的修正的时间序列回归法不同。因为自变量 x 不一定是等差数列，无法进行修正。

【例 5-8】 金牛轮胎厂经调查发现，决定轮胎销售量的主要因素是汽车销售量。某市场近 5 年的统计资料如表 5.4 所示。

表 5.4 某市场近 5 年汽车及轮胎销售量

年度	汽车销售量(万辆)	轮胎销售量(万只)
2006 年	20	128
2007 年	24	156
2008 年	30	160
2009 年	36	212
2010 年	40	240

如果金牛厂的市场占有率为 35%，预计 2011 年该市场的汽车销售量为 45 万辆。要求：用回归分析法预测 2011 年金牛厂的轮胎销售量。

解：根据所给资料，列表计算如表 5.5 所示。

表 5.5 回归分析法计算表

年度	汽车销售量(万辆)x	轮胎销售量(万只)y	xy	x^2
2006 年	20	128	2 560	400
2007 年	24	156	3 744	576
2008 年	30	160	4 800	900
2009 年	36	212	7 632	1 296
2010 年	40	240	9 600	1 600
$n=5$	$\sum x=150$	$\sum y=896$	$xy=28\,336$	$\sum x^2=4\,772$

根据公式计算：

$$b=(n\sum xy-\sum x\sum y)/\left[n\sum x^2-(\sum x)^2\right]$$

$$a=(\sum y-b\sum x)/n$$

$$b=(5\times 28\,336-150\times 896)/(5\times 4\,772-150^2)=5.35$$

$$a=(896-5.35\times 150)/5=18.7$$

$$y=18.7+5.35x$$

2011 年该市场预测轮胎销量＝18.7＋5.35×45＝259.45(万只)

金牛厂 2011 年预测轮胎销量＝259.45×35%＝90.81(万只)

【技能训练】

1）问题讨论

(1) 影响一个企业销售量的因素有哪些？

(2) 在预测分析方法中德尔菲法是如何使用的？

2）案例分析

电视机的销量如何预测

一般来讲，某一个品牌电视机计划年度的销量是这样预测的，首先预测一定市场范围内电视机的总需求量，然后测算出该品牌电视机的市场占有率，则可以推算出该品牌电视机在计划年度的预计销量。

要求：

请以康佳电视机为例，在调研的基础上，做一个未来年度的销量预测。

项目3　利润预测分析

【相关知识】

5.3.1　利润预测的含义及利润测算

利润预测是指在销售预测的基础上，根据企业未来发展目标和其他相关资料，预计、推测或估算未来应当达到和可望实现的利润水平及其变动趋势的过程。

传统的利润预测就是根据事先预计的销售量、成本、价格水平测算可望实现的利润额，其计算公式有以下多种表现形式：

预计利润＝销售收入－变动成本总额－固定成本总额
　　　　＝销售单价×销售量－[(单位变动成本×销售量)＋固定成本总额]
　　　　＝贡献边际总额－固定成本总额
　　　　＝单位贡献边际×销售量－固定成本总额
　　　　＝销售收入总额×贡献边际率－固定成本总额
　　　　＝安全边际量×单位贡献边际
　　　　＝安全边际额×贡献边际率

【例5-9】 刘义在市中心租了一个店铺经营快餐，每月固定成本开支为20万元，每份快餐售价17元，每份快餐的变动成本为7元，若每月估计销售24 000份，则每月的利润是多少?

解：利润＝24 000×17－(200 000＋7×24 000)＝40 000(元)

5.3.2　目标利润的确定

1）目标利润的含义

所谓目标利润是指企业在未来一段期间内，经过努力应该达到的最优化利润控制目标。它是企业未来经营必须考虑的重要战略目标之一。

2）预测目标利润

目标利润的预测大致按如下步骤进行：

(1) 调查研究，确定利润率标准　在调查研究的基础上，了解和掌握企业历史上利润率最高水平及当前同业或社会平均的利润率水平，从中选择某项先进合理的利润率作为预测基础。可供选择的利润率主要有销售利润率、产值利润率和资金利润率。

(2) 计算目标利润基数　将选定的利润率标准乘上企业预测应达到的有关业务量及资金指标，便可测算出目标利润基数。公式是：

目标利润基数＝预计销售额×销售利润率
　　　　　　＝预计工业总产值×产值利润率

=预计资金平均占用额×资金利润率

(3) 确定目标利润基数修正值，最终下达目标利润　目标利润修正值是对目标利润基数的调整额。一般可先将目标利润基数与测算利润进行比较分析，并按本量利分析的原理分项测算为实现目标利润基数而应采取的各项措施，若各项措施均不能实现目标利润，则应适当修改目标利润基数，确定目标利润修正值。

最终下达的目标利润应该为目标利润基数与修正值的代数和。

最终下达的目标利润=目标利润基数+目标利润修正值

【例 5-10】 某企业 1999 年预计下年度资金平均占用额为 400 000 元，同行业的资金利润率为 15%。企业生产并销售甲产品，甲产品的单价为 50 元/件，单位变动成本为 40 元/件，计划全年生产并销售甲产品 20 000 件，固定成本为 120 000 元，问该企业能否完成目标利润?

解：目标利润=400 000×15%=60 000(元)

计划完成的利润=20 000×(50-40)-120 000=80 000(元)

依据上述计算可知，在其他条件不变的情况下，企业能完成目标利润。

5.3.3 经营杠杆系数在利润预测中的应用

1) 经营杠杆效应的含义及其计算

在其他因素不变的条件下，销售业务量一定程度的变动会使利润以更大的幅度变动，这种利润变化率大于业务量变动率的现象被称为企业具有经营杠杆效应。

产生经营杠杆效应的原因在于，当产销量变化时，因固定成本的存在而使得单位固定成本呈反比例变动，从而使单位利润相对变化，导致利润的变动率总是大于产销量的变动率。

为了对经营杠杆效应进行定量，管理会计把在一定业务量的基础上，利润变动率相当于业务量变动率的倍数称之为经营杠杆系数(简记为 *DOL*)，其理论公式如下：

$$经营杠杆系数(DOL) = 利润变动率(K_p) / 产销量变动率(K_x)$$

按以上公式计算经营杠杆系数，必须掌握利润变动率和产销量变动率。这就不便于利用经营杠杆系数进行预测。为了事先能够确定经营杠杆系数，在实践中可按以下简化公式计算：

$$经营杠杆系数(DOL) = 基期贡献边际 / 基期利润 = cmx/P$$

【例 5-11】 已知某企业连续 2 年的有关资料如表 5.6 所示。

表 5.6 某企业连续 2 年的资料

项目	第一年	第二年
单位贡献边际	4	4
销售量	10 000	20 000
贡献边际	40 000	80 000
固定成本	30 000	30 000
利润	10 000	50 000

要求：用两种公式计算第二年的经营杠杆系数，预测第三年的经营杠杆系数。

解：利润变动率(K_p) $= (50\,000 - 10\,000)/10\,000 = 400\%$

产销量变动率(K_x) $= (20\,000 - 10\,000)/10\,000 = 100\%$

第二年的经营杠杆系数(DOL_2) $= 400\%/100\% = 4$

或 $DOL_2 = Tcm_1/P_1 = 40\,000/10\,000 = 4$

第三年的经营杠杆系数(DOL_3) $= Tcm_2/P_2 = 80\,000/50\,000 = 1.6$

2) 经营杠杆系数在利润预测中的应用

(1) 进行利润预测　在利润预测中，若只有销售业务量一项因素变动时，可以利用经营杠杆系数，根据未来产销量变动率，预测计划期目标利润。计算公式为：

$$\text{未来利润变动率}(K_p) = \text{产销量变动率}(K_x) \times \text{经营杠杆系数}(DOL)$$

$$\begin{aligned}\text{预测利润额} &= \text{基期利润} \times (1 + \text{产销量变动率} \times \text{经营杠杆系数}) \\ &= P(1 + K_x \times DOL)\end{aligned}$$

【例 5－12】　某企业只生产一种产品，已知本期销售量为 20 000 件，固定成本为 25 000 元，利润为 10 000 元，预计下一年销售量为 25 000 件。

要求：预计下期利润额。

解：产销量变动率(K_x) $= (25\,000 - 20\,000)/20\,000 = 25\%$

经营杠杆系数(DOL) $= (25\,000 + 10\,000)/10\,000 = 3.5$

下期利润额 $= 10\,000 \times (1 + 3.5 \times 25\%) = 18\,750$(元)

(2) 反映企业的经营风险　根据经营杠杆的原理可知，利润变动率＝产销量变动率×经营杠杆系数，所以，在同一产销量水平上，经营杠杆系数越大，利润变动幅度就越大，从而经营风险也就越大。具体来讲，如果一个企业的经营杠杆率有所增加，就意味着该企业的销售量略有下降时，将使它的利润出现较大幅度的下降，那么该企业的业务经营就变得更冒风险。因此，在销售情况多变的企业内，保持较低水平的经营杠杆率是有利的，这样即使产销量有一定变动，也不会造成利润较大幅度的变动。

【技能训练】

1) 问题讨论

(1) 某单位下面有一个承包部门，在 2010 年利润计划完成程度为 120%，从统计指标的角度，已经超额完成了指标。但是如果从经营杠杆原理的角度分析，你会得出什么样的结论？

(2) 以你身边的一个小饭馆为例，讨论它是如何制定利润计划的？

2) 案例分析

巨额广告费的后面

(1) 背景资料

1996 年 11 月 8 日下午，中央电视台传出一个令全国震惊的新闻：名不见经传的秦池酒厂以 3.2 亿元人民币的“天价”，买下了中央电视台黄金时间段广告，从而成为令人炫目的连任二届“标王”。1995 年该厂曾以 6 666 万元人民币夺得“标王”。

秦池酒厂是山东省临朐县的一家生产“秦池”白酒的企业。1995 年，临朐县人口 88.7 万，人均收入 1150 元，低于山东省平均水平。1995 年厂长赴京参加第一届“标王”竞标，以 6 666万元的价格夺得中央电视台黄金时段广告“标王”后，引起大大出乎人们意料的轰动效应，秦池酒厂一夜成名，秦池白酒也身价倍增。中标后的一个多月时间里，秦池就签订了销售合同 4 亿元；头两个月秦池销售收入就达 2.18 亿元，实现利税 6 800 万元，相当于秦池酒厂建厂以来前55年的总和。至 6 月底，订货已排到了年底。1996 年秦池酒厂的销售也由 1995 年只有 7 500 万元一跃为 9.5 亿元。事实证明，巨额广告投入确实带来了“惊天动地”的效果。对此，时任厂长十分满意。

然而，新华社 1998 年 6 月 25 日报道：“秦池目前生产、经营陷入困境，今年亏损已成定局……”。

(2) 仔细推敲，昙花一现为哪般

秦池为什么在这么短的期间就风光不再而陷入困境？近年各种文章资料从多个方面将秦池作为典型案例作了多角度的分析。那么，能否从财务管理的角度对此进行剖析呢？

从现代企业理财的角度看，“秦池”在企业理财的运作上以下几个方面值得认真推敲：

① 巨额广告支出使经营杠杆作用程度加大，给企业带来更大的经营风险。

利润＝销售量×(单价－单位变动成本)－固定成本总额

由利润的基本公式可以看出，产品单价由市场竞争决定，单位变动成本和固定成本总额在一定的生产能力范围内固定不变。因此，这三个要素基本属于常数性质，公式中惟一的变量实际上只有产品销售量。由此可见，企业利润的高低在很大程度上取决于产品销售量的大小。而产品销售量的大小，又在一定程度上取决于产品的市场份额。在同类产品很多而又难分上下的情况下，树立企业产品的品牌是争取市场份额的较好途径，甚至是惟一有效的捷径。在某种特定的情况下，品牌、市场份额和利润三者之间关系可以表现为：品牌＝市场份额＝利润。因而在中国“泰斗”级的媒介——中央电视台展开角逐，奋力夺取“标王”，在“好酒也怕巷子深”的白热化竞争环境下，不能不说是树立产品品牌从而提高企业产品市场份额的较佳方案。问题是做广告、树品牌必须具备两个条件：一流的品牌必须以一流的质量作保证；做广告是一条不归路，必须有长时间承受巨额广告支出的能力。否则，企业的市场份额会很容易随风飘走。大家知道，巨额广告支出作为一项固定性期间费用，它本身不受企业产品销售量变动的影响，但巨额广告支出将改变企业原有的成本结构，使固定成本在产品成本中的比例增大，由此使企业的经营杠杆作用程度也随之增大。经营杠杆对企业的作用也是双方面的：当销售量增加时，企业的利润因经营杠杆的正面作用而大幅度提高；而当销售量减少时，企业的利润也将因经营杠杆的负面作用而大幅度下降。由此可见，“标王”不仅增加了企业的巨额广告负担，更重要的是它加大了企业经营杠杆的作用程度，从而也加大了企业的经营风险。只要企业产品市场稍有风吹草动，就会使企业的经营陷入困境。

事实也正是如此。秦池以 6 666 万元的价格第一次夺得广告“标王”后，广告的轰动效应，使秦池酒厂一夜成名，“秦池”的品牌地位基本确立，市场份额也相应增加。1996 年秦池酒厂销售量的大幅度增加使经营杠杆产生积极(正面)作用，企业利润也以更大幅度增加。但这种局面并没有维持多久，1997 年秦池能否可持续发展已经成为十分突出的问题。其原因在于：ⓐ 4 万余家白酒生产企业使白酒的生产量远大于销售量(约有 50％的产量过剩)；同时洋酒的进入使白酒在酒业消费中的比例下降。到 1997 年白酒销量“滑坡”的势头更加严重。秦池的市场份额面临着严峻的考验。ⓑ 一流的品牌没有一流的产品质量作保证。1996 年 12 月《××参考报》4 篇关于秦池沿川藏公路两侧收购散酒勾兑“秦池”的报道，不仅使秦池陷入巨大的媒体危机之中，而且使刚树立的“秦池”形象遭受了损害，因而在一定程度上影响了其市场份额。ⓒ 1997 年 3.2 亿元巨额广告费用对秦池来说是一个巨大的包袱。它一方面使秦池的现金流动产生困难，另一方面大大地放大了企业利润对销售量的依赖程度。只有稳定的市场份额，才能确保企业的可持续发展。1997 年和 1998 年的市场竞争和秦池自身问题使其市场份额产生了波动。正是波动不定的市场份额使秦池陷入了严重而难以自拔的经营风险之中。1997 年秦池在中央电视台播出的广告时间折算成货币为应付 1.5 亿元左右，而秦池实际支付仅为 4 800 万元。

② 资产结构的失衡，导致盈利能力与流动能力矛盾恶化。企业理财原理告诉人们，企业资产的盈利性与流动性之间存在着矛盾。企业流动资产具有变现能力强、流动性高但盈利能力低的特点；而企业的固定资产等长期性资产属于盈利性资产，可以为企业带来利润，但变现能力低，流动性差。由此，要求企业在盈利性与流动性之间加以权衡，并根据企业自身的特点，作出相应的选择，以保证企业盈利性与流动性的适度平衡，从而确保企业的健康稳定发展。

秦池成名之前作为一个县级企业，其总资产规模和生产能力有限。面对"标王"之后滚滚而来的订单，它不可能弃之不管，但仅凭其现有生产能力又难于应付。其出路只有两条：ⓐ 加大资金投入力度，对现有厂房设备进行更新改造或扩建新的厂房设备，以此提高企业生产能力。但这种做法受两个因素制约：一是资金制约。巨额广告投入已使企业现金流动能力受到较大影响，企业扩大生产能力所需大量资金的来源更成问题。企业只有依靠银行贷款解决这个问题，而贷款将使企业的资产负债比例提高，还贷压力加大。同时，生产规模的扩大，也会使企业总资产中固定资产比例提高，而流动资产比例下降，由此将使企业的流动能力和变现能力受到影响，企业资产结构失去平衡。二是生产周期的制约。即使企业完全有能力扩大生产规模、提高生产能力，但无论是厂房设备的购建，还是白酒的酿造，都需要一定的周期，因而难于在较短的期间内立即满足眼前的客户订单。ⓑ 面对上述两个因素的制约，秦池要在短时间内满足客户订单需求，其另一条可能的出路是与周边地区的白酒企业横向联合或收购其他企业的白酒进行勾兑。但无论是横向联合还是勾兑，两者都很难保证产品的质量。如果产品质量出现问题，不仅会影响其品牌和市场份额，而且还会影响其销售产品的资金回笼。因而，其品牌和市场份额的维持更需要一流的质量作保证。

上述两条出路使当时的秦池酒厂陷入了提高企业盈利能力和维持一定现金流动能力相互矛盾的进退两难的境地，但面对客户订单的它必须作出选择。不管秦池最后选择了哪条路，其结果都将使企业的经营风险不断加大。

③ 财务资源有限性制约企业持续发展。按照企业理财的基本原理，企业持续发展需要有持续的财务资源的支持。其基本前提是：ⓐ 资产结构与资本结构的有机协调。ⓑ 现金流动上形成良性的"造血"功能机制，即生产经营活动所产生的现金流入量与现金流出量在时间、数量和速度上保持有机协调。秦池一方面在扩大生产规模、提高生产能力，从而提高固定资产等长期性资产比例的同时，使流动资产在总资产中的比例相应下降，由此降低了企业的流动能力和变现能力。另一方面，巨额广告支出和固定资产上的投资所需资金要求企业通过银行贷款解决，按当时的银行政策，此类贷款往往为短期贷款，这就造成了银行的短期贷款被用于资金回收速度比较慢、周期较长的长期性资产上，由此使企业资产结构与资本结构在时间和数量上形成较大的不协调性，并因此而形成了"短贷长投"的资金缺口压力。在此情况下，如果企业有比较健全的造血功能机制——良好的经营活动现金流动机制，此种资金缺口通过健全的现金预算安排和合理的资金调度可以部分化解其压力。但只要稍有不

慎就有可能使企业资金的周转发生困难，从而使企业陷入难以自拔的财务困境。而此时秦池所面临的现实问题是：在流动资产相对不足从而使企业现金流动能力产生困难的同时，年内到期的巨额银行短期贷款又要求偿还，从而陷入了“到期债务要偿还而企业又无偿还能力”的财务困境。

(3) 该案例的启示和教训

从企业理财的角度而言，“秦池”的盛衰有三个方面的经验和教训值得总结和吸取：

① 固定成本的存在使企业在产生经营杠杆作用的同时，也带来相应的经营风险。经营杠杆的作用并不都是积极的，只要企业销售量不能持续增长，经营杠杆所产生的作用就将是负面的。要确保销售量的持续增长，做广告、树立品牌是一种比较有效的方式。但广告投资应与企业的销售业绩保持适度的平衡，否则会给企业带来巨大的经营风险。与此同时，一流的品牌需要以一流的产品质量作保证，否则，品牌效应也只能是昙花一现。

② 财务管理的重点在资产负债表的左边。企业资金筹措当然是企业理财的重要内容，但外来资金对企业的发展来说仅仅是一种“输血”功能，它可以解决企业一时的资金难题，但企业的长期稳定发展，必须依靠形成一种来自于企业经营活动的良性“造血”功能机制，惟有如此，企业的持续发展方有持续的财务资源支持。而“造血”功能机制的形成只能依靠企业资产的合理而有效的利用，保证现金流入与流出在时间、数量和速度上的协调一致。

③ 合理的资金调度需要以资产结构的平衡、资本结构的平衡以及资产负债表左右双方的结构性平衡为前提。这三方面的任何一方的失衡，都将导致企业资金流动发生困难，从而使企业陷入一定的财务困境。

由此可见，惟有财务资源的可持续支持，企业才能可持续发展。

要求：

请以此例说明企业销售和利润预测对企业决策的影响。

项目 4　成本和资金需要量预测分析

【相关知识】

5.4.1　成本预测

1) 成本预测的含义

成本预测是指根据企业未来发展目标有关资料，运用专门方法推测与估计未来成本水平及发展趋势的过程。

在市场经济条件下，通过成本预测可以使企业掌握未来的成本水平和变动趋势，有利于加强企业成本管理，为成本决策和实施成本控制提供依据。

2) 成本预测的步骤及方法

(1) 成本预测的步骤

① 提出目标成本方案：目标成本是指企业在未来经营条件下，为确保实现合理的目标利润，在成本方面应达到的奋斗目标。目标成本方案通常可以采用下面两种方法进行预测：

方法一:按目标利润预测目标成本。计算公式为:

目标成本=预计单价×预计销售量-目标利润

=预计销售收入-目标利润

【例 5-13】 某生产自行车的企业董事会在确定今年的任务时,提出要实现税后利润1 000万元。为此,董事会要求各业务部门都要为此目标而努力工作。销售部门负责人认为,为了提高本企业的产品市场竞争力,产品的销售单价不应高于 200 元;在此售价下,产品的销售量可望达到 20 万辆。该企业所得税率为 33%。为此,企业的经理要求财务部门规划出今年每件产品的目标成本。

解:已知税后利润为 1 000 万元,则税前利润为 1 000/(1-33%)=1 492.54(万元)

目标成本=预计销售收入-目标利润

=200×20-1 492.54=2507.46(万元)

单位产品的目标成本=2 507.46÷20=125.4(元)

方法二:以先进的成本水平作为目标成本。这种方法是以本企业历史最好成本水平或国内外同类产品的先进成本水平作为目标成本;也可以是标准成本、计划成本或定额成本。

② 预测成本的发展趋势:提出目标成本后,运用各种专门方法,预测企业在现有条件下成本可能达到的水平。

③ 修订目标成本:将以上步骤预测的成本水平与目标成本进行比较分析,制定出切实可行的降低成本的措施,如二者差距太大,则应适当修正原来提出的目标成本,使之尽量符合客观实际。

(2) 成本预测的方法 成本预测具体方法主要包括高低点法、回归直线分析法和加权平均法等。其中前两种方法已在以前章节讨论过,这里只介绍加权平均法。

成本预测中的加权平均法是根据若干期固定成本总额和单位变动成本的历史资料,按照事先确定的权数进行加权,以计算加权平均的成本水平,从而确定成本预测模型,进而预测未来总成本的一种定量分析方法。计算公式为:

$$y = \bar{a} + \bar{b}x$$

$$= \frac{\sum aW}{\sum W} + \frac{\sum bW}{\sum W}x$$

式中:W 代表权数。

此法适用于对那些具有详细固定成本与变动成本历史资料的产品进行成本预测,计算结果比按总成本时间序列法计算的结果误差相对小些。

【例 5-14】 某企业生产一种产品,最近 3 年的成本资料如表 5.7 所示,第 4 年的预测产量为 5 000 件。

表 5.7 某企业最近 3 年成本资料 单位:元

年份	固定成本 a	单位变动成本 b
第 1 年	12 500	15
第 2 年	15 000	13
第 3 年	16 000	12

要求：用加权平均法预测第4年总成本和单位产品成本。

解：选各期的权数分别为1,2,3。

总成本(y_4)＝(12 500×1＋15 000×2＋16 000×3)/(1＋2＋3)
＋(15×1＋13×2＋12×3)/(1＋2＋3)×5 000
＝15 083＋12.83×5 000
＝79 233(元)

单位成本＝79 233÷5 000＝15.85(元)

5.4.2 资金需要量的预测

资金预测是指在销售预测、利润预测和成本预测的基础上，根据企业未来经营发展目标并考虑影响资金的各项因素，运用一定方法预计、推测企业未来一定时期或一定项目所需要的资金数额、来源渠道、运用方向及其效果的过程。广义资金预测包括全部资金需要量及其来源预测、现金流量预测、资金分布预测和资金运用效果预测。狭义的资金预测是指资金需用量预测，具体包括固定资产项目投资需用量预测、流动资金需用量预测和追加资金需用量预测。本节只介绍追加资金需用量的预测。

追加资金需要量预测采用销售百分比法。此法是指以未来销售收入变动的百分比为主要参数，考虑随销量变动的资产负债及其他因素对资金的影响，从而预测未来需要追加的资金数量的一种定量方法。基本公式是：

$$\Delta F = K(A-L)-D-R+M$$

式中：ΔF 为预计未来需要追加的资金数额；K 为未来销售收入增长率；A 为随销售额变动的资产类项目基金数额；L 为随销售额变动的负债项目基期金额；D 为计划期提取的折旧摊销额与同期用于更新改造的资金差额；R 为按计划期销售收入及基期销售净利润率计算的净利润与预计发放股利之差额；M 为计划期新增的零星资金开支数额。

销售百分比法预测资金需要量的程序有以下几个步骤：

(1) 确定未来销售收入变动率指标 K，公式为：

$$\begin{aligned} K &= (\text{预计销售收入}-\text{基期销售收入})/\text{基期销售收入} \\ &= (S_1-S_0)/S_0 \end{aligned}$$

(2) 分析基期资产负债表有关项目，计算 A 与 L。

① A 的确定：周转中的货币资金、正常的应收账款、存货等项目一般会随销售额的变动而变动，应列入 A；对固定资产则视基期生产能力是否还有剩余生产能力而定：如果还有潜力，不需要追加资金投入，则不予考虑，否则便应将其列入 A；至于长期有价证券投资和无形资产一般不列入 A 的范围。

② L 的确定：应付账款、应付税金、其他应付款等项目也会随销售量增长而增长，应列入 L，其他项目一般不予考虑。

(3) 按折旧计划和更新改造计划确定可作为内部周转资金来源的折旧摊销额与同期将用于更新改造的资金数额，进而计算 D。

(4) 按预计销售额和基期销售净利润率计算预期净利润，按计划期发放股利分配率预算预测发放的股利，进而计算 R。

(5) 确定新增零星开支 M。

(6) 将 K,A,L,D,R,M 代入 ΔF 的计算公式，预测需要追加的资金额。

【例 5－15】 某企业 2010 年 12 月 31 日简略式资产负债如表 5.8 所示。

已知:2010 年实现销售 500 000 元，获净利润 20 000 元，并发放了 10 000 元股利；2010 年计划销售额达 800 000 元，假定其他条件不变，仍按基期股利发放率支付股利，按折旧计划提取 20 000 元折旧，其中 30%用于当年更改支出；厂房设备能力已经饱和；有关零星资金需要量为 10 000 元。

表 5.8 某企业资产负债表 单位:元

资产		负债及所有者权益	
1. 现金	10 000	负债:	
2. 应收账款	95 000	1. 应付账款	75 000
3. 存货	100 000	2. 应付票据	15 000
4. 固定资产	150 000	3. 长期负债	100 000
5. 无形资产	55 000	股东权益:	
		1. 股本	210 000
		2. 留存收益	10 000
合计	410 000	合计	410 000

要求:用销售百分比法预测 2011 年追加资金的需要量。

解:

(1) $K=(800\,000-500\,000)/500\,000=60\%$

(2) $A=10\,000+95\,000+100\,000+150\,000=355\,000$(元)

$L=75\,000$(元)

(3) $D=20\,000\times(1-30\%)=14\,000$(元)

(4) $R=800\,000\times 20\,000/500\,000\times(1-10\,000/20\,000)$

$=800\,000\times 4\%\times(1-50\%)=16\,000$(元)

(5) $M=10\,000$(元)

(6) $\Delta F=(355\,000-75\,000)\times 60\%-14000-16\,000+10\,000$

$=148\,000$(元)

该企业 2004 年需追加 148 000 元资金。

【技能训练】

1) 问题讨论

(1) 讨论什么是“成本倒算”模式?

(2) 家庭房子装修的费用是如何测算的?

2) 案例分析

转动运筹学的魔方

据说，大名鼎鼎的微软在美国招募编程工程师的时候，笔试的最后一道试题是与计算机技术毫无干系的运筹学，名为 LQ(运筹商数，对应于 IQ、EQ)测试。有一年的题目是:几个人在黑夜里同向过一座独木桥，每人过桥的时间长短不同，每次只能过两个人，而且需要往返运送唯一的手电筒，求最节约时间的过桥方式。

实际上，这种试图寻求最优化方案的运筹能力就是一种系统性思考的能力，这对和光物流中心的运作来说是至关重要的。从前，由于缺乏这种系统性的思考，和光集团在全国范围内的分货、调拨和运输方式，有很多都大大有悖于运筹学的基本原理。比如，有时候从北京调到广州的货又从广州原封不动地调到上海，人力、财力、物力的浪费十分惊人，直接导致储运成本居高不下，而且贻误了最佳的销售时机。为此，和光物流中心从一开始就决定用"全国一盘棋"的新运作模式，重新运筹集团的物流：首先把分布在广州、上海、北京、沈阳的四大中心库位的人员和业务的隶属关系划至物流中心统一管理，这样就相当于为几条呈放射状的线找到了一个共同的圆心，或者说神经中枢。接着，物流中心对运输的方式又做了大幅度的调整。从前，集团货物运输的方式80%以上都采用铁路运输的方式，实际上这完全是一种被动的因袭——这几年国内高速公路网的大力建设，汽运的成本已降至铁运的1/2左右，而且货物的破损率、丢失率大大低于铁运，更为重要的是，汽运的机动程度、辐射能力和即时性都好于铁运。所以，物流中心总监到广州等四大中心库位的所在地，从价格、服务、运力等几方面全面衡量筛选承运商，利用规模优势，大大降低了运输成本。比如，从大连到沈阳的单程运费市价为1 500元左右，其中，仅承运商可以计算出来的成本就达700多元，而全面委托后单程运费破天荒地降至800元，承运商从和光这儿几乎分文都赚不到，其利润将主要来源于抵沈后的空车配货。然后，物流中心加强了对内部员工的培训，制定了一系列的管理规范，严格控制装卸费等有可能存在管理黑洞的费用支出，缩短了对库存商品的盘点周期，加大了盘点的力度，全面实施日盘、周盘、月盘、季盘和年盘的五级盘点制度，大大提高了集团资产的安全程度。进口部则重新理顺了与海关、商检、卫检、经贸委等政府部门的关系，提高了进口报关的速度，并根据国家相关法律法规和政策，合理选择进口途径和方式，以减低进口成本，减少资金占用和进口费用。

著名数学家华罗庚曾对运筹学下了个贴切而又绝妙的定义——"用烧开水的时间找茶叶"。就在和光物流中心52名员工合力转动的运筹学的魔方里，大块大块的行销成本被无情地压了下来。物流中心的经理们一直有一个心愿，就是在不远的几年内把集团的行销成本统统吃掉，那样和光在国内IT分销市场上将无人可敌。

要求：

结合案例讨论：在物流活动中树立科学决策思维和使用科学的决策方法的对节约物流成本的重要意义。

【拓展阅读与训练】

利用Excel进行回归预测分析

以本章例5-8的资料为背景，讲述Excel软件中的回归分析功能在预测分析中的应用。具体步骤如下：

(1) 进入Excel软件，在空白的电子表格中输入汽车销售量和轮胎销售量数据，有关结果如图5.2所示。

(2) 打开"数据分析"对话框。在Excel的"工具"下拉菜单中，点击"数据分析"选项，即可打开相应对话框，如图5.3所示。通常，初次使用"数据分析"功能时，在"工具"下拉菜单中找不到"数据分析"选项，这时，需要在该菜单中选择并点击"加载宏"，在打开的对话框中，选中"分析工具库"选项后，点击"确定"即可。

(3) 打开"回归"对话框。在"数据分析"对话框中选中"回归"，并点击"确定"后，即可打

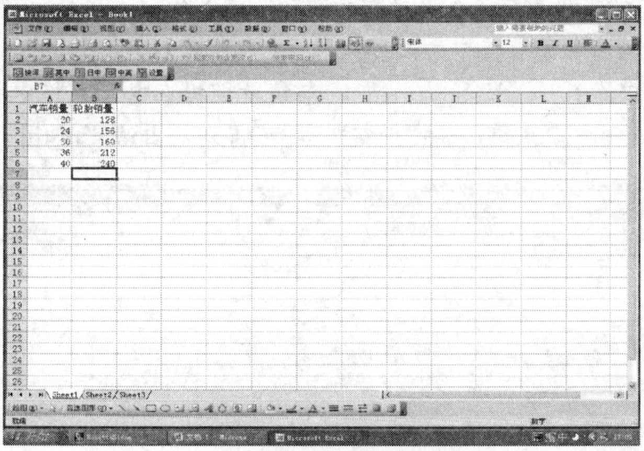

图 5.2　输入数据

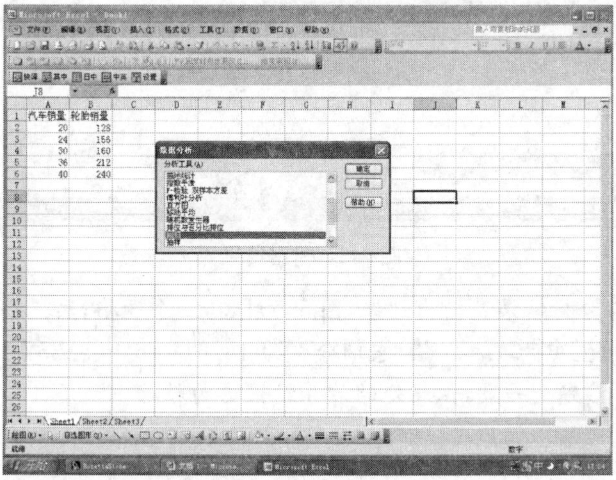

图 5.3　“数据分析”对话框

开“回归”对话框，如图 5.4 所示。

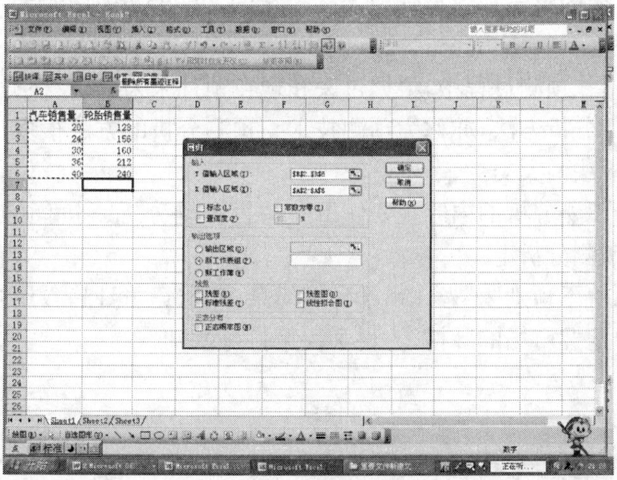

图 5.4　“回归”对话框

(4) 对“回归”对话框进行设置。在该对话框中，在“Y值输入区域”小窗口中输入“$B$2:$B$6”，即轮胎销量数据在电子表格中所处区域位置（单元格B2至B6，用鼠标刷选即可）；在“X值输入区域”小窗口中输入“$A$2:$A$6”，即汽车销量数据在电子表格中所处区域位置（单元格A2至A6），其余选项取默认值，点击“确定”后即可得到输出结果，如图5.5所示。

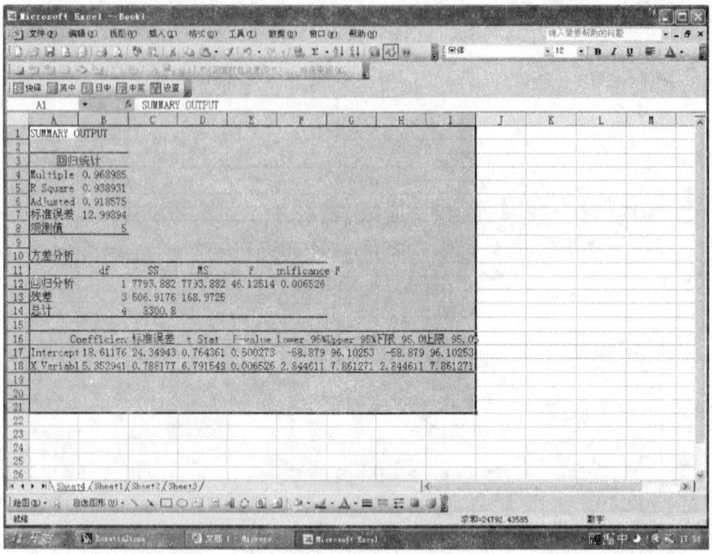

图5.5 输出结果

(5) 获取计算与分析结果。输出结果（图5.5）包括三个表格，第三个表格中第一列数据即为轮胎销量预测模型中的 a 和 b 值，它们分别为18.611 76和5.352 941，与例5-8中预测的结果（18.7，5.35）完全一致，但此处的计算结果更为精确。

【本模块要点归纳】

经济预测是人们对未来经济活动可能产生的经济效益及其发展趋势，事先提出的一种科学预见。而科学预见的产生需要预测过程，即以过去的历史资料和现在所取得的信息为基础，运用人们所掌握的科学知识与管理人员多年的实践经验，来预计、推测事物发展的必然性与可能性的过程。

预测分析则是指在预测过程中，根据过去和现在预计未来，以及根据已知推测未知所采用的各种科学的专门分析方法，亦称为预测技术。预测分析的方法很多，但大体可归纳为定量分析法与定性分析法两大类。

在管理会计中，预测分析的内容主要侧重在销售预测分析、利润预测分析、成本预测分析和资金需要量的预测分析上。

常言道：“预则立，不预则废”。在市场环境纷杂多变，竞争日趋激烈的情况下，企业要保持清醒的头脑，努力把握市场的脉搏，为科学决策打好基础。

【综合测试】

一、判断对错

1. 预测是根据实地调查和历史统计资料，通过一定程序和计算方法，推算未来期的经营信息。它不带有假定性的因素，因此，基本上能反映经营活动的发展趋势。 （ ）

2. 用高低点法来预测产品成本水平发展趋势，即使在各其成本变动幅度较大的情况下，也能得出较为精确的结果。（　　）

3. 设某企业计划期产品销售收入预计为 400 000 元，变动成本总额为 200 000 元，固定成本总额为150 000元，则其销售利润率为 15%。（　　）

4. 根据基年的产品产量和计划期产量以及基年单位成本中的固定费用额，可以测定产量的变动对成本的影响程度。（　　）

二、单项选择

1. 某企业计划期预计销售产品 5 000 件，单位产品销售成本为 20 元，销售成本利润率为 5%，则计划期产品销售利润额为（　　）元。

A. 7 500　　B. 2 500　　C. 10 000　　D. 5 000

2. 设荣生公司计划在明年实现销售收入 800 000 元，又据计算，该公司每增加 1 元销售额需筹资 0.45 元。若该公司当年未分配利润为 200 000 元，则来年公司预计需增加的筹资额为（　　）。

A. 360 000 元　　B. 160 000 元　　C. 800 000 元　　D. 200 000 元

3. 根据各种利润指标来预测计划期产品销售利润的方法是（　　）。

A. 销售百分比法　　B. 比例法　　C. 高低点法　　D. 回归直线法

4. 下列关于销售百分比法预测筹资需要量的说法正确的是（　　）。

A. 假定了资产负债表中所有项目都与销售收入总额之间存在增减依存关系

B. 销售百分比法既可以预测短期内企业的筹资需要量，也可以预测较长时期企业的筹资需要量

C. 销售百分比法最后一步是求出未来年度每增加 1 元的销售量需要增加的筹资百分比，然后根据销售预测量，求出未来年度的总资金需要量

D. 在各项资产、负债项目与销售额不成同比例增长的情况下，该方法同样适用

三、多项选择

1. 下列各项中，可以用来预测未来销售量的是（　　）。

A. 算术平均法　　B. 趋势平均法

C. 指数平滑法　　D. 直线回归预测法

2. 下列各项中，适合用于长期性预测的是（　　）。

A. 销售百分比法　　B. 回归直线法

C. 趋势平均法　　D. 指数平滑法

3. 下列各项中，可用来进行利润预测的有（　　）。

A. 本量利分析法　　B. 盈亏临界图分析法

C. 销售百分比法　　D. 比例法

4. 下列各项中，可以作为目标成本的是（　　）。

A. 本企业历史上最高的水平　　B. 计划成本

C. 定额成本　　D. 标准成本

四、计算分析

1. 假定大明公司今年上半年 6 个月份的实际销售收入如下表所示：

月份	1月	2月	3月	4月	5月	6月
实际销售额（万元）	120	118	140	127	130	135

又假定该公司 6 月份的销售金额的原预测数为 130 万元。要求：

(1) 根据今年 1—6 月份的实际资料，采用移动加权平均法预测 7 月份的销售额（$m=3, W_1=0.2, W_2=0.3, W_3=0.5$）。

(2) 根据 6 月份的实际资料及预测数据，采用指数平滑法预测 7 月份的销售额（平滑指数采用

0.6)。

(3) 根据今年1—6月份的实际资料，采用修正的时间序列回归分析法预测7月份的销售额。

2. 某企业生产甲产品，本年销售量为10 000件，单位售价为60元，单位变动成本为48元，固定成本总额为40 000元，根据企业下年度经营目标，目标利润定为100 000元。

要求：测算影响目标利润的各有关因素应如何变动，才能保证下年度目标利润的实现？

3. 某公司2010年实际销售A产品1 000件，单价为150元，单位变动成本为70元，营业利润为50 000元。要求：

(1) 计算该公司2011年的经营杠杆系数。

(2) 2011年计划销量增加10%，试根据经营杠杆系数预测2011年的营业利润。

(3) 如果2011年的目标利润为60 000元，试根据经营杠杆系数计算该企业2011年应达到的产品销售量。

4. 假定长江公司2010年度的厂房设备只利用了65%，实际销售收入为850 000元，获得税后净利42 500元，并以17 000元发放了股利。该公司2010年末的简略资产负债表如下表所示。

若长江公司计划年度(2011年)预计销售收入将增至1 000 000元，并仍按2010年度股利发放率支付股利。计划年度折旧提取数60 000元，其中70%用于更新改造原有的厂房设备。又假定2011年零星资金需要量为25 000元。

要求：按销售百分比法预测计划年度(2011年)需要追加多少资金？

资　产		负债及股东权益	
现金	20 000	负债：	
应收账款	150 000	应付账款	100 000
存货	200 000	应付税款	50 000
厂房设备		长期负债	230 000
(净值)	300 000	股东权益：	
长期投资	40 000	普通股股本	350 000
无形资产	60 000	留存收益	40 000
合计	770 000	合计	770 000

5. 某厂生产甲产品，若其最近5年的成本历史资料有如下表所示：

年份	产量(台)	单位变动成本(元)	固定成本总额(元)
2006年	20	600	4 000
2007年	80	300	5 200
2008年	60	450	5 400
2009年	40	550	4 800
2010年	100	400	6 000

要求：根据上述资料，分别按以下三种方法对该厂2011年生产甲产品的总成本和单位成本进行预测分析(若2011年的计划产量为115台)。

(1) 高低点法；

(2) 加权平均法(若5年的权数为0.03，0.07，0.15，0.25，0.5)；

(3) 回归分析法。

6. 假定某企业1月份的销售额为60万元，利润为6万元；2月份的销售额为70万元，利润为9万元。

要求计算：

(1) 该企业的月保本销售额。

(2) 若预计 3 月份的销售额为 72 万元,预计可获多少利润?

(3) 为使 3 月份获利 10.5 万元,应实现销售收入多少万元?

五、复习思考

1. 什么是预测分析?它与决策分析的关系如何?为什么在实践工作中定量分析法与定性分析法必须结合起来加以应用?

2. 什么是销售预测?进行销售预测的意义是什么?销售预测在企业预测系统中处于什么样的地位?销售预测最常用的有哪几种方法?其适用范围如何?

3. 什么是利润预测?目标利润是如何确定的?实现目标利润有哪些措施?经营杠杆在利润预测中如何应用?

4. 什么是成本预测?成本预测通常要经历哪些步骤?目标成本的含义是什么?目标成本草案一般是怎样提出的?成本预测通常有哪几种专门方法?

5. 资金需用量预测最常用的方法是什么?它是怎样进行的?

模块 6　短期经营决策分析

【知识目标】

掌握短期经营决策的分析方法及其在生产决策中的应用；熟悉产品的定价方法；理解短期经营决策需要考虑的相关因素及其内涵。

【技能目标】

学会应用决策分析的一般程序；能熟练运用短期经营决策的分析方法进行生产品种决策、生产方式决策、生产数量的决策、存货的决策分析。

【引导案例】

赔本的生意怎么能做

天龙公司的张经理有个口头禅："赔本的生意不做"。最近有件事情令张经理大惑不解：该公司生产 A 产品，目前生产任务不足，有 30%的剩余生产能力，而此剩余生产能力又不能移作他用。这时，销售部收到一客户的订单，要订购 200 件 A 产品，每件出价 100 元，比天龙公司 A 产品正常的销售价格(140 元)每件要低 40 元，更有甚者，此出价比 A 产品的单位产品成本(120 元)每件要低 20 元。"赔本的生意不做"，张经理如是说。可财务科长认为这是一笔可赚钱的买卖，应该接受这个订单，不能放过这次机会。

请问：在这种情况下，你是怎样考虑的？

项目 1　认知决策分析

【相关知识】

6.1.1　决策分析的含义

决策是指决策者为实现特定目标，运用科学理论和方法从若干个可行方案中选择或综合出优化方案并加以实施的活动过程。管理会计中的决策分析是指针对企业未来经营活动所面临的问题，由各级管理人员作出的有关未来经营战略、方针、目标措施与方法的决策过程。决策分析不只是领导拍板作出决定的瞬间行为，而是一个提出问题、分析问题和决策问题的系统分析过程，它具有目的性、科学性、可选择性和决断性特点。它是经营管理的核心内容，是关系到企业未来发展兴衰成败的关键所在。

6.1.2 决策分析的种类

1）按决策的重要程度分类

(1) 战略决策　是指关系到企业未来发展方向、大政方针的全局性重大决策。如经营目标的制定、新产品的开发、生产能力的扩大等问题。这类决策取决于企业的长远规划和外部环境对企业的影响，它的正确与否，对企业的发展与兴衰具有决定性意义。

(2) 战术决策　是指为达到预期的战略决策目标，对日常经营活动所采用的方法与手段的局部性决策。如零部件的自制与外购、产品生产进度的安排以及短期资金的筹措等问题。这类决策主要考虑怎样使现有的人力、物力、财力资源得到最充分与合理的利用，决策的正确与否，都不会对企业的大局产生决定性影响。

2）按决策时间长短分类

(1) 短期决策　一般指涉及在一个经营年度或一个生产周期内能够实现其目标的决策。主要包括生产决策、销售决策和定价决策等内容。它的主要特点是充分利用现有资源进行战术决策。一般不涉及大量资金的投入，且见效快，因此短期决策又称短期经营决策。

(2) 长期决策　是指在较长时期内(超过一年)才能实现其目标的决策。它的主要特点是对若干期的收支产生影响，一般需投入大量资金，且见效慢，因此长期决策又称长期投资决策或资本性支出决策。

3）按决策条件的肯定程度分类

(1) 确定型决策　是指决策所涉及的各种备选方案的客观条件都是明确的，且一个方案只有一个确定的结果。

(2) 风险型决策　是指决策所涉及的各种备选方案的客观条件虽然也是已知的，但表现出若干种变动趋势，每一方案的执行都会出现两种或两种以上的不同结果，可以依据有关数据通过预测来确定其客观概率，无论选择何种方案都有一定风险。

(3) 不确定型决策　是指影响该决策的因素不仅不能肯定，而且连出现何种结果的可能性概率也无法确切地预计。作出这类决策难度较大，需要决策者具有较高的理论知识水平和丰富的实践经验。

4）按决策方案之间的关系分类

(1) 单一方案决策　是指只需要对一个备选方案作出接受或拒绝的选择，又叫单一方案的决策。如亏损产品是否停产的决策、是否接受特殊价格追加订货的决策等。

(2) 互斥方案决策　是指需在两个或两个以上的备选方案中选出惟一的最优方案，它属于多方案决策。如开发新产品的品种决策，零件、部件、配件取得方式的决策以及转产或增产某种产品的决策等。

(3) 组合方案决策　是指在多个备选方案中选出一组最优的组合方案，也属于多方案决策。在长期投资决策中，该类决策应用得较为普遍。

5）按决策解决的问题内容分类

根据决策解决的问题内容可将决策分为生产决策、定价决策、建设项目决策、新增固定资产决策、更新改造决策等。

6.1.3 决策分析的一般程序

决策分析的一般程序有以下几个步骤：

(1) 提出决策问题,确定决策目标。

(2) 设计各种备选方案。

(3) 评价方案的可行性。

(4) 确定最优方案。

(5) 决策方案的实施、跟踪与反馈。

6.1.4 短期经营决策的内容和方法

1) 短期经营决策的内容

短期经营决策是指决策的问题只涉及一年以内的一次性专门业务,并仅对该时期内的收支盈亏产生影响而进行的决策。其内容主要有生产决策和定价决策等。

(1) 生产决策　是指在短期内,利用现有资源,围绕着生产什么、如何生产、生产多少等方面的问题而进行的决策。具体说,有开发新产品的决策分析、亏损产品是否停产或转产的决策分析、不同工艺方案进行加工的决策分析、产品最佳组合的决策分析、经济生产和订货批量的决策分析等等。

(2) 定价决策　是指围绕着如何确定产品销售价格水平的问题而展开的决策,主要研究影响产品价格的有关因素,确定产品价格的方法以及定价策略等问题。

2) 短期经营决策的方法

进行短期经营决策分析所使用的方法有很多,最常用的有差量分析法、成本无差别点分析法、贡献边际分析法、线性规划法、本量利分析法(前已述及)等等。

(1) 差量分析法　是根据两个备选方案的"差量收入"与"差量成本"的比较所确定的"差量损益"来确定哪个方案最优的方法。如果差量损益小于零,则后一个方案较优;如果差量损益大于零,则前一个方案较优;如果差量损益等于零,则两方案损益相同,取其中一个方案即可。这里的"差量收入"是指两个备选方案的预期相关收入的差异数,"差量成本"是指两个备选方案的预期相关成本的差异数。应该注意的是:在计算"差量收入"与"差量成本"时,方案的先后排列次序必须保持一致。另外,如有两个以上的方案供选择时,可分别两个两个方案地进行比较,最终可以确定最优方案。

(2) 成本无差别点分析法　就是对不同的备选方案,首先计算确定"成本无差别点",然后把它作为数量界限来筛选最优方案的一种决策分析方法。"成本无差别点"是指两个备选方案在总成本相等时的业务量。当预计业务量低于成本无差别点时,则固定成本较小、单位变动成本较大的方案为较优方案;当预计业务量高于成本无差别点时,则固定成本较大,单位变动成本较小的方案为较优方案。

(3) 贡献边际分析法　就是通过对比备选方案所提供的贡献边际大小来确定最优方案的决策方法。哪个方案所提供的贡献边际大,哪个方案就是较优方案。应该注意的是,在短期经营决策分析中,只能把各备选方案所能提供的"贡献边际总额"的大小或"单位工时(或机器小时)所创造的贡献边际"的大小作为选优标准,而绝不能以单位产品贡献边际的大小来判断方案的优劣。

(4) 线性规划的方法　主要是解决资源的合理利用和合理调配问题。具体说有两个方面:一是当计划任务已定,如何统筹安排,精心筹划,用最少的资源来实现这个任务;二是当资源的数量已定,如何做到合理利用、合理配置,使得完成的任务最大。线性规划的实质是把经济问题转化为数学模式进行定量分析,通过求函数极值(极小值或极大值)来确定最优方案。

6.1.5 短期经营决策需要考虑的相关因素

1）相关收入

相关收入是指与特定决策方案相联系的、能对决策产生重大影响的、在短期经营决策中必须予以充分考虑的收入。相关收入的计算，要以特定决策方案的单价和相关销售量为依据。

2）相关成本

相关成本是指与特定决策方案相联系的、能对决策产生重大影响的、在短期经营决策中必须予以充分考虑的成本，又称有关成本。如果某项成本只属于某个经营决策方案，即若有这个方案存在，就会发生这项成本，若该方案不存在，就不会发生这项成本，那么，这项成本就是相关成本。常见的相关成本有以下几种形式。

(1) 付现成本　付现成本是指未来必须以现金支付的成本，如购买设备的支出等。此项成本在未来需以现金支付(但折旧费用除外)，故在决策上，通常为相关成本。

例如，企业 5 年前购进了一台机器，现在已经陈旧，拟购买一台价值为 40 000 元的新机器取代旧机器。卖方提出可以用旧机器作价 14 500 元进行交换，其余的 25 500 元的设备款以现金支付。所以，这 25 500 元就是付现成本。

在企业经营决策中，特别是当企业的资金紧张、支付能力受到限制的情况下，往往会选择付现成本最小的方案来代替总成本最低的方案。

(2) 差量成本　广义的差量成本是指两个备选方案的预期相关成本之间的差额。不同方案的经济效益，一般可通过差量成本的计算明显地反映出来。例如，某公司所需要的零件，若自制则单位成本为 40 元；若外购单位购价为 42 元，差量成本为 2 元，说明自制方案优越。狭义的差量成本称为增量成本，是指单一决策方案由于生产能量利用程度的不同而表现在成本方面的差额。在一定条件下，某一决策方案的增量成本就是该方案的相关变动成本，等于该方案的单位变动成本与相关业务量的乘积。在亏损产品的决策、是否转产或增产某种产品的决策和是否接受特殊价格追加订货的决策中，最基本的相关成本就是增量成本。

(3) 机会成本　机会成本是指在决策分析中，从几个备选方案中选取最优方案而放弃次优方案所丧失的潜在利益。许多经济资源均可有多方面用途，但在一定时空条件下，资源又总是相对有限的。选择某一方案必然意味着其他方案可能获利的机会被放弃或者丧失。因此，以次优方案的可能收益作为中选最佳方案的“所失”，可以全面评价决策方案所得与所失的关系。因而，机会成本应当作为管理会计决策的相关成本来考虑。

例如，一亩地有两个种植方案可供选择：种棉花的收益预计为 1 000 元，种玉米的收益预计为 800 元，若选择了种棉花的方案，种玉米的 800 元收益则被放弃，800 元就是种棉花方案的机会成本。一个优越的方案取得的收益必须能够补偿其机会成本。

【例 6 - 1】 松云公司是一家信息技术开发公司。某客户愿意出价 25 000 元要求松云公司为其完成一项紧急工作。该项工作有如下要求：

① 某位员工要为此工作 30 小时，且无其他员工可以替代该员工。松云公司目前支付给该员工的小时工资为 200 元。但是该员工正在另外一个客户那里工作，每小时收费 450 元。

② 计算机主机为此需要工作 5 小时。松云公司一般对外部收取的使用主机的费率为每小时 500 元，主机 24 小时工作，每周工作 7 天。

③ 物料用品和零星支出为 2 000 元。

请问：松云公司是否应该接受这项任务？

解:这一决策涉及的主要相关成本是接受这项任务时的机会成本。根据已知资料,接受该项任务的机会成本的计算如表 6.1 所示。

表 6.1 机会成本计算表 单位:元

项　目	金　额
直接人工(30×450)	13 500
主机时间成本(5×500)	2 500
物料用品及零星费用	2 000
合计	18 000
接受任务获得的收入	25 000
减:机会成本	18 000
接受任务所获得利润	7 000

表 6.1 中"接受任务获得的收入"与"机会成本"的差额计算表明:由于接受此项任务可以获得 7 000 元的利润,故松云公司应选择接受任务方案。

例 6-1 也说明,在判断是否接受任务时,所依据的不是该项任务自身带来的收入 25 000元,而是该收入与机会成本的差额 7 000 元。因此,机会成本虽不是企业的实际支出,也不记入会计账册,但在决策时,管理者应把其作为一个现实的因素加以考虑。

(4) 估算成本　也称为"假计成本",它是机会成本的特殊形式,是指需要经过假定推断才能确定的机会成本。估算成本的典型形式就是利息。如在货币资金使用的决策中,不论该资金是自有的还是借入的,也不论其是否存入银行,均可将该项资金可能取得的存款利息视为该项资金的机会成本,这种假设存在的利息就是估算成本。

(5) 边际成本　在经济学中,边际成本是指产品产量无限小变化时成本的变动部分。在管理会计中,边际成本是指每增加或减少一个单位的产量所引起的成本变动。

经济学原理告诉人们,在短期内,边际成本有两个基本性质:一是边际成本等于边际收益时,企业利润达到最大化;二是当边际成本等于平均成本时,其平均成本达到最低水平。因此,边际成本对研究产量与价格组合对利润的影响问题是非常有用的。

(6) 专属成本　专属成本是指那些能够明确归属于特定决策方式的固定成本或混合成本。它往往是为了弥补生产能力不足的缺陷,增加有关装备(装置、设备、工具)等长期资产而发生的。专属成本的确认与取得上述装备的方式有关。若采用租入的方式,则专属成本就是与此相关联的租金成本;若采用购买方式,则专属成本的确认还必须考虑有关装备的性质;如果取得的装备等是专用的,即只能用于特定方案,则专属成本就是这些装备的全部取得成本;如果取得的装备等是通用的,则专属成本就是与使用这些装备有关的主要使用成本(如折旧费、摊销费等)。

(7) 重置成本　是指现在从市场上购买原有同样的资产所需支付的成本。重置成本在定价决策中是一个不可忽视的重要因素。例如,某企业有一种库存商品的单位历史成本为 250 元,而现在的重置成本为 400 元,如果按每件 300 元出售,从历史成本看每件可获利 50 元,而按重置成本计算则每件损失 100 元。

(8) 可避免成本　可避免成本是指通过某项决策行动可以改变其金额大小的成本项目。也就是说,这种成本与企业的某部分决策活动有连带关系,当这部分决策活动被取消时,这部分成本相应消失。例如,某企业有一批特殊订货。如果接受此项订货,该企业需要购置一台专用设备,价值 10 000 元。如果该企业拒绝了这批订货,则这 10 000 元就是可避免成本。

(9) 可延缓成本　某一个已决定要采用的方案，如果推迟其执行，不会对企业全局产生很大的影响，那么，与这一方案相关联的成本就称为可延缓成本。例如，某企业已决定购买4台电子计算机，准备在财务部推行电算化系统。但因企业目前资金比较紧张，经理人员决定推迟购买的时间。由于这一方案是否立即实施，不会对企业目前的正常生产经营产生重大影响，因此，与购买电子计算机有关的成本视为可延缓成本。

与相关成本相对立的概念是无关成本。凡不受决策结果影响，与决策关系不大，已经发生或注定要发生的成本就是无关成本。如果无论是否存在某决策方案，均会发生某项成本，那么就可以断定该项成本是上述方案的无关成本。在短期经营决策中，不能考虑无关成本，否则，可能会导致决策失误。

无关成本主要包括以下几种类型：

(1) 沉没成本　所谓沉没成本是指在未来无法收回的历史成本(支出)。沉没成本因过去的决策发生，且不因未来而改变。换句话说，沉没成本一经发生就无法补偿。如已经发生的厂房设备的投资等都是沉没成本。对这类成本的收回或补偿通常有两种方式可供选择：一是使用已经购置的厂房设备，并用此产生的收入收回其成本；二是将该项资产按市场价格出售，并用此收入补偿其成本。

沉没成本与决策不存在相关性，故为无关成本，因而，决策时可不加以考虑。例如某公司在决定某部门是否继续经营时，应将资产的账面价值视为沉没成本。

(2) 不可避免成本　不可避免成本是指某项决策活动不能影响其数额大小的成本项目。也就是说这种成本不因某项决策的取消而消失。例如，某企业在其设备能力范围内接受一批订货，无需增加新的专用设备。设备原有的折旧费为50 000元，这50 000元不会因企业拒绝这批订货而消失，即折旧费的发生与是否接受该订货无关，所以是不可避免成本。

(3) 不可延缓成本　如果已选定某一决策方案必须立即实施，否则，将会对企业正常生产经营活动产生重大的不良影响，那么，与这一类方案有关的成本称为不可延缓成本。例如，某企业的一项关键性设备出现故障，如不立即修复投入运行，企业将无法按期完成顾客预定的交货任务，企业将遭受重大的有形与无形损失。因此，同这一决策方案相联系的成本，就属于不可延缓成本。

(4) 历史成本　历史成本是指历史上已经发生的、为取得某项资产所支付的成本。例如，某公司5年前花100 000元购买了一台设备，这100 000元就是历史成本。

(5) 共同成本　共同成本是与专属成本相对立的成本，是指应当由多个方案共同负担的注定要发生的固定成本或混合成本。由于它的发生与特定方案的选择无关，因此，在决策中可以不予以考虑，也属于比较典型的无关成本。

【技能训练】

1) 问题讨论

(1) 一所寄宿学校的董事们正在讨论招收走读生的问题。有些人认为要分摊管理成本学费就应该高些。另一些人认为一个走读的边际成本是很小的，因此不管收费多少都是利润。你如何看待这一问题?

(2) 经营决策中经常考虑的相关成本有哪些? 在每一个决策中都需要考虑吗?

(3) 描述你个人曾经必须做出的一个战术性决策。在你的决策中运用的决策程序有哪些，结果如何?(比如：你可以讨论上高考填报志愿，买一辆自行车或是买一只小狗)。

(4)“战术性决策通常是服务于较大目标的小规模决策。”如何理解这句话。

(5) 从天津滨海新区到天津市中心城区有 45 公里的路程,可选择的交通工具有私家车、火车、轻轨、公共汽车、出租车等。请对以上方式选择的适应性进行分析。

2) 案例分析

科宁的发展方向

科宁是美国一家创建最早的公司之一,主要经营玻璃制品。1880 年,科宁公司成功地制造了第一个灯泡。科宁公司一直是由其创始人科宁家族掌管,并一直以制造和加工玻璃为其业务重点。

然而,科宁的这种经营战略也给它带来了许多问题。它的骨干业务——灯泡生产在 30 年前曾占领 1/3 的美国灯泡市场,而今天却丧失了大部分市场;电视显像管的生产也因剧烈的竞争而陷入困境。这两条主要产品线都无法再为公司获取利润。面对这种情况,公司既希望开辟新的市场,但又不愿意放弃其传统的玻璃生产和加工。从而,公司最高层领导制订了一个新的发展计划。计划包括三个主要方面:第一,决定缩小类似灯泡和电视显像管这些低效益的产品;第二,决定减少因市场周期性急剧变化而浮动的产品生产;第三,开辟既有挑战性又具巨大潜在市场的产品。

第三方面又包括三个新的领域:一是开辟光波导器生产——用于电话和电缆电视方面的光波导器和网络系统以及高级而复杂的医疗设备等,希望这方面的年销售量能达到 40 亿美元。二是开辟生物工艺技术,这种技术在食品行业方面大有前途。三是利用原来的优势,继续制造医疗用玻璃杯和试管等,并开拓电子医疗诊断设备,希望在这方面能达到全国同行业中第一或第二的地位。

科宁公司还有它次一级的目标。例如,目前这个公司正在搞一条较复杂的玻璃用具生产线,并想向不发达国家扩展业务。很明显,科宁在进行着一个雄心勃勃的发展计划。公司希望通过提高技术,提高效率,以获得更大的利润。

但是,在进行新的冒险计划中,科宁也碰到了许多问题。例如,如果科宁真要从光波导器和生物控制等方面获得成功的话,就必须扩大其经营领域。另一方面,科宁给人的印象是要保持其原来的基础,而不是在于获得利润。

问题:

(1) 什么是战略决策和战术决策?请指出科宁公司的战略决策和战术决策的主要内容。

(2) 依据计划涉及的时间长短不同,请划分科宁公司的中期计划和短期计划。

(3) 请就你身边的一个企业的经营决策问题进行调研,写出一篇分析报告,在课堂上进行交流。

项目 2　生产决策分析

【相关知识】

6.2.1　生产品种的决策分析

在短期经营决策中,生产品种的决策分析主要是指在现有资源条件下,为使企业获得好的经济效益，利用会计及其他有关信息，围绕着开发哪一种新产品、亏损产品是否停产或转产等方面所进行的决策分析，即确定企业生产什么的问题。

1）开发新产品的决策分析

新产品开发的决策是指企业在利用现有的剩余生产经营能力开发新产品的过程中，在两个或两个以上可供选择的多个新产品中选择一个最优品种的决策。

（1）不追加专属成本时的决策分析　开发各种新产品的可行方案均不涉及追加专属成本，只是利用现有剩余生产能力。

【例 6-2】 某企业全年生产能力为 100 000 机器小时，实际开工作业率只有原生产能力的 80%，现准备将剩余生产能力用来开发新产品甲或新产品乙，该企业老产品及新产品甲、乙的有关资料如表 6.2 所示。

要求：根据以上资料为该企业作出开发哪种新产品较为有利的决策分析。

解：由于是利用剩余生产能力开发新产品，并不增加固定成本，并且原来的固定成本总额是沉没成本，故可采用贡献边际分析法进行决策。

表 6.2　产品资料

摘　　要	老产品	新产品甲	新产品乙
每件定额（机器小时/件）h	20	5	2
销售单价（元/件）p	60	82	44
单位变动成本（元/件）b	50	70	38
固定成本总额（元）a	20 000		

根据上述已知数据编制贡献边际分析表，如表 6.3 所示。

表 6.3　贡献边际分析表

摘　　要	新产品甲	新产品乙
剩余生产能力（机器小时）H	100 000×(1−80%)＝20 000	
每件定额（机器小时/件）h	5	2
最大产量（件）$x=H/h$	4 000	10 000
销售单价（元/件）p	82	44
单位变动成本（元/件）b	70	38
单位贡献边际（元/件）$cm=p-b$	12	6
单位机器小时贡献边际（元）cm/h	2.4	3
贡献边际总额（元）$Tcm=cmx$	48 000	60 000

从表 6.3 中的数据可以看出，无论是单位机器小时的贡献边际，还是贡献边际总额，新产品乙都优于新产品甲，故以开发新产品乙较为有利。同时应该指出，这样的结论是以该企业的新产品生产多少就能销售多少为前提，如果有市场需求的限制，应根据销售预测进行修正。

（2）涉及追加专属成本时的决策分析

【例 6-3】 仍按例 6-2 的资料和表 6.3 中的数据，并假设开发新产品甲或乙都需要购置不同的专用模具。这样，开发新产品甲需要追加专属成本 22 000 元，而开发新产品乙需要追加专属成本 37 000 元。

要求：对开发哪一种新产品较为有利进行决策分析。

解：此题可以有两种解法。

方法一:计算甲乙两个产品的剩余贡献边际:

某产品的剩余贡献边际=某产品的贡献边际总额-开发某产品需要追加的专属成本

则:甲产品的剩余贡献边际=48 000-22 000=26 000(元)

乙产品的剩余贡献边际=60 000-37 000=23 000(元)

比较知,在此情况下开发甲产品较为有利。

方法二:利用差量分析法编制差量分析表进行决策分析,如表 6.4 所示。

表 6.4 差量分析表

单位:元

摘 要	开发新产品甲	开发新产品乙	差量
相关收入:			
开发新产品甲 82×4 000	328 000		
开发新产品乙 44×10 000		440 000	-112 000
相关成本:			
开发新产品甲			
变动成本 70×4 000	280 000		
专属成本 22 000	22 000		
小计	302 000		
开发新产品乙			
变动成本 38×10 000		380 000	
专属成本 37 000		37 000	
小计		417 000	-115 000
差量损益	-112 000-(-115 000)		3 000

从上表计算得知,因为差量损益为 3 000 元,大于零,开发新产品甲较为有利。

2) 亏损产品是否应该停产或转产的决策分析

在企业的生产经营过程中,往往会出现有些产品产生亏损,没有盈利。在这种情况下,企业是继续生产亏损产品,还是将其停产或转产,都要根据具体情况作出正确的决策。

(1) 生产能力无法转移时,亏损产品是否应该停产的决策分析

【例 6-4】 某企业某年度生产甲、乙、丙三种产品,其销售量、销售单价及成本资料如表 6.5 所示。

表 6.5 三种产品的资料

项 目	甲产品	乙产品	丙产品
销售量(件)	10 000	5 000	4 000
销售单价(元/件)	20	60	25
单位变动成本(元/件)	9	46	15
固定成本总额(元)	180 000(按各种产品销售额比例分摊)		

要求:计算各种产品的利润,并作出亏损产品是否应该停产的决策分析。

解:根据所给资料编制贡献边际及盈亏分析表,如表 6.6 所示。

表 6.6 贡献边际与盈亏分析表(一)

单位:元

项 目	甲产品	乙产品	丙产品	合计
销售收入	200 000	300 000	100 000	600 000
变动成本	90 000	230 000	60 000	380 000

续　表

项　目	甲产品	乙产品	丙产品	合计
贡献边际	110 000	70 000	40 000	220 000
固定成本	180 000×2/6=60 000	180 000×3/6=90 000	180 000×1/6=30 000	180 000
利润(或亏损)	50 000	(20 000)	10 000	40 000

通过计算得知,乙产品亏损 20 000 元。如果停产乙产品,其贡献边际与盈亏分析表如表 6.7 所示。

表 6.7　贡献边际与盈亏分析表(二)　　单位:元

项　目	甲产品	丙产品	合计
销售收入	200 000	100 000	300 000
变动成本	90 000	60 000	150 000
贡献边际	110 000	40 000	150 000
固定成本	180 000×2/3=120 000	180 000×1/3=60 000	180 000
利润(或亏损)	(10 000)	(20 000)	(30 000)

由表 6.7 计算得知,虽然乙产品是亏损的,但若停止生产,将造成企业亏损,共亏损 30 000元。比乙生产的方案(表 6.6)少得利润 70 000 元。由此可知乙产品不应该停产。

生产能力无法转移时,只要亏损产品满足以下任何一个条件,就不应该停产:

① 该亏损产品的单价大于其单位变动成本;

② 该亏损产品的单位贡献边际大于零;

③ 该亏损产品的销售收入大于其变动成本;

④ 该亏损产品的贡献边际大于零;

⑤ 该亏损产品的贡献边际率大于零;

⑥ 该亏损产品的变动成本率小于 1。

如果盲目停止生产满足上述条件的亏损产品,不但不能使企业增加利润,反而会使其多损失相当于该亏损产品所能提供的贡献边际那么多的利润。

这是因为,继续生产能够提供正的贡献边际的亏损产品至少可以为企业补偿一部分固定成本,如果停止生产,作为沉没成本的固定成本仍然还要发生,就要转由其他产品负担,最终导致整个企业减少相当于该亏损产品所能提供的贡献边际那么多的利润。

(2) 生产能力可以转移时,亏损产品是否应该停产的决策分析　所谓生产能力可以转移是指由于停产而导致的闲置能力能够被用于企业经营的其他方面,如用于承揽零星加工业务或将有关设备对外出租等。当剩余生产能力可以转移时,继续生产亏损产品的方案就会由此而发生相关的机会成本,其计价可以按照如承揽零星加工业务可能取得的贡献边际或对外出租设备可能获得的租金收入来确定。

在这种情况下,只要该亏损产品的贡献边际大于与剩余生产经营能力转移有关的机会成本,就不应当停产;否则,企业将因此而多损失相当于上述贡献边际与机会成本之差那么多的利润。如果亏损产品创造的贡献边际小于与生产经营能力转移有关的机会成本,那么就应当停止生产该亏损产品。

【例 6-5】　仍按例 6-4 所提供的资料。假定乙产品的市场容量、价格和成本水平均不变，但停产后的剩余生产经营能力可用于对外承揽零星加工业务，预计可获得 50 000 元贡献边际。

要求：

① 指出继续生产乙产品方案的机会成本；

② 直接作出是否继续生产乙产品的决策并说明理由。

解：① 该方案的机会成本为 50 000 元。

② 根据题意，可得出以下决策结论：应当继续生产乙产品。这是因为继续生产乙产品可获得的贡献边际（70 000 元）大于继续生产乙产品方案的机会成本。

（3）生产能力可以转移时，亏损产品是否应该转产的决策分析　这里所说的转产，是指在不改变企业经营方向的前提下，利用现有生产经营条件调整个别品种结构，停止某一产品的生产，将其生产能力用于开发其他产品或增加其他产品产量。“是否转产某种产品的决策”的备选方案包括：“继续生产原产品”和“转产其他产品”。其中“转产其他产品”方案具体包括“转产某种新产品”和“增产某种老产品”等方案。

【例 6-6】　仍按例 6-4 的资料，并且假定乙产品停产后，打算转产丁产品，若其年产销量为 4 000 件，销售单价为 60 元，单位变动成本为 35 元。

要求：进行是否转产丁产品的决策分析。

解：根据已知资料编制贡献边际分析表，如表 6.8 所示。

从表 6.8 中的数据可知，丁产品提供的贡献边际总额为 100 000 元，大于乙产品提供的贡献边际总额 70 000 元，故可以转产丁产品。转产后会使企业盈利总额增加 30 000 元（100 000－70 000）。

表 6.8　乙、丁产品贡献边际分析表　　单位：元

项　　目	乙产品	丁产品
销售收入	30 000	240 000
变动成本	230 000	140 000
贡献边际	70 000	100 000

应该注意，如果转产产品需要追加专属成本，则应在转产方案中加以考虑。

6.2.2　生产方式的决策分析

在短期经营决策中，生产方式的决策分析主要是指在现有资源条件下，为使企业获得好的经济效益，利用会计及其他有关信息，围绕着零部件是自制还是外购、半成品是否进一步加工、不同工艺进行加工等问题所进行的决策分析，即解决企业如何生产的问题。

1）*零部件是自制还是外购的决策分析*

零部件自制或外购的决策是指企业围绕既可自制又可外购的零部件的取得方式而开展的决策，又叫零部件取得方式的决策。通常涉及“自制零部件”和“外购零部件”两个备选方案。这些方案不涉及相关收入，只需要考虑相关成本因素。

（1）企业已经具备自制能力，且零部件的全年需用量已确定时的决策分析　如果企业已经有能力自制零部件，则与自制能力有关的固定生产成本就属于沉没成本，在决策中，不应予考虑。具体又分以下两种情况：

① 自制能力无法转移：在企业已经具备的自制能力无法转移情况下，“自制零部件”方

案的相关成本只包括按零部件全年需用量计算的变动生产成本。由于“外购零部件”方案的相关成本也是按零部件全年需用量计算的，因此，只要直接比较自制零部件的变动生产成本和外购成本的大小，就可以作出相应决策，即应当选择上述两个因素中水平较低的方案。

【例 6-7】 某企业每年需用甲零件 36 000 件，外购每件单价为 25 元，现该企业辅助车间有剩余生产能力可以生产这种零件，经测算每件自制成本为 27 元，其中直接材料 11 元，直接人工 4 元，变动制造费用 2 元，固定制造费用 10 元。

要求：作出该零件是自制还是外购的决策分析。

解：自制零件的变动生产成本为：36 000×(11+4+2)=612 000(元)

零件外购成本为：36 000×25=900 000(元)

可知，自制比外购的成本低 288 000 元，故选择自制方案较好。

② 自制能力可以转移：在自制能力可以转移的情况下，“自制零部件”方案的相关成本除了包括按零部件全年需用量计算的变动生产成本外，还包括与自制能力转移有关的机会成本。

【例 6-8】 按例 6-7 提供的资料，假定自制甲零件的生产能力可以用于承揽零星加工业务，每年预计可获贡献边际 300 000 元，其他条件不变，请作出是自制还是外购甲零件的决策分析。

解：自制零件的相关成本为：36 000×(11+4+2)+300 000=912 000(元)

零件外购成本为：36 000×25=900 000(元)

可知，此时自制比外购的成本高 12 000 元，故选择外购方案为宜。

(2) 企业尚不具备自制能力，且零部件的全年需用量不确定时的决策分析　在此情况下，可采用成本无差别点法进行决策。

【例 6-9】 仍以例 6-7 资料为例，假定全年甲零件的需用量不知道，自制甲零件时辅助车间每年需追加专属成本 320 000 元。要求作出甲零件是自制还是外购的决策分析。

解：设 x 为甲零件的全年需用量。自制甲零件的预期相关成本为：

$$y_1 = a + bx = 320\,000 + 17x$$

外购甲零件的预期相关成本为：

$$y_2 = a + bx = 25x$$

两方案成本相等时甲零件的数量为成本无差别点，其值为：

$$320\,000 + 17x = 25x$$

$$x = 40\,000 \text{ 件}$$

如果甲零件全年需用量低于 40 000 件，宜外购；若超过 40 000 件，宜自制，如图 6.1 所示。

2) 半成品是否进一步加工的决策分析

有些企业常常会面临着半成品是进一步加工还是出售的选择问题。如纺织厂可以将棉纱或坯布出售给织布厂或印染厂，也可以由本厂进一步加工成各种花布出售；钢铁厂可以直接出售钢锭，也可以进一步轧制成各种钢材出售。对这类问题进行决策分析时，需要考虑这样几个问题：① 半成品在加工以前发生的成本，不论是变动成本，还是固定成本，在决策分析时都属于无关成本。② 一般来说，加工后的产品售价要比半成品的售价高，但继续加工一定要追加变动成本，同时也可能追加专属成本。③ 若剩余生产能力不用于半成品的深加工，可以移作他用，则要考虑机会成本。④ 当半成品与深加工后的产成品的投入产出比不为 1∶1 时，则要正确确定相关产量等。

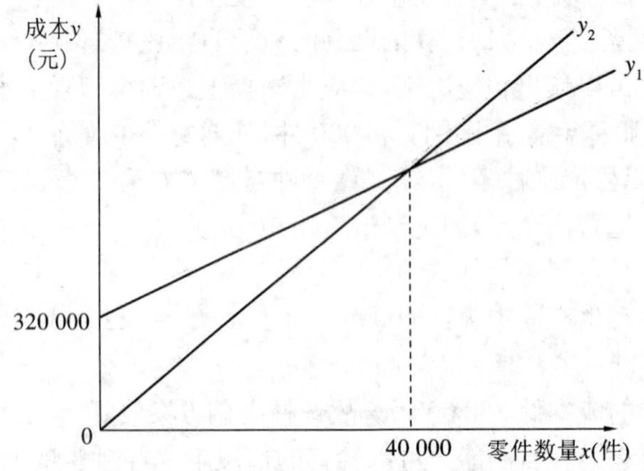

图 6.1　成本无差别点示意图

在决策分析时，只要深加工后所增加的收入超过深加工时所追加的成本，则半成品进一步加工的方案较为合算。否则，还是直接出售半成品的方案为好。

【例 6－10】 某企业每年生产甲产品 20 000 件，在完成第一道工序之后即可销售，单价 30 元，单位变动成本 22 元，固定成本总额 400 000 元，现企业有剩余生产能力，既可用于继续加工甲产品，也可以出租给某机床厂，如果用于深加工甲产品，深加工之后，销售单价可提高到 38 元，但每件需追加变动成本 7 元。如用于出租，每月可获租金 1 000 元(全年租金收入为 1 000×12＝12 000 元)。

要求：在投入产出比为 1∶1 的情况下，就甲产品是否进一步深加工进行决策分析。

解：采用差量分析法进行决策分析。表 6.9 是根据以上资料编制的差量分析表。

表 6.9　差量分析表　　　　单位：元

摘　　要	进一步加工方案	直接出售方案	差量
相关收入：			
甲产品深加工后出售	38×20 000＝760 000		
直接出售甲产品		30×20 000＝600 000	160 000
相关成本：			
深加工：			
追加变动成本	7×20 000＝140 000		
机会成本	12 000		
小计	152 000		
直接出售甲产品		0	152 000
差量损益			8 000

从计算得知，由于差量损益大于零，甲产品进一步深加工后再出售为好。

3) 不同工艺方案进行加工的决策分析

企业生产某种产品或零件，往往可以采用几种不同的工艺方案。采用先进的生产工艺方案，由于劳动生产率高、劳动强度低、材料消耗少，可能导致较低的单位变动成本，但往往采用较先进的设备装置，导致固定成本高；而采用传统的生产工艺技术时，情况就会相反，因设备比较简陋，虽然固定成本较低，但单位变动成本可能较高。对此，可采用成本无差别点法进行决策。

【例 6－11】 某企业生产 A 零件，现有三种不同的工艺方案，一是手工操作；二是使用半机械化设备；三是使用自动化专用设备。各种工艺方案的单位变动成本和年固定成本总额如表 6.10 所示。

表 6.10　各种工艺方案的资料　　单位：元

工艺方案	单位变动成本	固定成本总额
手工操作	30	10 000
半机械化设备	15	28 000
自动化专用设备	7	60 000

要求：作出采用何种工艺方案加工 A 零件的决策分析。

解：设 x 为 A 零件的加工数量，各方案的加工工艺成本模型为：

$$y = a + bx$$

则：

手工操作加工工艺成本为：

$$y_1 = 10\,000 + 30x$$

半机械化设备加工工艺成本为：

$$y_2 = 28\,000 + 15x$$

自动化专用设备加工工艺成本为：

$$y_3 = 60\,000 + 7x$$

成本无差别点示意图如图 6.2 所示。

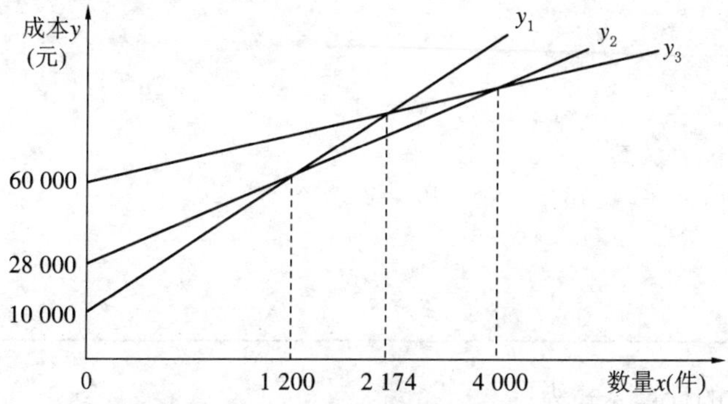

图 6.2　成本无差别点示意图

通过令 $y_1 = y_2, y_1 = y_3, y_2 = y_3$，计算可以得出三个成本无差别点分别为 1 200 件，2 174件，4 000 件。

通过以上分析可以看出，当 A 零件的全年需用量 $x \leqslant 1\,200$ 件时，采用手工操作生产为好；当 $1\,200 \leqslant x \leqslant 4\,000$ 时，采用半机械化设备生产为好；当 $x \geqslant 4\,000$ 件时，采用自动化专用设备生产为好。

6.2.3　生产数量的决策分析

在短期经营决策中，生产数量的决策分析主要围绕着是否接受追加订货、产品最佳组合等问题进行决策分析，即解决企业生产多少的问题。

1）接受追加订货的决策分析

在生产某种产品有剩余生产能力的情况下，要不要接受用户提出的特殊价格的追加订货，也是企业常常遇到的问题。在对这一问题进行决策分析时，不仅要考虑与接受追加订货相关的收入，还要考虑所追加的变动成本和专属成本。同时，在追加订货冲击正常任务或剩余生产能力可以转移时，还要考虑机会成本。

【例 6-12】 某企业生产甲产品，年设计生产能力为 2 000 件，销售单价为 180 元，单位成本 145 元，其中直接材料 78 元、直接人工 27 元、变动制造费用 15 元、固定制造费用 25 元。目前该企业生产任务不足，尚有 30% 的剩余生产能力未被利用。现有一用户前来订货 700 件，每件出价 140 元，而且对甲产品有特殊要求，需专门为此购置一套装备，价值 5 000 元。假定剩余生产能力不能移作他用。

要求：作出应否接受该项订货的决策分析。

解：从表面上看，该产品单位成本为 145 元，而该用户出价仅为 140 元，所以每件损失 5 元，再加上追加的专属固定成本 5 000 元就更不合算了。但应该知道，甲产品原有的固定制造费用是与该项决策无关的，关键要看该项订货所带来的贡献边际能不能补偿专属成本和机会成本。

由于剩余生产能力为 2 000×30%＝600 件，而该用户的订货为 700 件，所以会冲击企业的正常生产任务 100 件，故应该考虑机会成本。表 6.11 是根据所给资料编制的差量分析表。

表 6.11 差量分析表 单位：元

摘　要	接受订货	不接受订货	差量
相关收入：			
接受订货	140×700＝98 000		
不接受订货		0	98 000
相关成本：			
接受订货			
变动生产成本	120×700＝84 000		
专属固定成本	5 000		
机会成本	(180－120)×100＝6 000		
小计	95 000		
不接受订货		0	95 000
差量损益			3 000

表中机会成本的计算公式为：

机会成本＝(正常销售价格－单位变动成本)×冲击的正常任务量

通过以上分析计算可以看出，由于差量损益 3 000 元大于零，故可以接受此项追加订货。

2) 产品最佳组合的决策分析

企业的各种资源(如人力、设备、材料、土地厂房面积、资金等)是有限的，在有限资源的限制下，各种产品都生产多少，既能使有限资源得到合理的充分利用，又能使企业获得最大的盈利，这就是产品最佳组合问题。此类问题可用线性规划的方法进行决策分析。

【例 6-13】 某企业生产甲、乙两种产品，它们分别需要经过一车间和二车间两个部门加工。两个车间最大生产能力工时数、单位产品工时定额、单位产品贡献边际如表 6.12 所示。

表 6.12　两车间生产能力资料

车间	单位产品工时定额(小时/件)		最大生产能力工时数(小时)
	甲产品	乙产品	
一车间	5	10	6 000
二车间	4	4	4 000
单位贡献边际	6	8	

要求:作出甲、乙两种产品各生产多少,既能使两个车间生产能力得到合理的充分利用,又能使贡献边际总额最大的决策分析。

解:① 设甲、乙两种产品各生产 x_1 件和 x_2 件,既能使两车间生产能力得到合理的充分利用,又能使贡献边际总额(Tcm)最大。即:

$$目标函数\ \max Tcm = 6x_1 + 8x_2$$

$$约束条件\begin{cases}5x_1 + 10x_2 \leqslant 6\,000 \\ 4x_1 + 4x_2 \leqslant 4\,000 \\ x_1, x_2 \geqslant 0\end{cases}$$

以上是根据所给资料建立的线性规划数学模型。线性规划问题的普通解法是单纯形法,在只有两个变量的情况下也可以用图解法。为了形象直观,下面用图解法求解。

② 求满足约束条件的可行解区域。根据约束条件不等式,在直角坐标图中确定可行解区域,如图 6.3 所示。满足约束条件的可行解区域为凸四边形 $OBEC$(坐标图中阴影部分)。

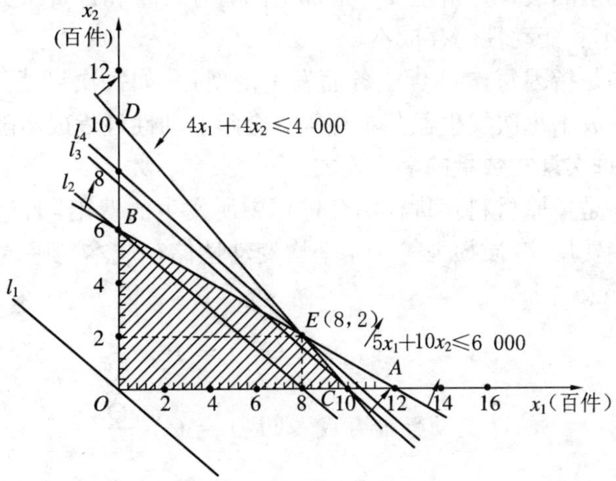

图 6.3　可行解区域示意图

③ 从可行解区域内找出能够使目标函数取得最大值的最优解。

可行解区域中任何一点代表的产品组合都是可行解,但不一定是最优解。最优解就是从可行解区域内找出一组合适的 x_1、x_2 值,使目标函数的值最大。

依据线性规划的基本原理,如果线性规划有最优解,只可能在可行解区域的有限极点上,即坐标图中点 O、B、E、C,至于是哪个极点,可用下面的方法确定:

已知目标函数 $\max Tcm = 6x_1 + 8x_2$

移项　$x_2 = -\dfrac{6}{8}x_1 + \dfrac{Tcm}{8}$

这是一条斜率为$-\frac{6}{8}$的直线。用斜率相同的目标函数直线平行移动经过图 6.3 中的 4 个极点 O、B、E、C，得到相互平行的四条直线 l_1、l_2、l_3、l_4，距原点 O 最远的那条直线 $l4$ 所经过的极点 E 就是最优解。在坐标图上可以读出 E 点的坐标值 $x_1=800$，$x_2=200$。即甲产品生产 800 件，乙产品生产 200 件，既能使两个车间生产能力得到充分合理利用，又能使贡献边际总额最大。最大贡献边际总额为：

$Tcm=6x_1+8x_2=6\times800+8\times200=6\,400$(元)

当然，另一种解法是把多边形顶点的坐标值找出来，分别代入到目标函数的方程式中，使贡献边际最大的值即为所求。

6.2.4 存货的决策分析

存货是指企业可盘存的流动资产，包括用作销售或制造产品的一切商品和货物。由于企业生产经营活动的连续性，客观上要求必须有一定存货储备。建立存货能够避免企业由于存货不足而遭受的损失，如停工损失、延期交货的损失、失去销售机会的损失、信誉方面的损失等。存货不仅占用大量的资金，而且会使企业承担存货过时、仓储费用增加、存货损坏变质、利息和保险费增大等不必要的成本。存货的决策分析就是要在存货效益与存货成本之间做出权衡，以达到两者的最佳结合。

1）经济订货批量的决策分析

所谓经济订货批量是指能够使企业在原材料存货上所花费的总成本最低的每次订货数量。

进行经济订货批量的决策分析主要考虑那些随着存货量和订货次数的变动而变动的成本，即变动性订货成本和变动性储存成本。

变动性订货成本是指因每次订货业务而发生的费用，如每次订货发生的差旅费、邮电费、验收费等，这部分成本每次发生额基本相等。全年变动性订货成本随订货次教的增减而成正比例变动，而与每次订货数量的多少无关。

变动性储存成本是指原材料存货在储存过程中所发生的费用，如存货占用资金的利息支出、保险费用、仓储费用、变质损失等。年平均变动性储存成本与平均储存量的多少成正比例变动。

$$\text{年变动性订货成本}(T_1)=P\times\frac{A}{Q}$$

$$\text{年变动性储存成本}(T_2)=C\times\frac{Q}{2}$$

$$\text{全年总成本}(TC)=P\times\frac{A}{Q}+C\times\frac{Q}{2}$$

上式中 A 代表某种材料全年需用量，Q 代表每次订货数量，P 代表每次订货的变动性订货成本，C 代表单位材料年平均变动性储存成本，TC 代表全年变动性订货成本和变动性储存成本之和。若用 Q^* 代表经济订货批量，则经济订货批量的最基本模型为：

$$Q^*=\sqrt{\frac{2PA}{C}}$$

$$\text{全年最佳订货次数}(N^*)=\frac{A}{Q^*}=\sqrt{\frac{AC}{2P}}$$

$$\text{全年最低订储总成本}(TC^*)=\sqrt{2APC}$$

【例 6-14】 某企业全年需用甲零件 36 000 件，每次变动性订货成本为 250 元，每件甲零件年平均变动性储存成本为 2 元。

要求：进行订货批量的决策分析。

解：按照公式代入，得：

$$Q^* = \sqrt{\frac{2PA}{C}} = \sqrt{\frac{2\times 250\times 36\,000}{2}} = 3\,000(\text{件})$$

$$N^* = \sqrt{\frac{AC}{2P}} = \sqrt{\frac{36\,000\times 2}{2\times 250}} = 12(\text{次})$$

$$TC^* = \sqrt{2APC} = \sqrt{2\times 36\,000\times 250\times 2} = 6\,000(\text{元})$$

2）最优生产批量的决策分析

最优生产批量是指在成批生产的企业里，每批生产多少、全年分几批生产最为经济合理的控制问题。最优生产批量的决策，就是要确定成本最低时的每批生产数量和全年生产批次等。

本类问题的决策分析主要考虑两类成本，一类是调整准备成本，另一类是储存成本。

调整准备成本是指在每批投产前需要进行一些调整准备工作而发生的各项费用，如调整机器、准备工卡模具的费用等。这类成本每次发生额基本相等，全年调整准备成本与每批投产数量没有直接联系，但与生产批次成正比例变化。

储存成本是指单位制品在储存过程中所发生的各种费用，如仓库及有关设备的折旧费、修理费、保险费，保管人员的工资，占用资金的利息支出，自然损失等。全年储存成本与每批投产数量成正比例变化。

调整准备成本与储存成本是相互矛盾的。当全年生产量一定时，每批投产数量越大，全年生产的批次越少，因而使全年储存成本越高，调整准备成本越低；反之，全年储存成本越低，调整准备成本越高。

若用 A 代表制品的全年产量，Q 为每批产量，p 为每天产量，d 为每天领用量，S 为每批的调整准备成本，C 为单位制品的全年储存成本，TC 为年调整准备成本与全年储存成本之和，则：

$$\text{全年调整准备成本} = S\times\frac{A}{Q}$$

$$\text{全年储存成本} = C\times\frac{Q}{2}(1-\frac{d}{p})$$

$$\text{全年总成本 } TC = S\times\frac{A}{Q}+C\times\frac{Q}{2}(1-\frac{d}{p})$$

令 $\frac{dT}{dQ}=0$，得最优生产批量的模型为：

$$Q^* = \sqrt{\frac{2AS}{C\times\left(1-\frac{d}{p}\right)}}$$

最优生产批次为：

$$N^* = \frac{A}{Q^*} = \sqrt{\frac{AC\left(1-\frac{d}{p}\right)}{2S}}$$

全年最低的总成本为：

$$TC^* = \sqrt{2ASC\left(1-\frac{d}{p}\right)}$$

【例 6－15】 某企业年生产 A 零件 3 600 件，专门生产 A 零件的设备每天能生产 12 件，后环节每天领用 8 件。每批投产前的调整准备成本为 250 元，每个零件年平均储存成本为 60 元。

要求：作出最优生产批量的决策分析。

解：将已知条件分别代入公式得：

$$Q^* = \sqrt{\frac{2AS}{C\times\left(1-\dfrac{d}{p}\right)}} = \sqrt{\frac{2\times 3\,600\times 250}{60\times\left(1-\dfrac{8}{12}\right)}} = 300(\text{件})$$

$$N^* = \frac{A}{Q^*} = \sqrt{\frac{AC\left(1-\dfrac{d}{p}\right)}{2S}} = \sqrt{\frac{3\,600\times 60\times\left(1-\dfrac{8}{12}\right)}{2\times 250}} = 12(\text{批})$$

$$TC^* = \sqrt{2ASC\left(1-\frac{d}{p}\right)} = \sqrt{2\times 3\,600\times 250\times 60\times\left(1-\frac{8}{12}\right)} = 6\,000(\text{元})$$

【技能训练】

1）问题讨论

(1) 在自制或外购的决策中，直接材料是否可能是一项非相关成本？

(2) 一家小型研究机构的所有者正与一位朋友讨论该公司的前途。“我们干得不错，”他说，“今年在支付工资之后，我们会获利约 120 000 元。很幸运我们拥有自己的办公室，若我们租用与这同样大的办公室的话，我们每年另外还得支付 30 000 元。”用机会成本概念讨论这家公司是否应该继续营业。

(3) 以下是摘自一家小公司年度报告中的一段：“我们很高兴向你报告，我们公司今年获得的营业利润，按投资于企业的资金的比例是 10%，如果我们从银行贷款的话，那将支付 16%的利息，所以我们保持赢利也在情理之中。”对此进行评论。如何使用机会成本这个概念，阐明对该公司状况的不同观点。

2）案例分析

剧院演出方案的选择

某镇政府拥有一所剧院和一个艺术中心。该剧院提供给本地的剧团、其他来访演出团体作表演和展览用。剧院和艺术中心的管理决策由镇政府领导下的一个委员会作出。该委员会通过定期的会议审查剧院和艺术中心的会计报表以及设施的使用计划。

剧院雇用了两位全职工作人员和若干演员。工作人员的每月工资共计 4 800 元，演员的每月工资共计 17 600 元。剧院每月安排上演一出新剧目共 20 场。剧院每月的其他费用如下：

服装费	2 800 元
布景费	1 650 元
空调和灯光	5 150 元
分摊地方政府管理费用	8 000 元
临时工工资	1 760 元
小食品销售成本	1 180 元

当地剧团演出的戏剧上座率平均只有 50%。剧院座位和票价分为三等：

单价 6 元的座位 200 个；

单价 4 元的座位 500 个；

单价 3 元的座位 300 个。

此外，在演出休息时剧院还出售小食品，每月的销售额平均为 3 880 元。节目单的销售收入和制作成本相等，但节目单中刊登的广告可带来收入 3 360 元。

现有一个外地访问团向剧院管理委员会申请租用剧院一个月，演出 25 场。该团体愿意将其一半戏票的收入来交付场租。访问团估计 25 场演出中有 10 场可满座，另外 15 场的入座率为 2/3。该访问团所定的票价比剧院平常出售的票价每级分别降低 0.50 元。

在外地团体演出期间，剧院管理委员会照常支付剧院的空调及灯光费和剧院雇用的全职工作人员及演员的工资。管理委员会预计，如果他们同意访问团的承租，小食品销售和节目单的销售水平不会有变动。另外，假定各档次座位的入座率是一致的。

要求：

(1) 从财务角度考虑，剧院管理委员会是否应该接受访问团的请求？请用相关的计算来说明。

(2) 假设如预测的那样访问团承租的 10 个场次满座，请问委员会要达到下面的目标，剩下的 15 个场次的入座率应为多少？

① 达到当月的保本点；

② 和当地剧团演出的利润水平一致。

(3) 还有哪些其他非财务的因素影响委员会的决定？

案例分析指导：

(1) 以下有两种解答方法：

① 要决定怎样使用剧院一个月，委员会需要比较两个选择的盈利能力。

a. 本地剧团演出

收入：	
戏票收入(200×6)	1 200
(500×4)	2 000
(300×3)	900
合计	4 100
戏票收入总计(4 100×50%×20)	41 000
小食品净收入(3 880－1 180)	2 700
广告收入	3 360
收入总计	47 060
成本：	
工作人员工资	4 800
演员工资	17 600
服装费	2 800
场景布置费	1 650
空调和灯光	5 150
分摊管理费用	8 000
临时工工资	1 760

成本总计	41 760
利润	5 300
b. 访问团演出	
收入：	
戏票收入(200×5.5)	1 100
(500×3.5)	1 750
(300×2.5)	750
合计	3 600
戏票收入总计(3 600×10)	36 000
(3 600×15×2/3)	36 000
	72 000
剧院收入(72 000×1/2)	36 000
小食品净收入(3 880－1180)	2 700
广告收入	3 360
收入总计	42 060
成本：	
工作人员工资	4 800
演员工资	17 600
空调和灯光	5 150
分摊管理费用	8 000
成本总计	35 550
利润	6 510

根据以上的预测，如果委员会接受访问团的建议，剧院所获得的利润会较高，比本地剧团演出的利润高 1 210 元(6 510－5 300)。

② 计算接受访问团演出方案的相关损益

相关收入	
节约的成本：	
服装费	2 800
场景布置费	1 650
临时工工资	1 760
合计	6 210
接受访问团租金收入(72 000×1/2)	36 000
相关收入总计	42 210
相关成本	
放弃本地剧团演出收入(机会成本)	41 000
相关损益	1 210

可见，接受访问团演出比当地剧团演出利润高 1 210 元。

(2) ① 找出剧院保本点的成本：根据上述计算可知，接受访问团演出的总成本为 35 550 元，再减去食品和广告的收益，即为应达到的戏票(租金)总收入。

应达到的戏票总收入(35 550－2 700－3 360)	29 490

减：10 场满座收入（36 000×1/2）	18 000
其余 15 场演出收入	11 490

所需入座率：

$$1/2\times 3\,600\times 15\times r=11\,490$$

$$r=0.425\,6$$

即入座率应达到 42.56%。

② 和当地剧团的利润水平一致时：

应达到的戏票总收入（35 550+5 300−2 700−3 360）	34 790
减：10 场满座收入（36 000×1/2）	18 000
其余 15 场演出收入	16 790

所需入座率：

$$1/2\times 3\,600\times 15\times r=16\,790$$

$$r=0.621\,9$$

即入座率应达到 62.19%。

(3) 委员会应考虑的其他非财务因素包括以下几方面：

① 剧院应否开展各种活动为广大观众提供不同服务，发挥其社会功能。

② 原来雇用的演员的想法也应考虑，他们也许喜欢用几个月的时间进行排练或进行培训。但如果这种情况经常发生的话，较有才能的人便会离开，到别处寻找更好的机会。

③ 不同的演出场次可能会影响预计成本，而准确估计入座率也是非常必要的。

马可波罗公司要接受这张订单吗

马可波罗公司生产卫生洁具。最近，一个全国性的连锁旅店提出了一张 1 000 个整体浴室的特殊订单。马可波罗公司还没有充分利用其生产能力，还可以接受额外的业务。不幸的是，这张特殊订单的出价为每个整体浴室 1 400 元，低于生产整体浴室的成本。车间主任反对在这笔交易中遭受损失。但是，人事经理赞成接受这张订单，即使将发生亏损；这将避免裁员的问题，将有助于维护公司的社会形象。生产一个整体浴室的全部成本列示如下（单位：元）

直接材料	650
直接人工	500
变动性制造费用	150
固定性制造费用	250
合计	1 550

不存在与这张订单相关的变动性销售或管理费用。

要求：

(1) 假定公司只有在特殊订单能增加总收益的情况下才会接受它，公司应该接受还是拒绝这张订单？提出计算数据作支持。

(2) 考虑人事经理的担忧，讨论即使在订单将降低总收益的情况下也接受它的价值所在。

案例分析指导：

(1) 从表面上看，车间主任反对是有道理的，这一订单单位价格是 1 400 元，而其成本价是 1 550 元，所以接受这一特殊订单单位产品亏损 150 元。但应该知道，每个整体浴室的成本价 1 550 元里有 250 元的固定成本，它是与此项决策无关的成本，所以不应该考虑。而且，企业有充分的剩余生产能力，且不存在与这张订单相关的变动性销售或管理费用。是否接受此项订货关键是看这批订货能否带来正的贡献边际。我们用差别损益法进行分析，如表 6.15 所示。

表 6.15　差别利润表　　单位：元

项　　目	接受订货	不接受订货	差别损益
相关收入：			
接受订货	1 400×1 000＝1 400 000		
不接受订货		0	1 400 000
相关成本：			
接受订货			
变动生产成本	1 300×1 000＝1 300 000		
不接受订货		0	1 300 000
差量损益			100 000

通过以上分析计算可以看出，由于差量损益 100 000 元大于零，所以可以接受此项1 000个整体浴室的特殊订货。

(2) 人事经理赞成接受这张订单，认为即使将发生亏损，这将避免裁员的问题，将有助于维护公司的社会形象。人事经理的主张是对的，从财务角度看，公司有剩余的生产能力，即使不接受这一订单，这部分固定的折旧费用也会发生，需要由其他产品的收益来补偿，如果接受这一订单，不仅能补偿剩余生产能力产生的固定费用，而且会使企业多产生100 000元的收益。

项目 3　定价决策分析

【相关知识】

6.3.1　影响价格的因素

产品价格是影响企业经营的又一重要方面，在其他因素不变的情况下，价格的高低直接决定企业盈利的多少。定价过低，会使企业的总收入下降，利润减少；定价过高，又会使企业的产品销路不畅导致总收入下降，同样使利润减少。定价决策就是要求企业根据市场情况和相关的资料给产品选择并确定一个合理的售价，以保证企业能取得足够的收入来补偿成本并获得尽可能多的利润。

由于市场竞争日益激烈，供需状况不断变动，影响价格的因素是多种多样的，这些因素可以归纳为：① 产品成本；② 供需状况；③ 市场竞争情况；④ 产品质量；⑤ 价格弹性；⑥ 企业的定价目标；⑦ 产品生命周期；⑧ 消费者的消费水平和购买习惯；⑨ 其他因素，如国家政策、法律的限制等。企业只有认真分析和研究影响价格的各种因素，才能作出正确的定价决策。

6.3.2 确定最优售价的决策

确定最优售价要研究价格、收入、成本、销售之间的关系。西方管理会计学家利用边际收入与边际成本的相互关系，来确定产品的最优售价。边际成本是指产销量增加一个单位所引起的成本变动；边际收入是指增加一个单位销量所增加的销售收入；边际利润是指边际收入减去边际成本后的差额。

【例 6-16】 假定某企业生产甲产品，不同的售价及相应的预计销量和成本资料如表 6.13 所示。

表 6.13 甲产品预计销量和成本资料

销售单价(元)	预计销量(件)	单位变动成本(元)	固定成本总额(元)
40	60	27	400
39	70	27	400
38	80	27	400
37	90	27	400
36	100	27	400
35	110	27	400
34	120	27	400

要求：计算相关的边际收入、边际成本、边际利润和利润指标，并作出最优售价的决策。

解：根据上述资料，可编制分析计算表，如表 6.14。

表 6.14 分析计算表

单位：元

销售单价	预计销量(件)	收入	变动成本	固定成本	总成本	边际收入	边际成本	边际利润	利润
40	60	2 400	1 620	400	2 020				380
39	70	2 730	1 890	400	2 290	330	270	60	440
38	80	3 040	2 160	400	2 560	310	270	40	480
37	90	3 330	2 430	400	2 830	290	270	20	500
36	100	3 600	2 700	400	3 100	270	270	0	500
35	110	3 850	2 970	400	3 370	250	270	−20	480
34	120	4 080	3 240	400	3 640	230	270	−40	440

从表 6.14 中计算数据可看出，当售价为 36 元，销售量为 100 件时，边际收入等于边际成本，边际利润为零，此时的利润最大达到 500 元。因此，最优售价为 36 元。

从这里可以得出结论：当销售单价下降时，如果边际收入大于边际成本，即边际利润大于零，说明降价扩大销售对企业有利；如果边际收入小于边际成本，即边际利润小于零，说明降价不仅不能增加利润，反而使利润降低，对企业不利。

从表 6.14 中可知，销售价格为 37 元时的利润也为 500 元，若不考虑薄利多销、提高市场占有率的因素，最优价格也可选 37 元。

6.3.3 定价方法

产品定价方法有许多种，在实际工作中，通常采用的定价方法有以下几种。

1）完全成本定价法

完全成本定价法是指按照产品的完全成本，加上一定百分比的销售利润，作为定价产品销售价格的依据，所以又称成本加成定价法。其计算公式是：

$$产品单位销售价格=产品预计单位完全成本\times(1+利润加成率)$$

【例 6－17】 某厂计划生产销售某产品 10 000 件，该产品预计单位变动成本为：直接材料 10 元，直接人工 8 元，变动性制造费用 7 元，固定成本总额为 75 000 元，预计利润总额按完全成本总额的 10%予以加成，计算该产品的单位销售价格应为多少？

$$\begin{aligned}产品单位销售价格&=(10+8+7+\frac{75\,000}{10\,000})\times(1+10\%)\\&=32.5\times(1+10\%)\\&=35.75(元/件)\end{aligned}$$

2）变动成本定价法

变动成本定价法是指按照产品的变动成本加上一定数额的贡献边际，作为制定产品销售价格的依据。也就是说，只要产品的销售价格能够补偿其变动成本，并可提供一定数额的贡献边际，这一价格就可接受。这种方法适用于企业利用剩余生产能力，接受追加订货时，据以决定取舍的价格。其计算公式：

$$产品单位销售价格=\frac{产品单位变动成本}{1-贡献边际率}$$

【例 6－18】 某厂生产甲种产品，其单位成本为：直接材料 18 元，直接人工 14 元，变动性制造费用 12 元，固定性制造费用 16 元。甲产品预定的贡献边际率为 20%，该产品的单位售价应为多少？

解：$甲产品单位销售价格=\frac{18+14+12}{1-20\%}=55(元/件)$

【技能训练】

1）问题讨论

（1）讨论什么是完全成本加成定价法？在什么情况下你会建议使用变动成本加成定价法为什么？

（2）如何根据价格需求弹性来确定商品的价格？

（3）你如何看待薄利多销这一说法？

2）案例分析

洗发水的价格是怎样制定的？

从超市的货架上随手取下一瓶洗发水，你能想到这瓶洗发水从原材料的购置到流水线上生产，一直到你拿到手中为止，中间究竟经过了多少物流环节？假如一瓶洗发水价格 100 元，有可能它的生产成本却只有几元钱。

要求：

请以某一知名品牌的洗发水为调查对象，阐述它的价格构成，并分析制定洗发水的价格所考虑的因素。

【拓展阅读与训练】

利用 Excel 求解线性规划

借助于本章例 6-13 中的资料,其线性规划模型为:

$$目标函数\ \max Tcm = 6x_1 + 8x_2$$

约束条件:

$$\begin{cases} 5x_1 + 10x_2 \leqslant 6\,000 \\ 4x_1 + 4x_2 \leqslant 4\,000 \\ x_1 \geqslant 0,\ x_2 \geqslant 0 \end{cases}$$

用 Excel 求解线性规划的步骤如下:

(1) 建立 Excel 电子表格。

(2) 在该表格中输入有关数据并定义相关公式,如图 6.4 所示。

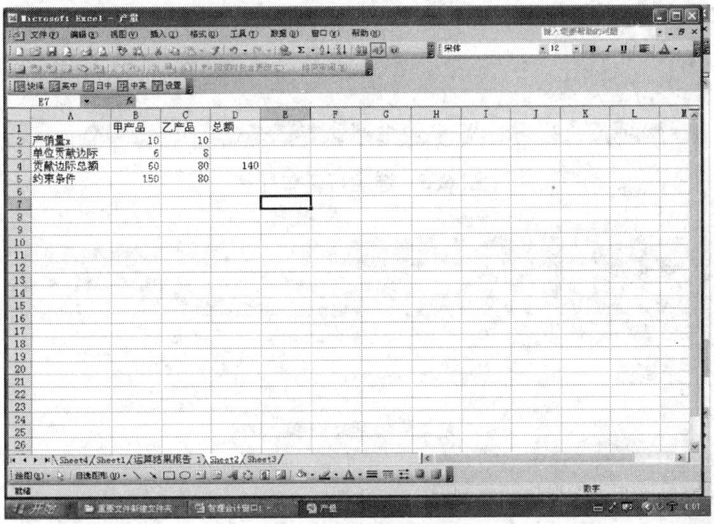

图 6.4　定义相关公式

将单元格 B2 和 C2 分别用于存放 x_1 和 x_2 的数值,并均输入初值 10(当然,也可输入其他初值,不影响计算结果)。在单元格 B3 和 C3 中输入单位贡献边际 6,8。在单元格 B4 和 C4 中分别输入公式"=B2 * B3"(回车后显示数据为 60),"=C2 * C3",分别表示两种产品的贡献边际。在 D4 单元格中输入公式"=B4+C4",表示贡献边际总额。在 B5 和 C5 中分别输入"=5 * B2+10 * C2","=4 * B2+4 * C2",分别表示两种产品所消耗的一车间和二车间工时数。

(3) 打开"规划求解参数"对话框　在 Excel 的"工具"下拉菜单中,点击"规划求解"选项,即可打开相应的对话框。通常,初次使用求解线性规划功能时,在"工具"下拉菜单中找不到"规划求解"选项,这时需要在该菜单中选择并点击"加载宏",在打开的对话框中,选中"规划求解"选项后,点击"确定"即可。

(4) 对"规划求解参数"对话框进行设置　按照系统提示,完成该对话框设置。

需要说明的是,在"设置目标单元格"中输入"$D$4"(或点选 D4 单元格),表示贡献边际总额取值最大为目标。可变单元格是指存放决策变量(两种产品产量)的单元格,在此输入“$B$2:$C$2”,或鼠标刷选单元格 B2 至 C2,如图 6.5 所示。约束条件的设置需要点击“添加”按钮,并打开“添加约束”对话框,如图 6.6 所示。

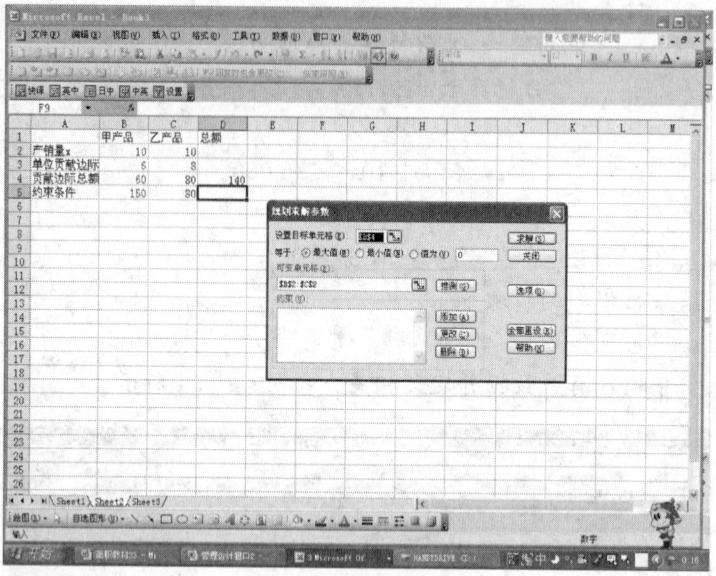

图 6.5　选定可变单元格

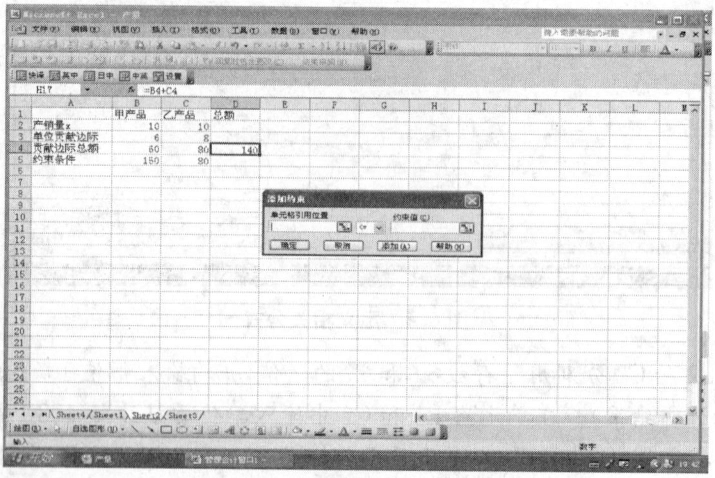

图 6.6　“添加约束”对话框

在该对话框的“单元格引用位置”应选择约束条件不等号左端表达式或变量所存放的单元格位置。例如,本例中第一个约束条件的表达式存放于 B5 中,因而应点击电子表格中的 B5 单元格,这时,“单元格引用位置”的方框中就会出现“$B$5”,或直接在该方框中输入“$B$5”。在约束值中输入“6000”。再点击“添加”按钮,依次输入其他约束条件。最后点击“确定”按钮,在“规划求解参数”对话框中,点击“求解”按钮,即可得出计算结果,如图 6.7 所示。

(5) 查看结果　可直接从点击“求解”后的电子表格中获得计算结果。甲产品的产销量为 800 件,乙产品为 200 件,贡献边际最大值为 6 400 元。另外,也可通过保存“运算结果报告”，获得更多的信息，如图 6.8 所示。

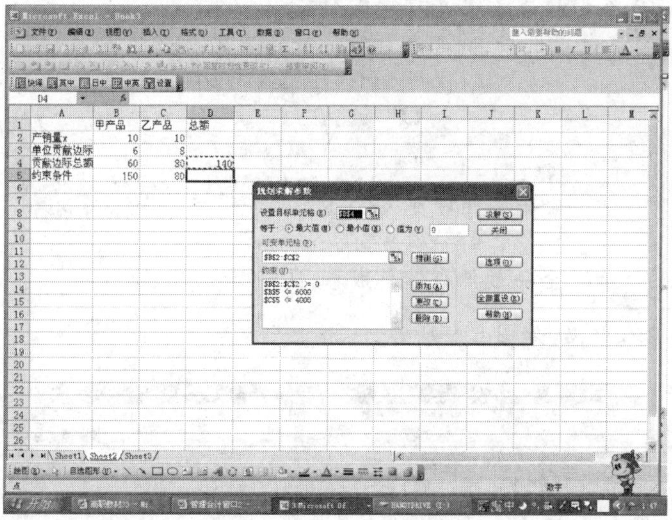

图 6.7 显示计算结果

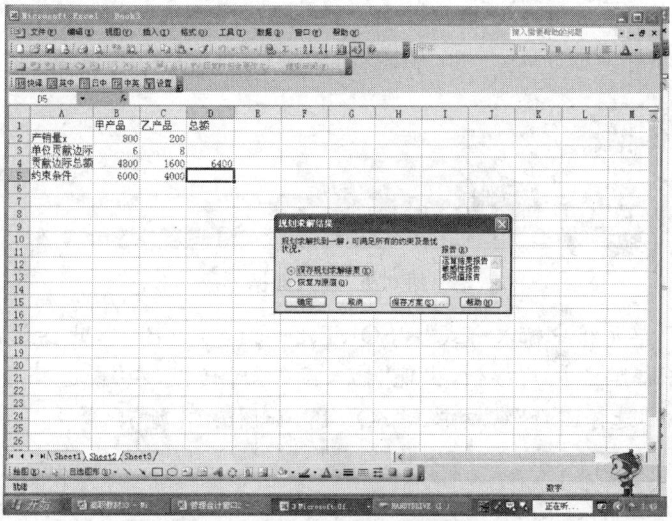

图 6.8 保存“运算结果报告”

利用 Excel 计算经济订货批量

假定某商店所销售的某种商品的年需求量等于 8 000 件，该商品一次订货的订货成本为 30 元，一件商品保持一年的储存成本为 3.8 元，试研究与此商品的经济批量有关的问题。

此案例涉及的相关的理论点为：

$$年订货成本\ T_1 = P \times \frac{A}{Q}$$

$$年储存成本\ T_2 = C \times \frac{Q}{2}$$

$$全年总成本\ TC = P \times \frac{A}{Q} + C \times \frac{Q}{2}$$

上式中:A代表某种商品全年需用量;Q代表每次订货数量;P代表每次订货成本;C代表单位商品年储存成本;TC代表全年订储成本之和。

若用 Q^* 代表经济订货批量,则经济订货批量的最基本模型为:

$$Q^* = \sqrt{\frac{2PA}{C}}$$

$$全年最佳订货次数\ N^* = \frac{A}{Q^*} = \sqrt{\frac{AC}{2P}}$$

$$全年最低订储总成本\ TC^* = \sqrt{2APC}$$

步骤1:首先输入数据,如图6.9所示。

图6.9 输入数据

步骤2:在B7单元格中输入公式"=SQRT(2 * B1 * B2/B3)",此公式的输入方法为:在输入"="后,点击工具栏中 f_x 按钮,出现"插入函数"对话框,在"或选择类别"窗口中选"数学与三角函数",在"选择函数"窗口中选"SQRT",如图6.10所示。

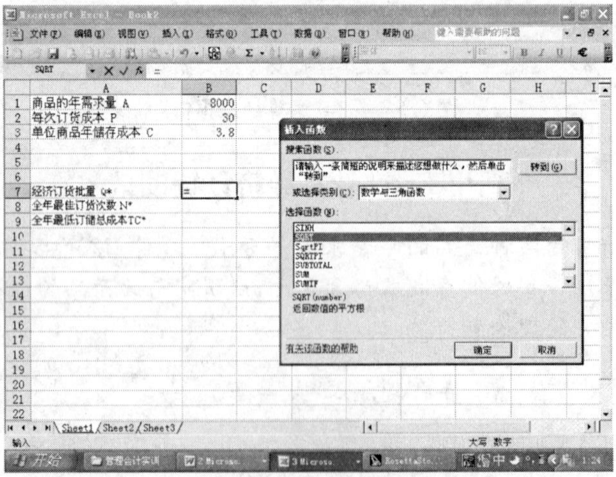

图6.10 插入函数对话框

点击"确定",出现"函数参数"对话框,在"Number"窗口中,输入"2 * B2 * B1/B3",见图

6.11，点击“确定”，在B7单元格中，显示经济订货批量的计算结果为355.409 3，如图6.12。

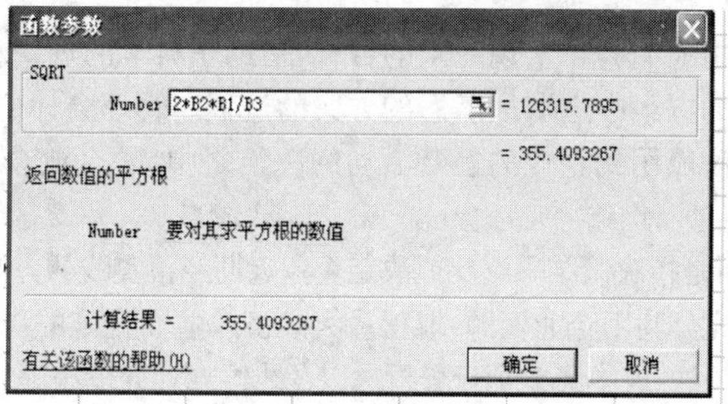

图 6.11 “函数参数”对话框

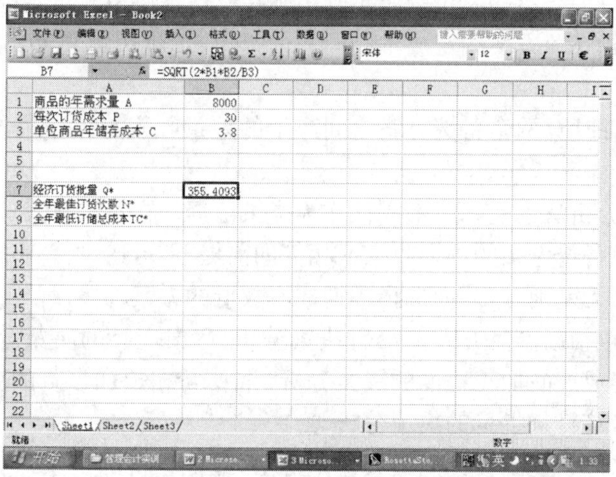

图 6.12 经济订货批量计算结果

同样的道理，在B8单元格中输入公式“=B1/B7”，出现全年最佳订货次数的计算结果。

在B9单元格中输入公式=SQRT(2 * B1 * B2 * B3)，得到全年最低订储总成本的计算结果，如图6.13所示。

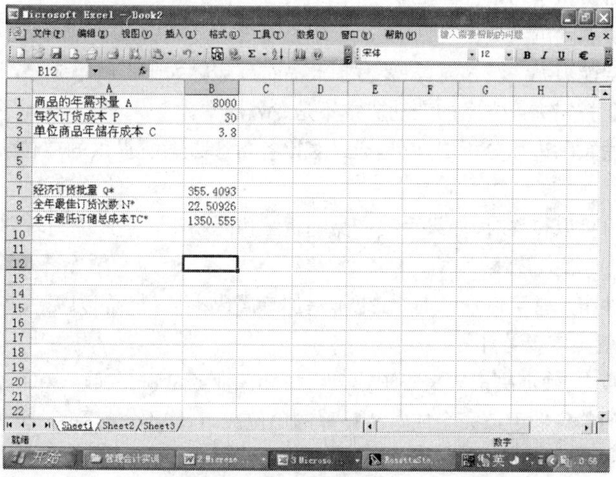

图 6.13 计算结果显示

【本模块要点归纳】

所谓决策通常是指人们为了实现一定的目标，借助于科学的理论和方法，进行必要的计算、分析，从可供选择的方案中选取最满意的方案的过程。管理会计中的经营决策分析是把决策的一般原理和方法应用到企业的经营活动的决策之中，是企业会计人员参与决策活动的主要内容。

短期经营决策分析是指决策结果影响或决定企业近期经营实践的方向、方法和策略，侧重于从资金、成本等方面对充分利用企业资源，取得最大经济效益而实施的决策。常用的方法有：贡献边际分析法、差量分析法、成本无差别点分析法以及线性规划分析法等。

贡献边际分析法包括单位资源贡献边际分析法和贡献边际总额分析法。单位资源贡献边际分析法是指以有关方案的单位资源贡献边际指标作为决策评价指标的一种方法。贡献边际总额分析法是指在各方案固定成本相同的前提下，贡献边际总额最大的方案就是利润最大的方案。

差量分析法是在计算两个备选方案之间产生的差量收入与差量成本的基础上，计算差量损益，根据差量损益来选择决策方案。

成本无差别点分析法也是以成本高低作为决策依据。在备选方案业务量不能事先确定的情况下. 特别是各备选方案的预期收入又相等的前提下，可通过计算不同方案总成本相等时的业务量，即成本无差别点，从而选择预期成本较低的方案。

生产决策分析包括新产品开发的品种决策分析、亏损产品的决策分析、零部件自制或外购的决策分析、半成产品加工程度的决策分析、特殊价格追加订货的决策分析、最优生产批量的决策分析、经济订货批量的决策分析等。

定价决策分析方法主要有：利润最大化定价法（最优售价的决策）、完全成本定价法、变动成本定价法等。

【综合测试】

一、判断对错

1. 定期支付的广告费属于约束性固定成本。（ ）

2. 固定资产折旧费属于沉没成本，因此在决策中不予考虑。（ ）

3. 在亏损产品生产能力无法转移时，只要亏损产品贡献边际大于零就不应停产。（ ）

4. 能够明确归属于特定决策方案的变动成本不是专属成本。（ ）

5. 生产决策中应用贡献边际分析法，就是通过对比各备选方案所提供的单位贡献边际的大小来确定最优方案。（ ）

6. 在剩余生产能力可以转移时，如果亏损产品的贡献边际小于与生产能力转移有关的机会成本，就应当停产亏损产品而使生产能力转移。（ ）

7. 当特殊订货不冲击正常生产任务时，如果不追加专属成本且剩余能力无法转移时，只要特殊订货单价大于单位变动成本，就应该接受订货。（ ）

8. 在生产经营决策中，确定决策方案必须通盘考虑相关业务量、相关收入和相关成本等因素。（ ）

9. 凡是该批订货的单价低于按完全成本法计算的单位成本，均不宜接受。（ ）

10. 在开发新产品的品种决策时，可用单位产品贡献边际的大小作为取舍优劣的标准。（ ）

二、单项选择

1. 短期经营决策不包括（ ）。

A. 产品生产决策
B. 成本决策
C. 定价决策
D. 固定资产投资决策

2. 在企业有剩余生产能力的情况下，当(　　)时，即可接受客户的追加订货。
A. 对方出价大于产品的单位变动成本
B. 对方出价小于产品的单位变动成本
C. 对方出价大于产品的完全成本
D. 以上均错

3. 某企业需要甲零件，若外购，单价为 20 元/件。若自制，单位产品的变动成本为 10 元/件，每年需追加固定成本 20 000 元。当需要量为 2 500 件时，应选择(　　)。
A. 外购
B. 自制
C. 自制或外购均可
D. 以上均错

4. 在(　　)的情况下，亏损产品应停产。
A. 该亏损产品的单价大于其单位变动成本
B. 该亏损产品的单位贡献边际大于零
C. 该亏损产品的变动成本率等于 1
D. 该亏损产品的贡献边际总额大于零

5. 自制方案固定成本 1 500 元，外购方案固定成本 800 元，若 A 部件成本平衡点为2 000件时，在采用自制方案时，则 A 部件需用量应为(　　)。
A. 800 件　　B. 1 500 件　　C. 1 800 件　　D. 2 500 件

6. 在相关范围内，边际成本实际上就是(　　)。
A. 变动成本总额
B. 固定成本总额
C. 单位变动成本
D. 单位固定成本

7. 某零件外购单价 10 元，自制单位变动成本 6 元，自制增加专属成本 2 000 元，则该零件的成本平衡点业务量为(　　)。
A. 200 件　　B. 500 件　　C. 400 件　　D. 800 件

8. 下列各项中，属于无关成本的是(　　)。
A. 机会成本
B. 不可避免成本
C. 约束性固定成本
D. 沉没成本

9. 在新产品开发的品种决策中，如果方案涉及追加专属成本，则下列方案中不宜采用的是(　　)。
A. 单位资源贡献边际分析法
B. 相关成本分析法
C. 相关损益分析法
D. 差别损益分析法

10. 采用贡献边际分析法进行决策分析时，选优的标准为(　　)。
A. 单位贡献边际
B. 贡献边际总额
C. 单位产品每小时提供的贡献边际
D. 贡献边际率
E. 单位资源提供的贡献边际

三、多项选择

1. 下列属于沉没成本的项目有(　　)。
A. 与决策有关的新增固定资产折旧费
B. 由多个方案共同负担的成本
C. 退出生产领域的固定资产
D. 在半成品是否深加工决策中，半成品本身的固定成本和变动成本

2. 属于短期经营决策内容的有(　　)。
A. 新产品开发决策
B. 亏损产品转、停产决策
C. 零部件、配件取得方式的决策
D. 设备更新改造决策
E. 联产品是否深加工决策

3. 下列属于可避免成本的项目有(　　)。

A. 广告费　　B. 管理人员工资　　C. 折旧费　　D. 重置成本

4. 差量分析法涉及的指标有(　　)。

A. 差量收入　　B. 差量成本　　C. 差量损益　　D. 边际收入

E. 边际成本

5. 下列说法中属于机会成本的正确说法有(　　)。

A. 如果接受订货,由于加工能力不足而挪用正常订货所放弃的有关收入称为接受订货方案的机会成本

B. 如果不接受订货,由于加工能力不足所放弃的有关收入称为不接受订货方案的机会成本

C. 不接受订货可将设备出租,接受订货就不能出租设备,则设备出租租金为接受订货方案的机会成本

D. 亏损产品如果停产,可以转产其他产品,转产可获得的贡献边际是继续生产亏损产品方案的机会成本

6. 产品最优价格决策的标准是(　　)。

A. 销售收入最高　　B. 成本最低　　C. 利润最高

D. 边际收入等于边际成本　　E. 边际收入大于边际成本

7. 在亏损产品生产的决策时,下列说法正确的有(　　)。

A. 在具备生产亏损产品的能力时,且能力无法转移又不增加专属成本的情况下,如果亏损产品的贡献边际为正数就应该生产

B. 剩余能力能够转移时,只要亏损产品的贡献边际大于转产产品的贡献边际就应该转产

C. 如果亏损产品停产后,生产亏损产品的设备可以出租,只要租金大于亏损产品的贡献边际,就应该把亏损产品停产而把设备出租

D. 在剩余能力无法转移时,只要亏损产品的贡献边际为正数就应该继续生产

8. 下列属于相关成本的有(　　)。

A. 重置成本　　B. 沉没成本　　C. 专属成本

D. 边际成本　　E. 差别成本

9. 在是否接受特殊价格追加订货的决策时,下列说法中正确的有(　　)。

A. 在简单条件下,只要特殊订货单价大于单位变动成本就应该接受订货

B. 在追加订货冲击正常产销量时,当接受追加订货增加的贡献边际大于由此减少的正常收入时,则应接受订货

C. 当接受订货需要追加专属成本时,只要追加订货的贡献边际大于专属成本,就应该接受订货

D. 如果不接受订货可将闲置设备出租,只要追加订货的贡献边际大于出租设备租金就应该接受订货

10. 下列各项中,属于多方案决策的有(　　)。

A. 互斥方案决策　　B. 单一方案决策

C. 组合方案决策　　D. 排队方案决策

四、计算分析

1. 某企业原来生产一种老产品,尚有剩余生产能力 1 000 工时,现准备用剩余生产能力发展新产品甲或新产品乙,其资料如下表所示。

摘　　要	新产品甲	新产品乙
单位产品工时	4	2
预计单位售价(元)	50	40
单位变动成本(元)	30	25

要求:就以下各不相关的情况进行决策分析。

(1) 如果无其他条件限制,作出发展哪一种新产品的决策分析。

(2) 如果生产甲、乙两种新产品各需要增加专属成本 3 000 元和 6 000 元,作出发展哪一种新产品的决

策分析。

2. 某企业产销 A、B、C 三种产品，其中 A、B 两种产品是盈利产品，丙产品是亏损产品。它们的销售资料及成本资料如下表。

单位：元

项　目	甲产品	乙产品	丙产品	合计
销售收入	6 000	8 000	4 000	18 000
生产成本：				
直接材料	800	1 400	900	3 100
直接人工	700	800	800	2 300
变动制造费用	600	600	700	1 900
固定制造费用	1 000	1 600	1 100	3 700
非生产成本：				
变动销管费用	900	1 200	600	2 700
固定销管费用	600	800	400	1 800
成本合计	4 600	6 400	4 500	15 500
利润(或亏损)	1 400	1 600	(500)	2 500

要求：就以下各不相关的几种情况进行决策分析。

(1) 如果丙产品停产后生产能力无法转移，作出丙产品是否应停产的决策分析。

(2) 如果丙产品停产后，其生产设备可以出租，预计年租金净收入 1 800 元，那么丙产品是否应停产？

3. 某企业只生产一种产品，全年最大生产能力为 1 200 件。年初已按 100 元/件的价格接受正常任务 1 000 件，该产品的单位完全生产成本为 80 元/件(其中，单位固定生产成本为 25 元)。现有一客户要求以 70 元/件的价格追加订货。

要求：请考虑以下不相关的情况，为企业作出是否接受低价追加订货的决策，并说明理由。

(1) 剩余能力无法转移，追加订货量为 200 件，不追加专属成本。

(2) 剩余能力无法转移，追加订货量为 200 件，但因有特殊要求，企业需追加 1 000 元专属成本。

(3) 同(1)，但剩余能力可用于对外出租，可获租金收入 5 000 元。

(4) 剩余能力无法转移，追加订货量为 300 件；因有特殊要求，企业需追加 900 元专属成本。

4. 某企业常年生产需用的某部件，以前一直从市场上采购。已知采购量在 5 000 件以下时，单价为 8 元；达到或超过 5 000 件时，单价为 7 元。如果追加投入 12 000 元专属成本，就可以自行制造该零件，预计单位变动成本为 5 元。

要求：用成本无差别点法作出自制或外购该部件的决策，并说明理由。

5. 某企业每年需用 A 零件 2 000 件，原由金工车间组织生产，年总成本为 19 000 元，其中，固定生产成本为 7 000元。如果改从市场上采购，单价为 8 元，同时将剩余生产能力用于加工 B 零件，可节约外购成本 2 000 元。

要求：为企业作出自制或外购 A 零件的决策，并说明理由。

6. 某化工厂生产甲乙两种产品。每日可供电力为 450 千瓦时，水 400 吨，蒸气 560 吨，每种产品的单位消耗量和单位产品提供的贡献边际如下表。

产　品	单位消耗量			单位产品贡献边际(元)
	水(吨)	电(千瓦时)	气(吨)	
甲产品	2	3	4	500
乙产品	4	3	2	300

根据以上资料，在不超过水、电、气供应的前提下，该厂应如何安排甲、乙两种产品的日产量方能使贡

献边际最大(产量单位:吨)。

7. 假定某化肥厂年需要焦炭 3 600 吨,每次订货成本为 900 元(变动性订货成本),每吨焦炭年平均变动性储存成本为 40.50 元,求其经济订货批量、最佳订货批数、全年最低订储总成本。

8. 某公司需用一台电子计算机,现有两个方案可供选择:一是购置方案,购价为 52 000 元,估计可使用 10 年,使用期满时估计有残值 2 000 元,每年的维修保养费为 3 000 元,另外该计算机每天的运行成本为 80 元;另一个方案是向租赁公司租赁,每天的租金为 100 元,运行成本仍然发生。

要求:确定这两个方案各适用于何种条件。

9. 某企业每年生产 1 000 件甲半成品。其单位完全生产成本为 18 元(其中单位固定性制造费用为 2 元),直接出售的价格为 20 元。企业目前已具备将 80%的甲半成品深加工为乙产品的能力,但每深加工一件甲半成品需要追加 5 元变动性加工成本。乙产成品的单价为 30 元。假定乙产成品的废品率为 1%。

要求:请考虑以下不相关的情况,用差别分析法为企业作出是否深加工甲半成品的决策,并说明理由。

(1) 深加工能力无法转移。

(2) 深加工能力可用于承揽零星加工业务,预计可获得贡献边际 4 000 元。

(3) 同(1),如果追加投入 5 000 元专属成本,可使深加工能力达到 100%,并使废品率降低为零。

五、复习思考

1. 什么是决策分析? 其一般程序如何?
2. 什么是生产决策? 其内容有哪些?
3. 短期经营决策的方法有哪些? 其含义是什么?
4. 短期经营决策需要考虑哪些相关因素? 每个相关因素的含义是什么?
5. 在决策分析中为什么要考虑机会成本?
6. "为了扭亏增盈,凡亏损产品都应停产"这种提法对吗? 为什么?
7. "在确定产品产量时,应尽可能生产单位贡献边际大的产品"这种说法对吗? 请说明理由。
8. 简述经济订货批量法的原理。
9. 影响产品价格的因素有哪些?
10. 简要说明产品最优售价的确定方法。

模块 7　长期投资决策分析

【知识目标】

掌握货币时间价值、现金流量的计算方法；掌握长期投资决策的动态评价分析法；理解货币时间价值和现金流量的概念，了解长期投资决策的静态评价分析法。

【技能目标】

能用相应的评价指标评价长期投资项目的可行性；学会分析影响长期投资决策的因素，培育进行定量性决策分析的思维和能力；学会长期投资决策方法在实际工作中的应用。

【引导案例】

引进生产线应考虑什么

GT 公司要开发一种新产品，需要引进一条生产线，价值 100 万元。公司领导召集有关人员进行方案的论证，有人认为，该设备投产后每年回收的资金在 10 万元左右，回收期大约 10 年，在这 10 年里，市场会发生意想不到的变化，会出现经营风险，生产线不宜购进。有人认为，生产线购进后可以增强企业的生产能力，节约材料和人工成本，降低废品率，提高产品的质量，进而提高企业的竞争能力，不能放弃开发和生产新产品的机会。况且一些评价方案优劣的指标可以通过决策分析计算出来，足以证明方案的可行性。

请问：你认为引进生产线应该考虑哪些问题？

项目 1　认知长期投资决策分析

【相关知识】

7.1.1　长期投资决策及其特点

1）长期投资决策的基本概念

长期投资是指投入资金量较大，获取报酬和收回投资的持续时间超过一年以上，能在较长时间内影响企业经营获利能力的投资。其特点是投入资金的数额多；资本性支出不能一次计入当期的费用，不能全部由当期的销售收入补偿，而在未来若干期分次转化为各项费用，分期补偿回收；对企业影响的持续时间长；资金回收的速度慢；蒙受风险的可能性大。如对厂房设备的更新、改建、扩建、开发利用资源、新产品的试制、老产品的换型和改造等都属于长期投资。

长期投资决策是对各种长期投资方案进行分析、评价，最终确定最佳投资方案的过程。

长期投资决策对企业的近期和远期的财务状况都有较大的影响，是一项重要的决策行为。因此长期投资决策必须在利用会计资料及其他有关信息的基础上，运用各种专门的方法对可行的备选方案进行科学的测算和缜密的比较分析，以便确定出盈利多、回收快、质量好、投资省的最优方案。

2) 长期投资决策的特点

(1) 长期投资决策是企业的战略性决策　长期投资决策的内容通常关系企业的生产能力、发展方向、新产品开发等。这些决策对企业的发展具有战略性意义。企业应根据内部和外部等各种情况，综合判断，做出决策。

(2) 决策者通常是企业的高层管理人员　长期投资的特点决定了这种决策通常由企业高层管理人员来行使决策权。

(3) 要考虑货币的时间价值　长期投资决策涉及的时间长，货币在不同时间的价值随一些要素(如利率、物价等)的变化而发生相应变化，因此进行长期投资决策时必须考虑货币的时间价值，以便做出正确的决策。

7.1.2 长期投资决策分析的基本程序

1) 投资项目的提出

企业管理当局应鼓励各级各部门提出各种投资方案，以便找到足够有利可图的投资机会。

2) 投资项目的评价

各项投资应从经济、技术、社会效益等方面进行可行性分析和评价，企业对所掌握的调查资料进行深入细致的研究和分析，写出企业投资项目可行性分析报告。

3) 投资项目的决策

投资项目经过评价后，应送相应部门批准。决策者应站在更高的层次，对技术的先进性、经济的合理性和社会影响等进行全面分析，权衡利弊，综合考虑，选择出较为理想的投资项目实施方案。

4) 投资项目的实施

投资项目经批准后，企业应当根据各投资项目实施方案的具体要求编制企业投资计划，组织和责成有关部门以及专职人员负责投资项目的实施。

5) 投资项目的再评价

投资项目完成后，还应当对企业投资项目的全过程进行综合评价，以便考核企业该投资项目的经济效益，评价投资项目的责任部门以及投资项目执行者的工作业绩和管理水平，同时，也可以对企业在投资项目决策的程序、方法、计量手段和管理水平等方面进行评价。

7.1.3 长期投资决策分析要考虑的基本要素

企业进行投资决策分析时，应当考虑以下四个基本要素：

(1) 资金及其净收益　主要是从现金流量分析入手，分析一项投资的资金投入(现金流出)、资金回收(现金流入)和投资净收益(现金净流量)。

(2) 时间　主要包括时间先后的安排、回收期的长短和现金流量的时间价值。

(3) 资金成本　以此作为确定投资方案取舍的重要评价指标。

(4) 风险　即投资的经济效果可能偏离预期效果的程度。

鉴于资金成本和投资风险价值等问题在财务管理中多有涉及，故本教材中主要讨论现金流量和货币时间价值两个重要因素。

7.1.4 现金流量

1) 现金流量的含义

现金流量是指投资项目在其计算期内因资本循环而发生的各项现金流入和现金流出的数量。这里所说的现金是指货币资金。现金流入量与现金流出量的差额称为现金净流量。如果现金净流量为正值，表示为投资净收益，反之表示为投资亏损。

2) 现金流出量的内容

(1) 建设投资　建设投资是指在建设期内按一定的生产经营规模和建设内容进行的固定资产、无形资产和开办费等项投资的总和，含基本建设投资和更新改造投资。固定资产投资加建设期贷款利息为固定资产原值，但建设期的利息并没支付，所以不作为现金流出。

(2) 垫支流动资金　垫支流动资金是指项目投产前后分次或一次投放于流动资产项目的投资增加额。

(3) 经营成本　又被称为付现的营运成本，它是生产经营阶段上最主要的现金流出项目。某年的经营成本等于当年的总成本费用(含期间费用)扣除该年折旧额、无形资产摊销额、开办费摊销额等项目后的差额。这些内容虽然也是成本，但不需要动用现实货币资金支出，所以不属于付现的营运成本。

(4) 各项税款　各项税款是指项目投产后依法缴纳的、单独列示的各项税款，包括营业税、消费税和所得税等。一般纳税人企业在价外核算的增值税不包含在此项目中。

(5) 其他现金流出　其他现金流出是指不包括在以上内容中的现金流出项目，如营业外净支出等。

3) 现金流入量的内容

(1) 营业收入　营业收入是指项目投产后每年实现的全部销售收入或业务收入。营业收入是经营期主要的现金流入项目。一般纳税人企业在确定营业收入时，应当按不含增值税的净价计算。

(2) 固定资产报废时的残值或变价收入　固定资产报废时的残值或变价收入是指投资项目的固定资产在报废清理或中途变价转让处理时所回收的价值，即处理固定资产净收益。

(3) 回收流动资金　回收流动资金主要是指项目中止时因不再发生新的替代投资而回收的原垫付的全部流动资金数额。回收流动资金和回收固定资产残值或变价收入统称为回收额。

(4) 其他现金流入　指除以上内容以外的现金流入项目。

4) 现金净流量的计算

现金净流量通常以年为单位，称为“年现金净流量”，记作“*NCF*”。计算公式为：

某年现金净流量＝该年现金流入量－该年现金流出量

建设期某年现金净流量＝－该年发生的投资额

生产经营期某年现金净流量＝该年税后利润＋该年折旧额＋该年摊销额
＋该年回收额＋该年利息费用

【例 7-1】　某企业计划新建一条生产线，需 1 年建成，预计该生产线的投资项目计算期为 6 年。建设期初投入自有资金购建厂房及设备支出共计 22 万元，建设期末投入流动资产支出共计 5 万元。采用直线法计提折旧。第 6 年年末生产线转入清理时，固定资产清理净收入为 2 万元,回收流动资产 5 万元。投产后预期年营业收入 16 万元(当年收入现金),第 1 年的付现成本为 6.4 万元,以后逐年递增 0.6 万元,所得税率为 33%。则:

年折旧额=(22−2)/5=4(万元)

项目投产后各年经营现金净流量分别为:

第 2 年末经营现金净流量=(16−6.4−4)×(1−33%)+4=7.752(万元)

第 3 年末经营现金净流量=(16−7−4)×(1−33%)+4=7.35(万元)

第 4 年末经营现金净流量=(16−7.6−4)×(1−33%)+4=6.948(万元)

第 5 年末经营现金净流量=(16−8.2−4)×(1−33%)+4=6.546(万元)

第 6 年末经营现金净流量=(16−8.8−4)×(1−33%)+4=6.144(万元)

根据上述计算结果,编制现金流量表如表 7.1 所示,并可用图 7.1 表示。

表 7.1　各年现金流量表　　单位:万元

时　期	第 1 年初	第 1 年末	第 2 年末	第 3 年末	第 4 年末	第 5 年末	第 6 年末	合计
固定资产投资	(22)							(22)
流动资产投资		(5)						(5)
经营现金净流量			7.752	7.35	6.948	6.546	6.144	34.74
固定资产清理净收入							2	2
流动资产回收							5	5
现金净流量	(22)	(5)	7.752	7.35	6.948	6.546	13.144	14.74

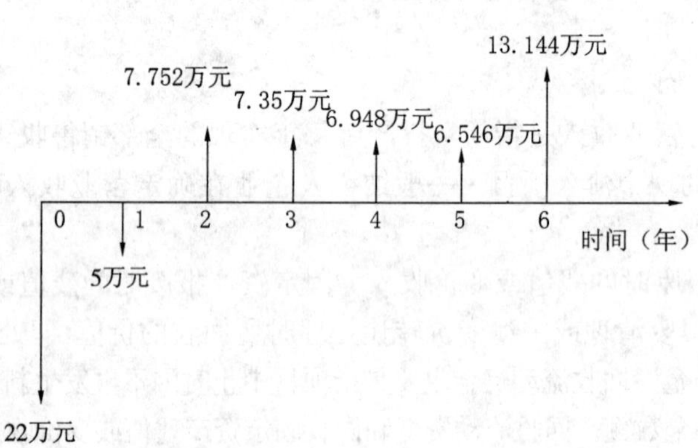

图 7.1　各年现金流量示意图

如果在上例中于建设期初以借入资金构建厂房及设备共计 22 万元,建设期发生资本化利息 2.2 万元,其他条件均不变,则固定资产折旧额应为:

固定资产年折旧额=[(固定资产投资额+建设期资本化利息)−净残值]÷使用年限
$\qquad\qquad\qquad$=[(22+2.2)−2]÷5=4.44(万元)

在此基础上,项目投产后各年现金净流量仍按例 7-1 所述方法计算。

【例 7-2】 某企业计划用一台新设备替换旧设备,旧设备原始价值为 19.4 万元,年折旧额为 2 万元,已提折旧 8 万元,估计尚可使用 5 年,5 年后的残值为 1.4 万元。如果现在出售,可获得价款 8 万元。新设备的买价、运费和安装费等共需 22 万元,可用 5 年,年折旧额为 4 万元,第 5 年末的残值为 2 万元。采用新设备后不会增加收入,但每年付现成本可下降5.6万元。设备替换不会影响生产计划,所得税税率为33%。

解:由于上述两个方案的营业收入和设备寿命相同,则只计算两个方案现金流量的差额。即:

初始投资支出的差额=－22＋8=－14(万元)

第1～5年中年折旧额的差额=4－2=2(万元)

第1～5年中各年的现金净流量的差额=[0－(－5.6)－2]×(1－33%)＋2

=4.412(万元)

第5年末固定资产清理收入的差额=2－1.4=0.6(万元)

根据上述计算结果,编制现金流量计算表如表7.2所示,并可用图7.2表示。

表7.2　现金流量计算表　　单位:万元

	第1年初	第1～4年末	第5年末	合计
初始现金流量差额	(14)			(14)
各年现金净流量差额		4.412	4.412	22.06
期末固定资产清理收入差额			0.6	0.6
现金净流量差额合计 ΔNCF	(14)	4.412	5.012	8.66

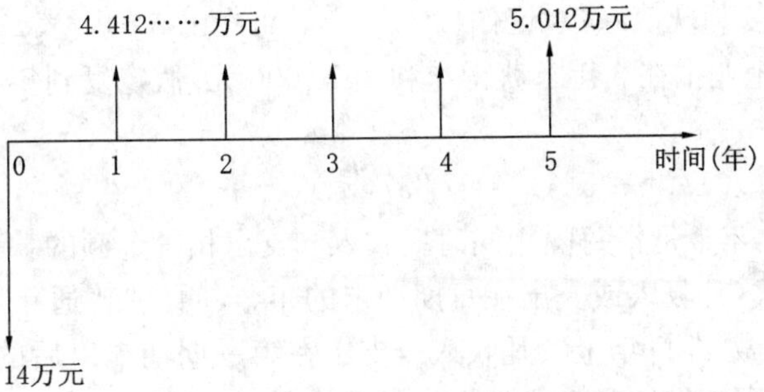

图7.2　现金净流量差额(ΔNCF)示意图

7.1.5　货币的时间价值

1) 货币的时间价值的含义

所谓货币的时间价值是指货币在使用过程中随时间的推移而发生的增值,是由于放弃现在使用货币的机会所得到的、按放弃时间的长短计算的报酬。即今天的一元钱和将来的一元钱在价值上的差额,或者说是同一现金流量在不同时点上的价值量的差额。

货币的时间价值有两种表现形式:一种是绝对数,另一种是相对数。其绝对数是指货币资金在生产和流通过程中所形成的货币资金的增值额;其相对教是指扣除风险报酬和通货膨胀贴水后的平均资金利润率或平均报酬率。在不考虑通货膨胀和风险报酬的情况下,货币资金的时间价值一般可以理解为企业利润率的最低界限。

2) 货币的时间价值的计算

(1) 单利计算　单利制是指每期计算利息时都以基期的本金作为计算的基础,前期的利息不计入下期的本金。在单利制下,计算的各期利息额是相等的。其计算公式为:

$$终值(F) = P + I = P + P \times i \times n = P(1 + i \times n)$$

$$现值(P) = \frac{F}{1 + i \times n}$$

式中：I 为利息；P 为现值(本金)；F 为终值(本利和)；i 为利息率；n 为期数。

【例 7-3】 现金 10 000 元存入银行，年利率为 6%，计算 5 年以后的本利和。

解：$F = 10\,000 \times (1 + 6\% \times 5) = 13\,000$(元)

(2) 复利计算 货币时间价值通常是按照复利的方式进行计算的。复利不但本金要计算利息，且利息也要计算利息，俗称“利滚利”。复利计算又分为复利终值和复利现值两种。

复利终值是指一定量的本金按复利计算的若干期的本利和。其公式为：

$$F = P \times (1 + i)^n$$

公式中 $(1+i)^n$ 为复利终值系数，记作 $(F/P, i, n)$，可在书末的附表一中查得。

【例 7-4】 某企业将 10 000 元存入银行，假定复利年利率为 5%，则 5 年后本利和是多少？

解：$F = 10\,000 \times (1 + 5\%)^5 = 12\,760$(元)

复利现值是复利终值的逆运算。它是指在今后某一规定时间内收到或支付的一笔款项，按固定折现率所计算的货币的现值。其公式为：

$$P = F \times 1/(1 + i)^n$$

式中：$1/(1+i)^n$ 为复利现值系数，记作 $(P/F, i, n)$，可在书末的附表二中查得。

【例 7-5】 某企业拟在 5 年末获得本利和 10 000 元，假定复利年利率为 5%，那么现在应存入银行多少钱？

解：$P = 10\,000 \times 1/(1 + 5\%)^5 = 7\,837$(元)

(3) 年金计算 年金是指每隔相同时期收入和支出相等金额的款项。

年金有多种形式：凡收入或支出在每期期末的年金，叫做“普通年金”；凡收入或支出在每期期初的年金，叫做“即付年金”；凡收入或支出在第一期期末以后的某一时间的年金，叫做“递延年金”；凡无限期继续收入或支出的年金，叫做“永续年金”。但无论哪一种年金，都是建立在按复利计算的基础上。在实际工作中最常用的是普通年金。

① 普通年金终值的计算：普通年金终值是指普通年金的复利终值的总和。计算公式为：

$$F_A = A\,\frac{(1 + i)^n - 1}{i}$$

式中：A 为年金，i 为利息率，n 为期数，F_A 为年金终值。

上式中的 $\frac{(1+i)^n-1}{i}$ 为年金终值系数，计作 $(F_A/A, i, n)$，该系数可在书末附表三中查得。

【例 7-6】 某厂有一个建设项目需 5 年建成，每年末投资 80 万元，该笔投资从银行借入，年复利率为 10%，则到第 5 年末应归还银行本息和为多少？

解：$F_A = A \times (F_A/A, i, n) = 80 \times (F_A/A, 10\%, 5)$

$= 80 \times 6.105\,6 = 488.448$(万元)

该建设项目的现金流量图如图 7.3 所示。

【例 7-7】 如果例 7-6 中其他条件均不变，而每年投资 80 万元改为年初投入，则到第 5 年末应归还银行本息和为多少钱？

解：$F_A = 80 \times (F_A/A, 10\%, 5) \times (F/P, 10\%, 1)$

$= 80 \times 6.105\,1 \times 1.1 = 537.25$(万元)

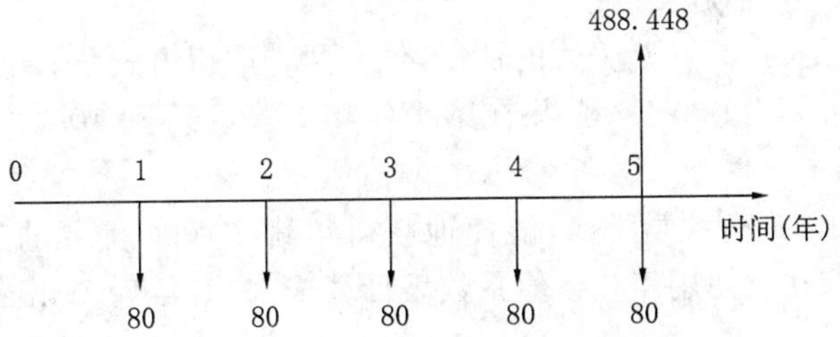

图 7.3　某厂建设项目现金流量图

或 $= 80 \times [(F_A/A, 10\%, 6) - 1]$

$= 80 \times (7.7156 - 1) = 537.25$(万元)

该项目的现金流量图如图 7.4 所示。

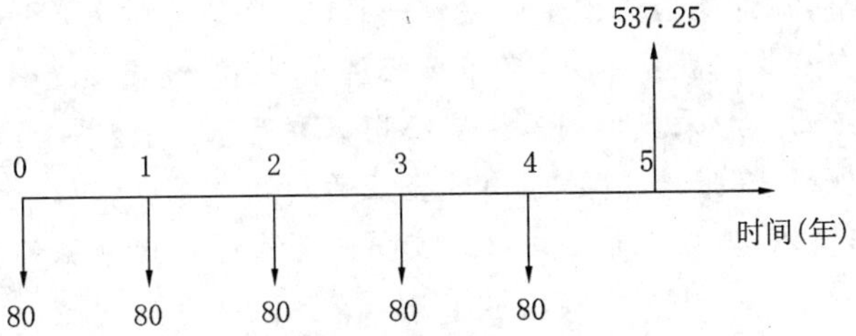

图 7.4　年初投入的现金流量图

② 普通年金现值的计算：普通年金现值是指普通年金的复利现值的总和。其计算公式为：

$$P_A = A\frac{(1+i)^n - 1}{i(1+i)^n}$$

式中：A 为年金，i 为利息率，n 为期数，P_A 为年金现值。

上式中$\frac{(1+i)^n-1}{i(1+i)^n}$为年金现值系数，记作$(P_A/A, i, n)$，该系数可在书末附表四中查得。

【例 7-8】　某企业准备购买一台设备，现有两个方案可供选择：一是从甲公司购入，可分 4 年付款，每年末支付 5 万元；二是从乙公司购入，一次支付 15 万元。若银行年复利率 14%，问应选择哪个方案？

解：甲公司分期付款的现值$(P_A) = A \times (P_A/A, i, n) = A \times (P_A/A, 14\%, 4)$

$= 5 \times 2.9137 = 14.57$(万元)$< 15$(万元)

所以，应选择从甲公司分期付款方式购入该设备。

【例 7-9】　如果例 7-8 中其他条件均不变，而每年向甲公司支付款额 5 万元改为年初先付，问应该选择哪个方案？

解：甲公司分期付款的现值$(P_A) = 5 + 5 \times (P_A/A, 14\%, 3)$

$= 5 + 5 \times 2.3216 = 16.61$(万元)$> 15$(万元)

应选择从乙公司一次付款方式购入该设备。

【技能训练】

1）问题讨论

(1) Connor Energy 公司需要借入项目资金 900 000 美元，有 8 年利率 9% 的和 12 年利率 6%的两种选择，哪个借款更好？

(2) Thomas 继承了 30 000 美元的遗产，他有两种取得方式：① 现在一次全额取得；② 未来的 20 年每年得到 3 000 美元，并在第十年年末一次得到 10 000 美元。如果利率是 10%，哪个方案更好？

(3) William 相信拥有大学学历，能使他获得年薪 28 000 美元的工作，并在未来的 20 年内每年有 5%的加薪。使用年金终值系数表计算未来 20 年后 William 的工资总额，并讨论这种想法。

2) 案例分析

重要的现金流

海尔公司张瑞敏曾说：很多企业，发展的很好，很快，有一天却突然死亡了，到底什么原因呢？其实非常简单，就是现金流出了问题。一边儿，负债非常大，另一边呢，钱却进不来。钱为什么进不来？在应收账款！本来，在市场经济条件下，钱应该是最流动的一个东西，却变成了最不流动的东西。原来我们国家上市公司只要两张报表：第一张是资产负债表，看你的资产负债率是多少；第二张是损益表，看你企业的利润是多少。后来意识到应收款是一个非常非常大的问题，所以，现在上市公司必须交第三张表——现金流量表。

要求：

阅读以上内容，对利润和现金流量的关系进行分析，并说明为什么不能只看账面利润？

项目 2　长期投资决策分析方法及运用

【相关知识】

评价各投资方案是否可行，要把技术上的先进性与经济上的合理性相结合来看。从经济上主要看它的投资收益是否高于投资成本，提高经济效益。按照是否考虑货币时间价值，评价投资效果的分析方法可分为两类：一是静态评价分析法；二是动态评价分析法。

7.2.1　静态评价分析法

静态评价分析法计算简便，易于理解；但它没考虑货币的时间价值，所以不够精确，通常用于小项目的评价或大项目的初选。静态评价分析法主要有以下两种：

1) 投资回收期法

投资回收期是指以项目历年累计所获现金净流量回收该项目最初总投资所需的时间。简单地说，投资回收期是指收回全部投资额所需要的时间。该指标以年为单位，包括两种形式：一种是包括建设期的投资回收期（记作 PP）；一种是不包括建设期的投资回收期（记作 PP'）。当建设期为 S 时，$PP' + S = PP$。投资回收期法则是根据回收期的长短来判定投资方案是否可行和优劣的方法。总的说来，投资方案的回收期越短，说明该项投资所冒风险的程度就越小。投资回收期的计算有两种方法。

(1) 每年的经营现金净流量 NCF 相等时

不包括建设期的回收期(PP')＝原始投资合计÷投产后前若干年每年相等的 NCF

【例 7-10】 某企业拟建一条生产线，在建设起点投入自有资金 100 万元，建设期为 1 年，生产线使用寿命为 10 年，期末净残值为 10 万元，按直线法提折旧，预计投产后每年可获净利为 10 万元，计算投资回收期。

解：$NCF_0 = -100$（万元）

$$NCF_{2\sim11} = \text{每年净利} + \text{每年折旧} = 10 + \frac{100-10}{10} = 19\text{（万元）}$$

则：$PP' = \dfrac{100}{19} = 5.26$（年）

$PP = 5.26 + 1 = 6.26$（年）

(2) 每年的经营现金净流量 NCF 不等时　此时，要通过计算累计现金净流量来确定包括建设期在内的投资回收期，此回收期正好是累计现金净流量为零的年限，其关系为：

$$\sum_{t=0}^{PP} NCF_t = 0$$

包括建设期的投资回收期计算公式为：

$$PP = (\text{累计现金净流量第一次出现正值的年份} - 1) + \text{该年初尚未回收的投资} \div \text{该年现金净流量}$$

【例 7-11】 某项目在建设起点一次性投资 150 000 元，经营期 5 年，各年末经营现金净流量分别为 28 000 元，29 000 元，33 000 元，62 000 元，43 000 元，计算包括建设期的投资回收期。

计算表如表 7.3 所示。

表 7.3　投资回收期计算表　　单位：元

年份 t	0	1	2	3	4	5
每年 NCF	−150 000	28 000	29 000	33 000	62 000	43 000
累计 NCF	−150 000	−122 000	−93 000	−60 000	2 000	45 000

$$PP = (4-1) + 60\,000 \div 62\,000 = 3.97\text{ 年}$$

利用投资回收期法进行方案的决策分析时，如果计算的投资回收期小于或等于基准回收期，则方案可行，否则不可行。一般说来，包括建设期的基准回收期为项目计算期（建设期加经营期）的一半，不包括建设期的基准回收期为经营期的一半。

投资回收期法的优点在于计算简便，容易理解，能够直观地反映原始投资的返本期限，特别是对那些技术更新较快的工业部门来说，是较为常用的传统评价方法。该方法的局限性是：第一，没有考虑货币的时间价值。第二，没有考虑到回收期满后现金流量的大小，即使对于回收期内的现金流量也没有考虑其发生时间的先后。因此，用这一方法评价不同项目或方案的经济效益具有一定的局限性。

2) 年平均投资报酬率法

年平均投资报酬率的计算公式为：

$$\text{年平均投资报酬率}(ARR) = \text{年平均净利润} \div \text{年平均原始投资额} \times 100\%$$

这里，年平均原始投资额有两种计算方法，一种是用原始投资的 50%，另一种表示为：

$$年平均原始投资额=\frac{1}{2}(建设投资-固定资产净残值)+流动资金投资$$

【例 7-12】 某投资项目经营期年均净利润为 100 万元,原始投资总额为 1 000 万元,其中,固定资产投资 980 万元,流动资金投资 20 万元,固定资产期末净残值 80 万元。建设期资本化利息为 100 万元。计算年平均投资报酬率。

解:按第一种方法计算:

$$ARR = 100 \div (1\,000 \times 50\%) \times 100\% = 20\%$$

按第二种方法计算:

$$ARR = 100 \div [(980 - 80) \times 50\% + 20] \times 100\% = 21.28\%$$

利用年平均投资报酬率法进行决策分析时,用计算的年平均投资报酬率与企业预先制定的预期最低报酬率标准相比较,若高于标准,则方案可行,否则方案不可行。

年平均投资报酬率法的优点是通俗易懂,易于计算,因考虑了固定资产的使用年限和年平均净利润,比回收期法提供较多的获利性信息。其缺点是没有考虑货币的时间价值,因而不能正确反映投资方案的真实效益。同时,由于分母的计算有多种方法也影响其可比性。

7.2.2 动态评价分析法

动态评价分析法就是在计算动态指标时充分考虑和利用货币时间价值的方法。常用的有净现值法、现值指数法和内含报酬率法。

1) 净现值法

净现值是指在项目计算期内,按行业基准折现率或其他设定的折现率计算的各年现金净流量现值的代数和,计作 NPV。计算公式为:

$$\begin{aligned} NPV &= \sum_{t=0}^{n} 第\,t\,年现金净流量的现值 \\ &= \sum_{t=0}^{n}(第\,t\,年现金净流量 \times 第\,t\,年的复利现值系数) \\ &= \sum_{t=0}^{n} \frac{NCF_t}{(1+i_c)^t} = \sum_{t=0}^{n}[NCF_t \times (P/F, i_c, t)] \end{aligned}$$

【例 7-13】 某企业准备上马一条生产线,第 1 年年初投资 50 万元,第 2 年年初投资 40 万元,从第 2 年末到第 6 年末取得的经营现金净流量分别为 35 万元、30 万元、25 万元、15 万元、10 万元,第 6 年末预计残值为 1 万元,按 12%的折现率计算该项目的净现值。

解:计算图示如图 7.5 所示。

$$\begin{aligned} NPV &= \sum_{t=0}^{n} \frac{NCF_t}{(1+i_c)^t} = \sum_{t=0}^{6} \frac{NCF_t}{(1+12\%)^t} \\ &= \frac{-50}{(1+12\%)^0} + \frac{-40}{(1+12\%)^1} + \frac{35}{(1+12\%)^2} + \frac{30}{(1+12\%)^3} + \frac{25}{(1+12\%)^4} \\ &\quad + \frac{15}{(1+12\%)^5} + \frac{10+1}{(1+12\%)^6} \end{aligned}$$

式中:第 t 年的复利现值系数 $(P/F, 12\%, t) = \frac{1}{(1+12\%)^t}$,可查书后附表二。

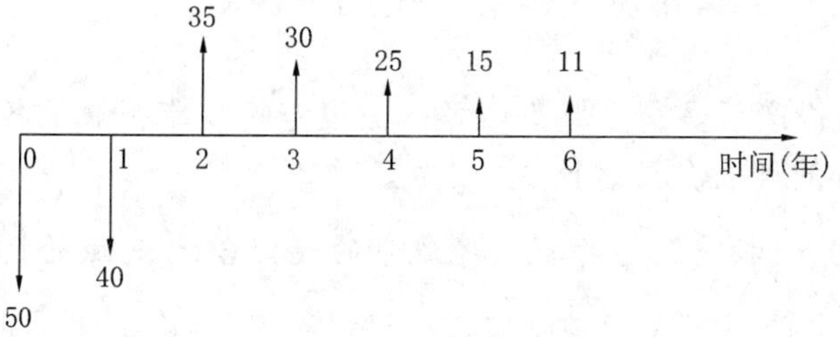

图 7.5　生产线现金流量图

所以：

$$NPV = -50 - 40 \times 0.893 + 35 \times 0.797 + 30 \times 0.721 + 25 \times 0.636 + 15 \times 0.567 + 11 \times 0.507 = -6.483(\text{万元})$$

如果项目投产后各年末的经营现金净流量相等，则可对经营现金净流量按普通年金折现，以简化净现值的计算。可按具体情况分别处理。

【例 7-14】　通达公司拟购进一套生产设备，一次性投资 120 000 元，当年建成并产生收益，该套设备可用 6 年，按直线法计提折旧，使用期满有残值 6 000 元，使用该套设备可为企业每年增加净利 13 000 元，若该公司的资金成本为 14%，计算净现值。

解：

$$\begin{aligned}\text{每年经营 } NCF_{1\sim6} &= \text{每年净利} + \text{每年计提折旧额}\\ &= \text{每年净利} + (\text{原投资额} - \text{期末净残值}) \div \text{年限}\\ &= 13\,000 + (120\,000 - 6\,000) \div 6 = 32\,000(\text{元})\end{aligned}$$

$$\text{回收额(期末残值)}R_6 = 6\,000(\text{元})$$

$$\begin{aligned}NPV &= NCF_0 + NCF_{1\sim6} \times (P_A/A, 14\%, 6) + R_6 \times (P/F, 14\%, 6)\\ &= -120\,000 + 32\,000 \times 3.889 + 6\,000 \times 0.456\\ &= 7\,184(\text{元})\end{aligned}$$

【例 7-15】　某企业自行建造一条生产线，分 3 年建成，每年末投入资金 30 万元，建成后立即投入使用，使用期限 5 年，每年末得到的经营现金净流量均为 35 万元，期末残值为零，以折现率为 12%，计算净现值。

解：计算图示如图 7.6 所示。

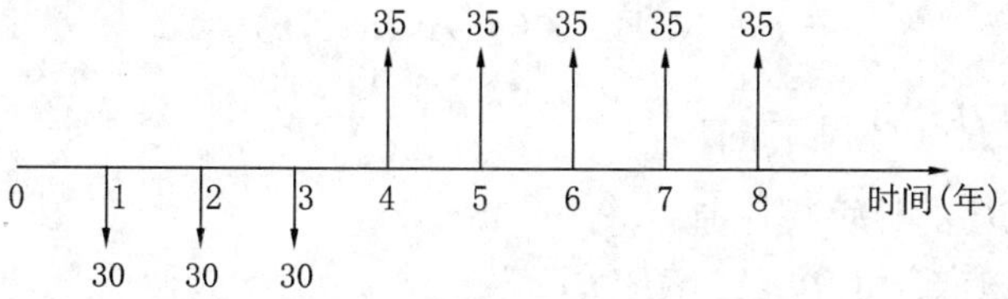

图 7.6　自行建造生产线现金流量图

$$\begin{aligned}NPV &= -30 \times (P_A/A, 12\%, 3) + 35 \times (P_A/A, 12\%, 5) \times (P/F, 12\%, 3)\\ &= -30 \times 2.402 + 35 \times 3.605 \times 0.721 = 17.78(\text{万元})\end{aligned}$$

净现值指标是投资决策评价指标中最重要的指标之一。当利用净现值进行方案评价和选择时，对单一的独立投资项目，净现值大于零的方案是可取的，当原始投资相同的多方案进行比较时，可选净现值大的方案作为最优方案。但在不同方案原始投资额不相等的情况下，衡量方案的优劣就不能单纯以净现值大小判断，否则会产生错误的决策。在这种情况下，可采用现值指数法来进行分析评价。

2）现值指数法

现值指数是指投产后按行业基准收益率或设定折现率折算的各年现金净流量的现值合计与原始投资的现值合计之比，公式为：

现值指数（PI）＝投产后各年现金净流量的现值合计÷原始投资的现值合计

【例 7－16】 由例 7－13 资料可知，投产后各年现金净流量的现值合计为：

$35\times0.797+30\times0.721+25\times0.636+15\times0.567+11\times0.507=79.237$（万元）

原始投资的现值合计为：$50+40\times0.893=85.72$（万元）

则：$PI=79.237\div85.72=0.92$

用现值指数进行方案的评价，可根据各备选投资方案的现值指数是否大于 1 来确定该方案是否可行。若现值指数大于或等于 1，则该方案可行；若现值指数小于 1，则该方案不可行。

3）内含报酬率法

内含报酬率（记作 IRR）是使投资项目的净现值等于零时的折现率，也是投资项目实际可望达到的报酬率。内含报酬率 IRR 满足下列等式：

$$\sum_{t=0}^{n}\frac{NCF_t}{(1+IRR)^t}=0$$

上式说明，在内含报酬率法中，先把净现值定为零，然后求出净现值为零时的折现率 IRR。

内含报酬率的计算分两种情况：

(1) 计算内含报酬率的特殊方法　当全部投资均于建设起点一次投入，建设期为零，投产后每年经营现金净流量相等，且期末无回收额时，经营现金净流量按普通年金形式折现，以使计算简化。

由 IRR 的定义，有：

$$\sum_{t=0}^{n}\frac{NCF_t}{(1+IRR)^t}=NCF_0+\sum_{t=1}^{n}\frac{NCF_t}{(1+IRR)^t}=0$$

式中：NCF_0 为原始投资额，设 $NCF_0=-I$。

每年经营现金净流量因为都相等，设为 NCF，则上式变为：

$$-I+NCF\times(P_A/A,IRR,n)=0$$

所以，$(P_A/A,IRR,n)=\dfrac{I}{NCF}$

内含报酬率 IRR 的计算程序是：

① 求出年金现值系数 $(P_A/A,IRR,n)$。

② 查折现率：根据年金现值系数的值与有关期数，从年金现值系数表中查出所对应的折现率。这个折现率就是内含报酬率。如在表中不能直接找到上述系数及相应的折现率，则可找出与上述系数相邻的两个系数对应的两个折现率。

③ 计算内含报酬率：根据相邻的两个折现率，采用“内插法”计算出内含报酬率。

【例 7－17】 某企业拟购置一台机器，一次性投资为 160 000 元，使用年限为 10 年，期末无残值，每年现金净流量为 40 000 元，计算内含报酬率。

解：第一步，计算年金现值系数：

$$(P_A/A, IRR, 10) = \frac{160\,000}{40\,000} = 4.000$$

第二步，根据 $n = 10$，年金现值系数 $= 4.000$，查年金现值系数表，找出与 4.000 相邻的两个系数为 4.193，3.682，分别对应的折现率为 20%，24%。

第三步，用内插法，计算 *IRR*。

$$\begin{array}{ll} \text{折现率} & \text{年金现值系数} \\ \left.\begin{array}{l} \left.\begin{array}{l} 20\% \\ IRR \end{array}\right\} x\% \\ 24\% \end{array}\right\} 4\% & \left.\begin{array}{l} \left.\begin{array}{l} 4.193 \\ 4.000 \end{array}\right\} 0.193 \\ 3.682 \end{array}\right\} 0.511 \end{array}$$

$$\frac{x}{4} = \frac{0.193}{0.511} \quad x = 1.51$$

内含报酬率 $IRR = 20\% + 1.51\% = 21.51\%$

(2) 计算内含报酬率的一般方法　若项目经营期的各年现金净流量不等，内含报酬率 *IRR* 可通过"逐次测试逼近法"来确定。计算程序是：

① 先估计一个折现率，代入有关计算净现值的公式，如果净现值 $NPV > 0$，说明该方案可达到的内含报酬率比估计的折现率要大，应稍提高估计的折现率，再次测试；如果估计的折现率正好使净现值 $NPV = 0$，则此折现率就是内含报酬率；如果估计的折现率使净现值 $NPV < 0$，则表明该方案可达到的内含报酬率比估计的折现率小，应稍降低估计的折现率再进行测试，通过逐次测试仍未找到使净现值 $NPV = 0$ 的折现率，则可采用估算的方法，找出使净现值一个为正值，一个为负值的两个相邻的折现率。

② 根据相邻的两个折现率，采用内插法就可以计算出净现值等于零时的折现率，即内含报酬率的近似值。

【例 7-18】　某投资方案每年的现金净流量是不等的，资料如表 7.4 所示计算内含报酬率。

表 7.4　某投资方案的净现值测算表　　单位：元

年份	现金净流量 NCF_t	折现率 28%		折现率 32%	
		复利现值系数 $(P/F, 28\%, t)$	NCF_t 现值	复利现值系数 $(P/F, 32\%, t)$	NCF_t 现值
0	−200 000	1	−200 000	1	−200 000
1	100 000	0.781	78 100	0.758	75 800
2	90 000	0.610	54 900	0.574	51 660
3	75 000	0.477	35 775	0.435	32 625
4	70 000	0.373	26 110	0.329	23 030
5	60 000	0.291	17 460	0.250	15 000
净现值 *NPV*			12 345		−1 885

利用内插法求内含报酬率：

$$\begin{array}{ll} \text{折现率} & \text{净现值} \\ \left.\begin{array}{l} \left.\begin{array}{l} 28\% \\ IRR \end{array}\right\} x\% \\ 32\% \end{array}\right\} 4\% & \left.\begin{array}{l} \left.\begin{array}{l} 12\,345 \\ 0 \end{array}\right\} 12345 \\ -1\,885 \end{array}\right\} 14230 \end{array}$$

$$\frac{x}{4}=\frac{12\,345}{14\,230} \quad x=3.47$$

$$IRR=28\%+3.47\%=31.47\%$$

利用内含报酬率指标对投资方案进行评价时，对于单一的独立投资项目，如果内含报酬率大于或等于行业基准收益率或设定折现率，则方案是可行的。当多个可行的方案比较优劣时，可采用差额投资内含报酬率法进行分析。

4）三种指标之间的关系

净现值 *NPV*、现值指数 *PI* 和内含报酬率 *IRR* 是长期投资决策分析中最为常用的指标，都考虑了货币的时间价值，它们之间存在着以下数量关系，即：

$$当\ NPV>0\ 时，PI>1，IRR>i_c$$
$$当\ NPV=0\ 时，PI=1，IRR=i_c$$
$$当\ NPV<0\ 时，PI<1，IRR<i_c$$

7.2.3 长期投资决策分析方法的具体应用

长期投资决策分析方法多用于设备的更新决策中。设备的更新决策一般表现为以新设备代替老设备是否合算？采用哪个更新方案较好？要回答这些问题，就要依据不同的条件，在一系列计算、分析、对比的基础上，在技术上可行的若干更新方案中，选择成本最低或收益最高的方案。

更新决策往往是对几个互斥方案进行选择，而这些方案的原始投资额和使用期限不一定相同，因此，可以采用差额内含报酬率法或年回收额法进行分析。

所谓差额内含报酬率法，是指在两个投资额不同方案的差量现金净流量 ΔNCF 的基础上，计算出差额内含报酬率 ΔIRR。在此法下，当差额内含报酬率指标大于或等于基准收益率或设定折现率时，原始投资额大的方案较优；反之，则投资少的方案为优。

年回收额法是指根据所有投资方案的年回收额的大小来选择最优方案的决策方法。某一方案年回收额等于该方案净现值与相关年回收系数的乘积。

$$\begin{aligned}该方案的年回收额 &= NPV\times(A/P_A,i_c,n)\\ &=\frac{NPV}{(P_A/A,i_c,n)}\end{aligned}$$

在此法下，在所有方案中，年回收额最大的方案为优。

【例 7-19】 某企业拟用一台新设备代替正在使用的旧设备。旧设备的账面净值为45 000元，剩余使用寿命还有 4 年，4 年后的残值为 5 000 元，年折旧额为 10 000 元，如果现在出售可得价款 32 000 元，使用该设备所生产的产品每年的营业收入为 80 000 元，经营成本为 60 000 元。新设备的买价、运费及安装费共计 128 000 元，可使用 6 年，6 年后残值为8 000元，使用新设备由于产量的增加和质量的提高，可使营业收入每年增加 20 000 元，经营成本每年降低 10 000 元。假定设备替换不会影响生产计划，行业基准收益率为 12%。企业的所得税率为 33%。问是否应更新设备？

解：(1) 先分别确定新旧设备在经营期间各年的 *NCF* 值。

更新改造时(即建设起点为第 0 年)新设备的现金流出量(投资额)NCF_0 为 $-128\,000$ 元，若继续使用旧设备，其第 0 年变现价值为 32 000 元(而不是账面净值)视为现金流出量，即 $NCF_0=-32\,000$ 元。

由于新旧设备未来的经营期分别为 6 年和 4 年，新设备的年营业收入＝80 000＋20 000＝100 000(元)，年经营成本＝60 000－10 000＝50 000(元)，年折旧额＝$\frac{128\,000-8\,000}{6}$＝20 000(元)，新设备各年的现金流量为：

新 $NCF_{1\sim5}$＝[收入－(经营成本＋折旧)]×(1－所得税率)＋折旧

＝[100 000－(50 000＋20 000)]×(1－33%)＋20 000

＝40 100(元)

$NCF_6 = 40\,100 + 8\,000 = 48\,100$(元)

与此相应，旧设备各年的现金流量为：

旧 $NCF_{1\sim3} = [80\,000-(60\,000+10\,000)]\times(1-33\%)+10\,000$

$= 16\,700$(元)

$NCF_4 = 16\,700 + 5\,000 = 21\,700$(元)

新旧设备各年的 NCF 及两者之间 ΔNCF 如表 7.5 所示

表 7.5　现金流量计算表　　单位:元

t 年	0	1—3	4	5	6
新设备 NCF_t	－128 000	40 100	40 100	40 100	48 100
旧设备 NCF_t	－32 000	16 700	21 700	0	0
ΔNCF_t	－96 000	23 400	18 400	40 100	48 100

相应的现金流量图见图 7.7～图 7.9(单位:万元)。

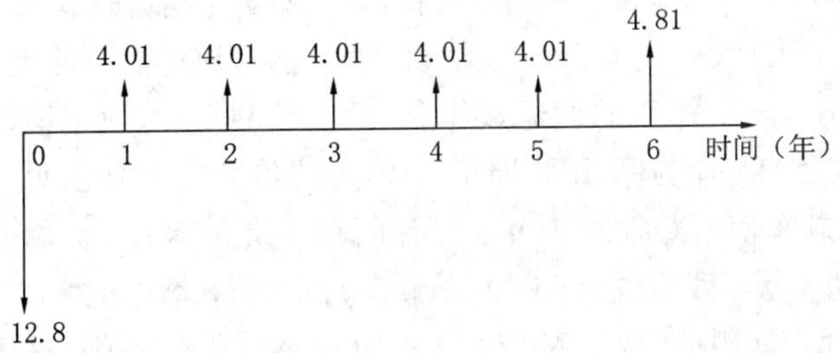

图 7.7　新设备的 NCF_t

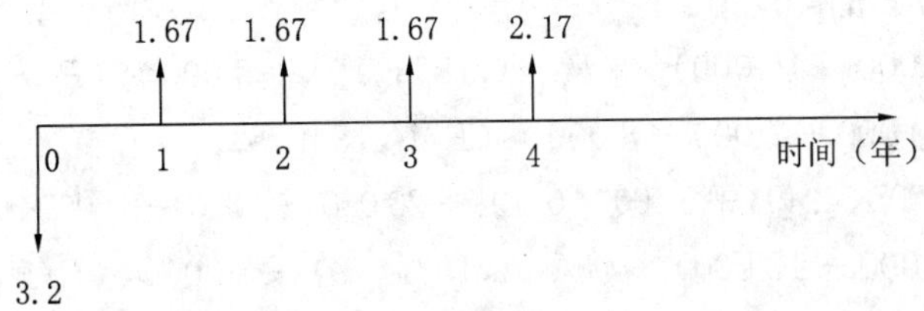

图 7.8　旧设备的 NCF_t

(2) 运用差额内含报酬率法　对新旧设备在经营期内各年 ΔNCF_t 应用逐次测试逼近法，以求 ΔIRR。

$NPV = 23\,400\times(P_A/A,i,3)+18400\times(P/F,i,4)+40\,100\times(P/F,i,5)+48\,100\times(P/F,i,6)-96\,000$

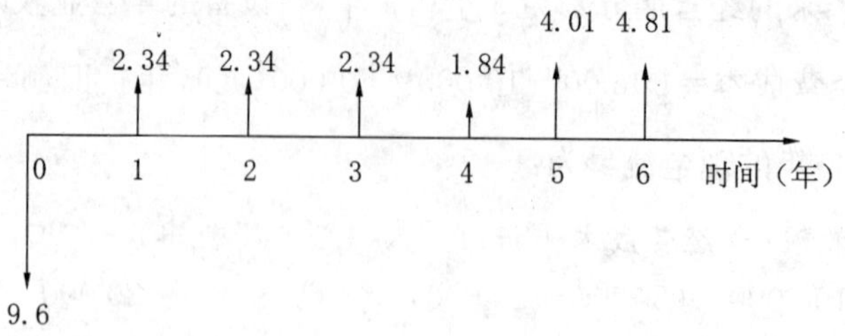

图 7.9　ΔNCF_t

设 $i = 16\%$ 时，$NPV = 5\,530$

$i = 18\%$ 时，$NPV = -320$

这说明 $16\% < \Delta IRR < 18\%$，应用内插法得：$\Delta IRR = 17.89\%$

(3) 运用年回收额法

$$\text{新设备 } NPV = 40\,100 \times (P_A/A, 12\%, 6) + 8\,000 \times (P/F, 12\%, 6) - 128\,000 = 40\,500(\text{元})$$

$$\text{旧设备 } NPV = 16\,700 \times (P_A/A, 12\%, 4) + 5\,000 \times (P/F, 12\%, 4) - 32\,000 = 20\,500(\text{元})$$

$$\text{新设备的年回收额} = \frac{40\,500}{(P_A/A, 12\%, 6)} = \frac{40\,500}{4.111} = 9\,850(\text{元})$$

$$\text{旧设备的年回收额} = \frac{20\,500}{(P_A/A, 12\%, 4)} = \frac{20\,500}{3.077} = 6\,750(\text{元})$$

比较新旧设备的年回收额得知，应该用新设备替换旧设备。

【例 7-20】　某运输公司拟将一辆旧车翻新，需立即支付翻新成本 20 000 元，并预计在第 5 年末还需大修一次，预计大修成本 8 000 元。如按时大修，该车尚可使用 10 年，10 年后预计该车有残值 5 000 元。该车每年的营运成本估计为 16 000 元，使用该车每年创造收入为 50 000 元。现该公司还有一个方案，即将旧车出售，可得价款 7 000 元，另行购置新车，需支付购入成本 40 000 元，新车使用寿命为 10 年。预计新车在第 5 年末需大修一次，预计大修成本为 2 500 元。10 年期满新车残值也为 5 000 元，新车每年的营运成本为 12 000 元，使用新车每年创造收入 70 000 元。又假定该公司的资金成本为 18%。那么该公司选用哪个方案为宜？

解：该题可通过计算两个方案的年回收额进行分析。

首先计算两个方案的净现值：

$$\begin{aligned}\text{旧 } NPV &= (50\,000 - 16\,000) \times (P_A/A, 18\%, 10) + 5\,000 \times (P/F, 18\%, 10) \\ &\quad - 20\,000 - 7\,000 - 8\,000 \times (P/F, 18\%, 5) \\ &= 34\,000 \times 4.494 + 5\,000 \times 0.191 - 20\,000 - 7\,000 - 8\,000 \times 0.437 = 123\,255(\text{元})\end{aligned}$$

$$\begin{aligned}\text{新 } NPV &= (70\,000 - 12\,000) \times (P_A/A, 18\%, 10) + 5\,000 \times (P/F, 18\%, 10) \\ &\quad - 2\,500 \times (P/F, 18\%, 5) - 40\,000 \\ &= 58\,000 \times 4.494 + 5\,000 \times 0.191 - 2\,500 \times 0.437 - 40\,000 \\ &= 220\,514.50(\text{元})\end{aligned}$$

然后计算两个方案的年回收额：

$$\text{旧车翻新方案的年回收额} = \frac{\text{旧 } NPV}{(P_A/A, 18\%, 10)} = \frac{123\,255}{4.494} = 27\,426.57(\text{元})$$

$$购置新车方案年回收额=\frac{新NPV}{(P_A/A,18\%,10)}=\frac{220\,514.50}{4.494}=49\,068.65(元)$$

经比较应选购置新车的方案。

【技能训练】

1）问题讨论

(1) 当进行互斥方案的决策时，应用净现值法应注意哪些问题？

(2) 投资回收期法计算简单，在什么情况下使用呢？

(3) 现有A、B两个投资项目，原始投资额都为40 000元，各年的净现金流量见表7.6。

表7.6 现金流量表 单位:元

年份	0	1	2	3	4
项目A	−40 000	15 000	25 000	25 000	25 000
项目B	−40 000	25 000	15 000	25 000	25 000

问：哪一个项目更好一些呢？

(4) 小王建议公司投资685 000元完成公司的自动化改造，这样会使公司在未来的10年内每年节约90 000元的成本，公司的投资报酬率是9%，这是一个好的投资项目吗？如果投资报酬率是6%，这会是一个好的投资项目吗？写出计算过程。

(5) W公司销售自动包装机，售价是500 000元，客户建议5年内每年支付145 000元，公司的投资报酬率是10%，这种付款方式W公司能接受吗？

2）案例分析

采用哪一个项目较好

普利造纸公司是一家造纸及生产纸制品的公司。该公司历史悠久，产品质量上乘，销售遍及全国。目前，由于市场对公司产品需求的增长，以及政府对环境污染治理的要求，公司正在考虑购置新设备问题。有两种方案可供选择：项目A或项目B。

项目A预计要花费200万元，安装成本20万元。新设备预计使用期限为20年，预计残值为0。项目A将取代一已使用了18年的旧设备。旧设备最初的成本为150万元，按20年计提折旧，残值为0，该设备目前的市价为20万元。使用新设备预计所带来的税前折旧前的现金净流量在1～10年内为每年43万元，在11～20年内为每年50万元。

项目B预计要花费120万元，安装成本60万元。新设备预计使用年限20年，无残值。项目B将取代一使用了16年的旧设备。旧设备最初的成本为100万元，按20年计提折旧，残值为0，目前可按30万元出售。使用新设备预计所带来的税前折旧前的现金流量在1～20年内为每年30万元。

公司要求的收益率为10%，所得税率为30%。公司对所有设备均按直线法计提折旧。

要求：

(1) 计算每一项目的初始现金净流量和经营现金净流量。

(2) 计算每一项目的回收期和净现值。

(3) 应采用哪一项目？为什么？

津联公司的项目评估会议

日前，津联橡胶化工公司正在召开会议，为下一年的资本预算做计划。近年来，市场对该公司的大部分产品的需求特别多，整个行业正经历着生产能力不足的情况。在过去的两年里，生产稳步上升，由于需求量较大，价格已有所上升。

会议的参加者有公司董事长高祥、财务总监李平以及四个部门的负责人等。大家从财务的角度和市场的角度来对资本支出的需要进行考虑。

经过一番讨论，根据公司的整体目标和长远发展规划，大家把主要提案集中在四个项目上，每个部门一个项目，然后对每一提案进行评估分析。董事长让财务总监李平主要从财务的角度对这四个项目进行分析。

李平对四个项目认真地进行了如下分析：

项目 A：化学部门，生产设施扩建；

项目 B：轮胎部门，增加一条生产线；

项目 C：额外的仓储空间，来满足国际市场的需求；

项目 D：将目前负责开票、应收应付款管理的计算机系统更新。

以下是这四个项目的一些预计情况：

表 7.7　四个项目基本资料

项　目	投资(万元)	年限	税前折旧前利润(万元)
A	500	1～10	130
B	400	1～10	100
C	200	1～8	60
D	100	1	30
		2	40
		3	70
		4	50
		5	30

表 7.7 列出每个项目的投资额和税前折旧前的利润，预计期末无残值，在预计使用年限内使用直线法计提折旧。

根据预测的下一年的现金流量表，可从内部融资 700 万元，而目前从外部融资的成本过高，因此公司目前不予考虑。公司的资本成本为 10%，公司所得税率为 30%。

李平感到每一个项目对公司的发展而言都是有益的。化学部由于生产设施不足正面临着失去销售额的状况。轮胎产品越来越受欢迎，公司正试图保持公司的市场份额。国外市场对公司是极为重要的，额外的仓库能够使经营的效率更高。计算机系统的更新能够提高效率，降低人力成本。

要求：

(1) 计算每个项目的 *NPV* 和 *IRR*。

(2) 对这四个项目进行排序，如果有资本限额，应进行哪些项目投资？

(3) 采用 NPV 和 IRR，排序是否会一致？

(4) 进行决策时，是否要考虑其他因素？

案例分析指导：

(1) 计算每个项目的 NPV 和 IRR

项目 A 年折旧费 $= 5\,000\,000 \div 10 = 500\,000$(元)

项目 B 年折旧费 $= 4\,000\,000 \div 10 = 400\,000$(元)

项目 C 年折旧费 $= 2\,000\,000 \div 8 = 250\,000$(元)

项目 D 年折旧费 $= 1\,000\,000 \div 5 = 200\,000$(元)

表 7.8 营业净现金流量计算表 单位：元

项 目	A	B	C
税前折旧前利润	1 300 000	1 000 000	600 000
折旧费	500 000	400 000	250 000
税前利润	800 000	600 000	350 000
所得税	240 000	180 000	105 000
净利润	560 000	420 000	245 000
加：折旧费	500 000	400 000	250 000
营业净现金流量	1 060 000	820 000	495 000

NPV 计算：

$NPV_A = -5\,000\,000 + 1\,060\,000 \times 6.144\,6 = 1\,513\,276$(元)

$NPV_B = -4\,000\,000 + 820\,000 \times 6.144\,6 = 1\,038\,572$(元)

$NPV_C = -2\,000\,000 + 495\,000 \times 5.334\,9 = 640\,775.5$(元)

IRR 计算：

项目 A 年金现值系数 $= 5\,000\,000 \div 1\,060\,000 = 4.717\,0$

查年金现值系数表，找出两个相邻系数 4.833 2 和 4.494 1，对应折现率为 16% 和 18%，采用内插法计算：

$$
\begin{aligned}
IRR_A &= 16\% + (18\% - 16\%) \times (4.833\,2 - 4.717\,0)/(4.833\,2 - 4.494\,1) \\
&= 17.3\%
\end{aligned}
$$

项目 B 年金现值系数 $= 4\,000\,000 \div 820\,000 = 4.878\,0$

查年金现值系数表，找出两个相邻系数 5.018 8 和 4.833 2，对应折现率为 15% 和 16%，采用内插法计算：

$$
\begin{aligned}
IRR_B &= 15\% + (16\% - 15\%) \times (5.018\,8 - 4.878\,0)/(5.018\,8 - 4.833\,2) \\
&= 15.8\%
\end{aligned}
$$

项目 C 年金现值系数 $= 2\,000\,000 \div 495\,000 = 4.040\,4$

查年金现值系数表，找出两个相邻系数 4.0776 和 3.8372，对应折现率为 18% 和 20%，采用内插法计算：

$$IRR_C = 18\% + (20\% - 18\%) \times (4.0776 - 4.0404)/(4.0776 - 3.8372) = 18.3\%$$

表 7.9 项目 D 的计算表 单位:元

年限	1	2	3	4	5
税前折旧前利润	300 000	400 000	700 000	500 000	300 000
折旧费	200 000	200 000	200 000	200 000	200 000
税前利润	100 000	200 000	500 000	300 000	100 000
所得税	30 000	60 000	150 000	90 000	30 000
净利润	70 000	140 000	350 000	210 000	70 000
加:折旧费	200 000	200 000	200 000	200 000	200 000
营业净现金流量	270 000	340 000	550 000	410 000	270 000
复利现值系数	0.909 1	0.826 4	0.751 3	0.683 0	0.620 9

$$NPV_D = -1\,000\,000 + 270\,000 \times 0.9091 + 340\,000 \times 0.8264 + 550\,000 \times 0.7513 + 410\,000 \times 0.6830 + 270\,000 \times 0.6209 = 387\,321(\text{元})$$

采用逐步测试法计算项目 D 的 IRR,得:

$$IRR_D = 19.7\%$$

(2) 当资本限制为 700 万元时,按项目内含报酬率大小排序

表 7.10 内含报酬率排序

项目	投资额(万元)	内含报酬率	净现值(元)
D	100	19.7%	387 321
C	200	18.3%	640 776
A	500	17.3%	1 513 276
B	400	15.8%	1 038 572

可见,当资本限制为 700 万元时,应投资 C 和 A 两个项目,从而使企业的净现值最大。

(3) 采用 NPV 和 IRR,排序不一致,因为 IRR 方法假设现金按照 IRR 进行再投资,而 NPV 方法假设现金流量按折现率再投资。

(4) 企业应考虑项目的风险大小、不确定性的不同程度以及现金流量预测是否准确。企业还要考虑替代产品的出现可能对该公司产生的影响,并应考虑目前资金的使用可能会限制企业近几年对新的更有吸引力的项目的投资。

小刘算的对吗

宏达公司计划购买一台数控机床,用于开发甲产品。预计数控机床购入后可立即投产。经预测,该数控机床投资总额 850 万元,在第一年年初一次投入,寿命期为 8 年,终结时有净残值 50 万元,用直线法计提折旧。所需垫支的营运资金 60 万元,需要在第一年年初一次投入。

预计该项目投产后所生产的甲产品，年销售量与产量相同，均为 2 000 台。其单价为 2 万元，单位成本为 1.2 万元。所得税率为 33%。在进行该方案论证时，公司领导想知道该项目各年的净现金流量是多少，以便对方案的可行性进行分析，于是找来了会计科小刘，让他提供一张此方案的预计各年净现金流量表。小刘在大学里是学金融专业的，不过曾经辅修过管理会计的课程。第二天小刘把计算的各年净现金流量表交来了，并附上了相关的计算过程。

表 7.11　各年净现金流量　　单位:万元

年　份	0	1	2	3	4	5	6	7	8
固定资产投资	−850								
营运资金垫支	−60								
营业净现金流量		1 172	1 172	1 172	1 172	1 172	1 172	1 172	1 172
固定资产净残值									50
营运资金收回									60
各期净现金流量合计	−910	1 172	1 172	1 172	1 172	1 172	1 172	1 172	1 282

计算过程为：

(1) 初始投资净现金流量的计算

初始投资净现金流量包括两项内容：一是固定资产投资 850 万元，另一项是垫支的流动资金 60 万元。两项合计为 910 万元。

(2) 营业净现金流量的计算

项目投产后各年营业净现金流量相同，计算过程如下：

年折旧额 (850 − 50)/8 = 100(万元)

年销售收入 = 2 × 2 000 = 4 000(万元)

年销售成本 = 1.2 × 2 000 = 2 400(万元)

年税前利润 = 销售收入 − 销售成本 = 4 000 − 2 400 = 1 600(万元)

所得税 = 1 600 × 33% = 528(万元)

税后净利 = 1 600 − 528 = 1 072(万元)

营业净现金流量 = 税后净利 + 折旧 = 1 072 + 100 = 1 172(万元)

(3) 终结净现金流量的计算

终结净现金流量包括固定资产清理净残值和最初垫支的营运资金的收回，它们分别为 50 万元和 60 万元。两项之和为 110 万元。

(4) 各年净现金流量的汇总

将上述计算结果汇总于表 7.11，得到该投资项目各年净现金流量。

讨论：

(1) 如果你是该公司的领导，能否评价小刘计算结果的正确性？

(2) 如何根据净现金流量来计算方案的净现值呢？

【拓展阅读与训练】

运用 Excel 计算内含报酬率和净现值

利用例 7-13 的资料运用 Excel 计算内含报酬率和净现值。已知各年的现金净流量如

表 7.12 所示。

表 7.12　各年现金净流量

年份 t	0	1	2	3	4	5	6
NCF	−50	−40	35	30	25	15	11

要求:(1) 计算内含报酬率;(2) 计算折现率为 12%时的净现值。

(1) 通过 Excel 计算内含报酬率的步骤如下:

① 将各年现金净流量输入到 Excel 电子表格中,如分别输入到 A1 至 A7 的单元格中,然后选中 B1 单元格,用于存放计算结果,有关结果如图 7.10 所示。

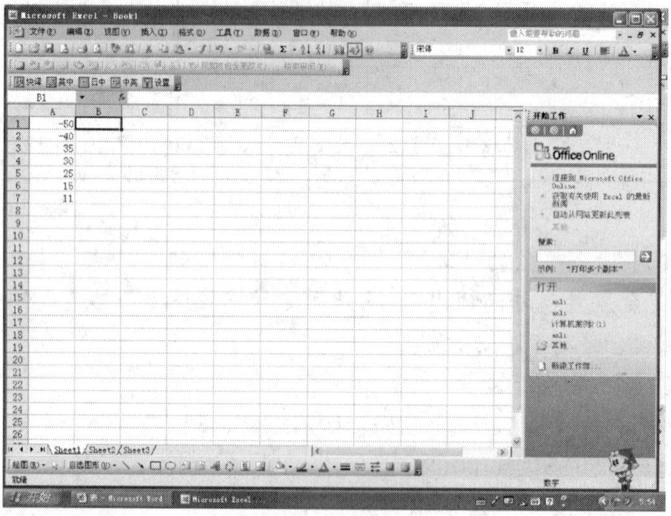

图 7.10　输入数据

② 点击标有“fx”工具按钮(粘贴函数按钮),打开“粘贴函数”对话框。

③ 在“粘贴函数”对话框的上侧窗口中选中“财务”,在下侧窗口中选择“IRR”,如图7.11所示。

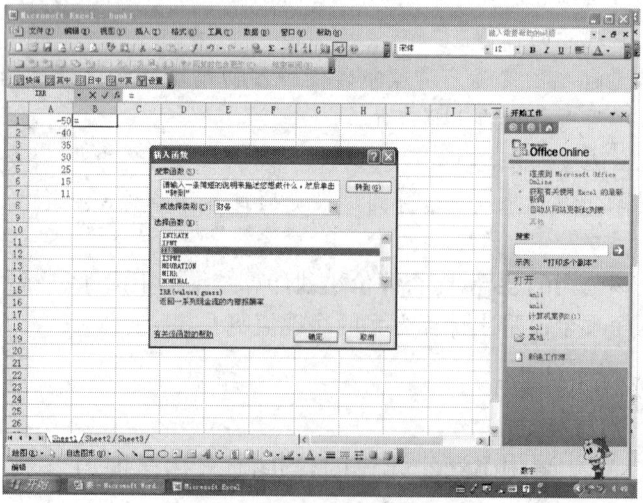

图 7.11　“粘贴函数”对话框

④ 点击“确定”后，弹出“IRR 参数”对话框，在此对话框中，将各年现金净流量所在单元格的位置输入到“Values”中，本例输入“A1:A7”，而“Guess”框用于输入初始值，通常保持空白即可(系统默认为 10%)，如图 7.12 所示。

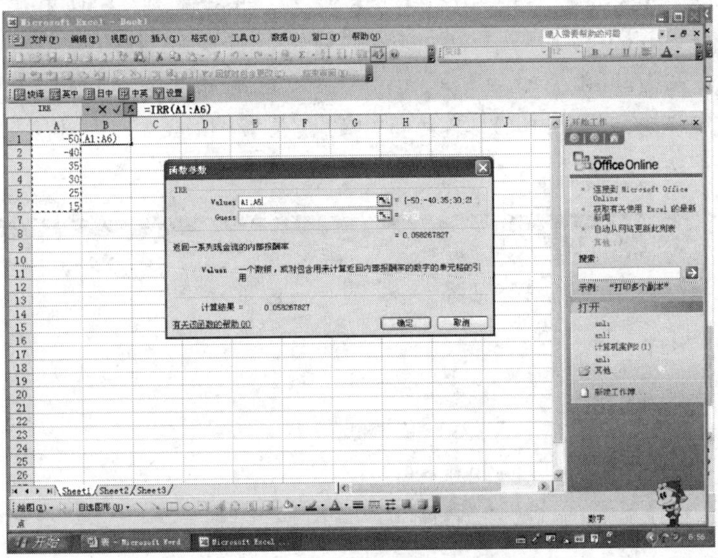

图 7.12 “IRR 参数”对话框

⑤ 点击“确定”后，就会在电子表格中用于存放计算结果的单元格中出现计算结果，如图 7.13 所示。计算结果显示为 6%。

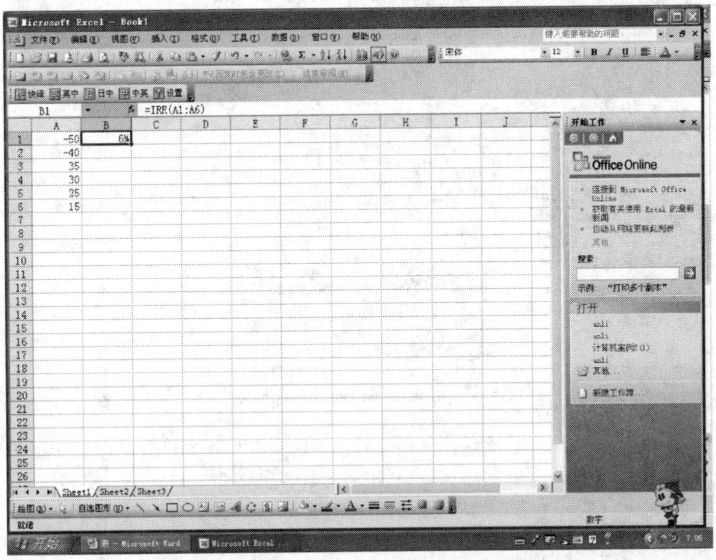

图 7.13 显示内含报酬率计算结果

(2) 计算净现值 对净现值的求法，与内含报酬率的做法相类似，但有些区别。即先计算 1～6 年各年末现金净流量的现值合计，然后与第 0 年末的现金净流量相加才是净现值 *NPV*。步骤为：

① 将 1～6 年的现金净流量值输入到电子表格 A1～A6 中，将第 0 年末的现金净流量

值放入 B1 中。在 B2 中输入公式"=B1+C1"回车,B2 中的值将表示本问题的净现值,然后把光标指向 C1(C1 格中将存放 1~6 年的各年现金净流量的现值合计,在 Excel 功能中表示为 NPV),如图 7.14 所示。

② 点击函数"fx",出现"插入函数"对话框,在"选择类别"窗口中选"财务",在"选择函数"窗口中选"NPV",见图 7.15。点击"确定",出现"函数参数"对话框,在 Rate 窗口中输入 12%,在 Value1 窗口中输入"A1:A6"(用鼠标刷选 A1 至 A6 单元格即可),见图 7.16。点击"确定"按钮,B2 单元格中的数值"-6.4868"即为要求的净现值,见图 7.17。

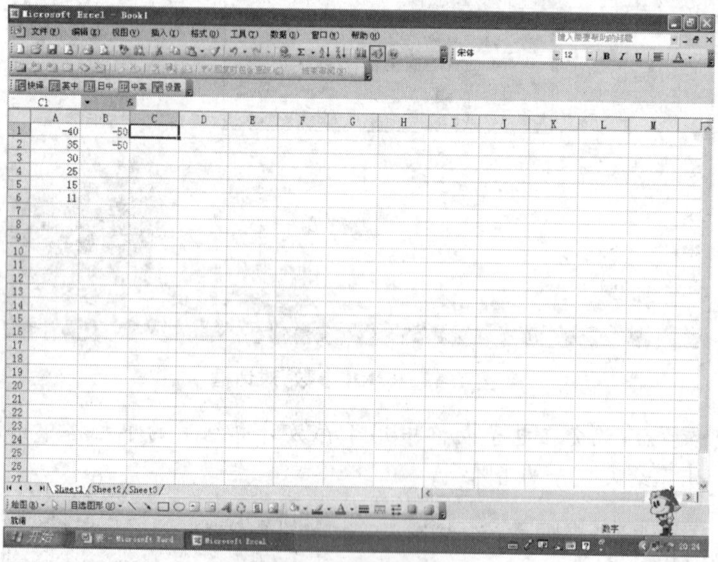

图 7.14　输入相关变量

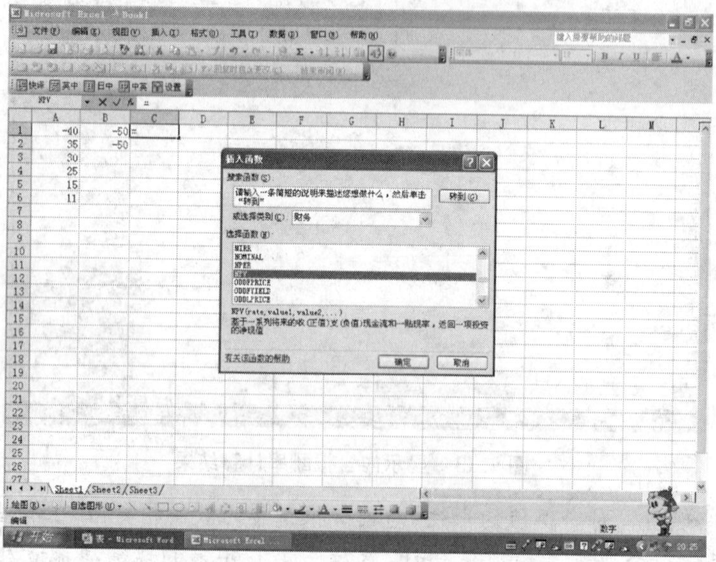

图 7.15　选择"NPV"

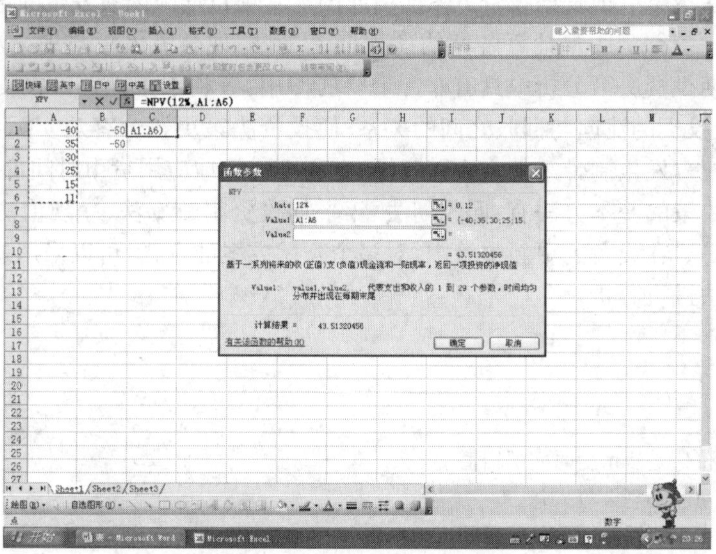

图 7.16 “函数参数”对话框

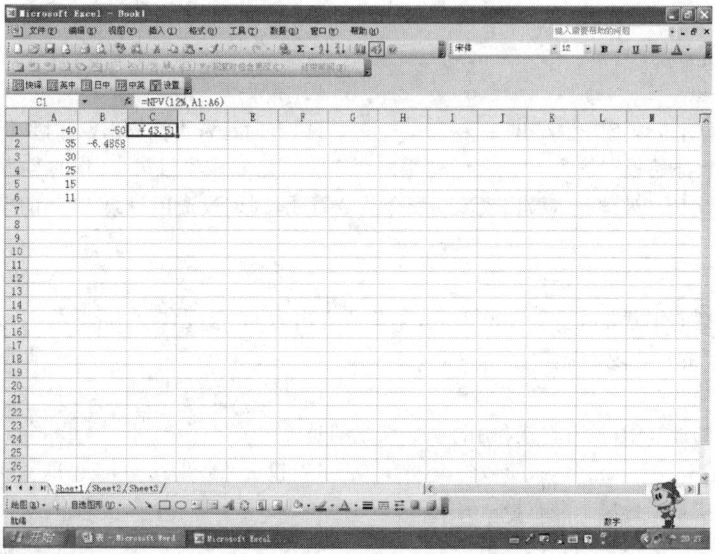

图 7.17 显示净现值合计

【本模块要点归纳】

长期投资是指企业为长远经营需要,并使其在较长时间内获取收益的资金投放活动。与长期投资有关的支出称为资本支出。

长期投资决策是指与长期投资项目有关的决策制定过程,在长期投资决策分析中必须考虑的基本因素包括货币的时间价值、资本成本、现金流量、投资风险等。

货币的时间价值是指由于投资而放弃现在使用货币的机会而得到的按放弃时间长短计算的报酬。货币时间价值通常按照复利计算,内容包括复利终值和复利现值、年金终值和年金现值等。

现金流量是指由一项长期投资方案而引起的在其项目期限内所发生的各项现金流入量和现金流出量的统称。通常计算各期的净现金流量，即现金流入量与现金流出量的差额。现金流量在长期投资决策分析中具有非常重要的作用：有利于正确评价投资项目的经济效益；可序时反映投资的流向与回收之间的关系；使投资决策更符合客观实际情况；可避免计算利润时采用权责发生制带来的主观随意性；有利于科学地应用货币时间价值。

长期投资决策的基本方法有：回收期法、年平均投资报酬率法、净现值法、现值指数法、内含报酬率法等。在设备的更新决策中，对多个互斥方案的选择，可以采用差额内含报酬率法或年回收额法进行分析。

【综合测试】

一、判断对错

1. 货币时间价值是货币随时间的增值。 （ ）

2. 现金净流量就是现金流入量。 （ ）

3. 内含报酬率是货币时间价值为零的折现率。 （ ）

4. 固定资产的投资回收期较长，则固定资产投资的变现能力较差。 （ ）

5 净利润的计算比现金流量的计算有更大的主观随意性，作为决策的主要工具不太可靠。 （ ）

二、单项选择

1. 长期投资是（ ）。

A. 资本性支出 B. 货币性支出

C. 资本性支出，也是货币性支出 D. 有时是资本性支出，有时是货币性支出

2. 某投资项目原始投资额为 100 万元，使用寿命 10 年，已知该项目第 10 年的经营净现金流量为 25 万元，期满处置固定资产残值收入及回收流动资金共 8 万元，则该投资项目第 10 年的净现金流量为（ ）万元。

A. 8 B. 25 C. 33 D. 43

3. 某投资方案的年营业收入为 100 万元，年营业支出为 60 万元，其中折旧为 10 万元，所得税率为 40%。该方案每年的营业现金流量为（ ）。

A. 40 万元 B. 50 万元 C. 34 万元 D. 26 万元

4. 下列指标的计算中，没有直接利用净现金流量的是（ ）。

A. 内部收益率 B. 投资收益率 C. 投资回收期 D. 获利指数

5. 下列投资决策指标属于静态指标的是（ ）。

A. 投资收益率 B. 净现值 C. 获利指数 D. 内部收益率

6. 通常按照（ ），可将投资决策评价指标分为静态评价指标和动态评价指标。

A. 重要性 B. 性质

C. 数量特征 D. 是否考虑资金时间价值

7. 某企业欲购进一套新设备，要支付 400 万元，该设备的使用寿命为 4 年，无残值，采用直线法提取折旧，预计每年可产生税前现金流量 140 万元，如果所得税率为 40%，则静态投资回收期为（ ）年。

A. 4.5 B. 2.9 C. 2.2 D. 3.2

8. 当贴现率与内部收益率相等时（ ）。

A. 净现值小于零 B. 净现值等于零 C. 净现值大于零 D. 净现值不一定

9. 某投资方案贴现率为 18%时，净现值为－3.17，贴现率为 16%时，净现值为 6.12，则该方案的内部收益率为（ ）。

A. 14.68% B. 16.68% C. 17.32% D. 18.32%

10. 下列说法不正确的是（ ）。

A. 当净现值大于零时,获利指数小于 1

B. 当净现值大于零时,说明该方案可行

C. 当净现值为零时,说明此时的贴现率为内部收益率

D. 净现值是未来报酬的总现值与初始投资额现值之差

三、多项选择

1. 项目投资具有的特点为(　　)。

A. 影响时间长　　B. 投资数额多　　C. 不经常发生　　D. 变现能力差

2. 投资项目的现金流入量的内容主要包括(　　)。

A. 营业收入　　B. 回收固定资产残余值

C. 回收流动资金　　D. 固定资产折旧额

3. 影响项目内部收益率的因素包括(　　)。

A. 投资项目的有效年限　　B. 投资项目的现金流量

C. 企业要求的最低报酬率　　D. 银行贷款利率

4. 投资决策指标的净现值法的优点有(　　)。

A. 可从动态的角度直接反映投资项目的实际收益率水平

B. 考虑了投资风险性

C. 考虑了资金时间价值

D. 体现了流动性与收益性的统一

5. 有两个投资方案,投资的时间和数额相同,甲乙方案从现在开始每年现金流入 4 000 元,连续 6 年;乙方案从现在开始每年现金流入 6 000 元,连续 4 年,假设他们的净现值相等且小于零,则(　　)。

A. 甲方案可行,乙方案不可行　　B. 甲乙均是可行方案

C. 甲乙均不是可行方案　　D. 甲乙在经济上是等效的

6. 在进行投资项目评价时,确定折现率的方法主要有(　　)。

A. 以资金成本率作为折现率　　B. 以内部收益率作为折现率

C. 以机会成本率作为折现率　　D. 以行业平均收益率作为项目折现率

四、计算分析

1. 某企业准备添置一台设备,需要资金 348 000 元。现从未分配利润中提出 125 000 元存入银行。若银行存款的年复利率为 12%,计算该企业需要将 125 000 元存入银行多少年,才能使其本利和足够支付上述设备的价款?

2. 某企业准备提出 60 000 元进行投资,希望在 8 年后能够得到 150 000 元用来更换原有设备,计算该企业所预期的投资报酬率应为多少才能保证 8 年后更新旧设备?

3. 某企业连续 3 年于每年末向银行借款 2 000 万元,对原有企业进行改建和扩建,银行借款的年利率为 12%,假设该项改扩建的工程于第 4 年初建成投产。

(1) 计算该项工程的总投资额。

(2) 若该企业在工程建成投产后分 7 年等额归还全部贷款的本息,每年末应归还多少?

(3) 若该企业在工程建成投产后,每年可获净利 1 800 万元,全部用来偿还银行的全部贷款本息,那么需要多少年可以还清?

4. 某公司购置设备一台,价值 50 000 元,预计该设备可使用 5 年,无残值,每年可生产产品 100 000 件。该产品的单价为 11 元,变动成本为 7.5 元,固定成本为 10 000 元。

(1) 计算该设备的投资回收期及年平均投资报酬率。

(2) 计算该设备的年现金净流量、净现值、内含报酬率。

5. 假定黄河机械厂明年准备添置一台数控机床,购入成本为 167 万元,安装成本 1 万元,投资发生在建设起点,为一次性投资,预计可使用 12 年,按直线法计提折旧,期满残值为 18 000 元,使用该机床后,每年可给该厂增加税后净利 146 800 元,若行业基准收益率为 14%,计算年平均投资报酬率、净现值、内含报

酬率。

6. 某公司准备在计划年度添置一套机组，固定资产投资需价款 42 万元，预计可使用 10 年，期满时有残值 2 万元。使用该项机组可使公司每年增加销售收入 30 万元，折旧按直线法计提，折旧以外每年增加的付现营运成本为 16 万元，所得税率为 33%，资金成本为 12%。计算该投资方案的投资回收期、净现值、内含报酬率。

7. 某炼油厂有一套生产设备需 5 年建成，每年末投资 454 000 元，资金成本为 10%，该生产设备建成投产后，每年末可获得税后净利 180 000 元，每年计提折旧 277 167 元，又假定该生产设备使用期限为 10 年，期满无残值。试计算投资回收期、净现值、现值指数。

8. 某企业考虑购置一台新设备替换旧设备，以降低其生产成本，旧设备原值 97 000 元，账面净值 57 000元，每年折旧额 10 000 元，估计还可用 5 年，5 年后残值 7 000 元，若现在变卖可获 40 000 元(使用该设备所生产产品每年营业收入为 100 000 元，经营成本为 70 000 元)。新设备买价、运费及安装费共 130 000 元，可用 6 年，报废时残值为 10 000 元，无清理费。年折旧额为 20 000 元。使用新设备不会增加收入，但可使每年经营成本降低 28 000 元(新设备每年经营成本 42 000 元)。设备替换不会影响生产计划，所得税率为 33%，设资金成本为 10%，要求用差额内含报酬率法和年回收额法做出决策。

五、复习思考

1. 什么是现金流量？什么是现金净流量？
2. 什么是货币的时间价值？什么是年金？年金的终值和现值是如何计算的？
3. 评价长期投资决策的指标有哪些？简单说明各指标的意义。
4. 什么是投资回收期？在经营期间的现金净流量相等或不等时，投资回收期是怎样计算的？
5. 净现值、内含报酬率、现值指数三者之间的关系如何？

模块 8　全面预算

【知识目标】

掌握业务预算、专项决策预算和财务预算的编制方法；熟悉零基预算、弹性预算的编制；理解全面预算的含义和作用；了解全面预算体系的构成内容。

【技能目标】

根据所给资料能独立编制业务预算，会运用弹性预算、零基预算与滚动预算编制方法为企业提高预算的实效性服务，增强对企业各项成本费用的控制。

【引导案例】

全面预算管理是实现企业目标的重要工具

过去 DL 公司在计划管理上存在严重的缺陷。每年初，公司领导都提出一个令人欢欣鼓舞的奋斗目标，并召开公司全体员工大会，进行动员，声称要保证在新的一年实现利润××万。可到了年底利润目标往往兑现不了。这样年复一年，公司的财务状况不仅得不到好转，员工对领导的信任度也越来越低，员工的工作积极性也越来越小了。2000 年开始，DL 公司实行了全面的预算管理，以利润目标为中心，以销售为起点，对企业全部经济活动的各个方面编制了一整套以数据说明的详细的计划，即全面预算。对销售、生产、原材料供应、人工成本、制造费用、销售费用及管理费用、经营成果、财务状况等方面预先提出了目标要求。企业上下目标明确并达成共识，在实施预算时，又加强对预算的控制，确保预算执行的严肃性。这样年初提出的利润目标，得到了很好的实现。公司领导深深体会到了预算对企业管理的意义：预算有利于计划的实施和控制；预算编制是协调和沟通的工具；预算提供了控制的依据；预算是合理配置经济资源的基础。

请问：你认为什么是预算？它与计划有何不同？

项目 1　认知全面预算

【相关知识】

8.1.1　全面预算的含义及作用

1）全面预算的含义

全面预算是指在预测和决策的基础上，按照企业既定的经营目标和程序，规划与反映企业未来的销售、生产、成本、现金收支等各方面活动，以便对企业特定计划期间内全部生产经营活动有效地作出具体组织和协调，最终以货币为主要计量单位，通过一系列预计的财务报表及附表展示其资源配置情况的有关企业总体计划的数量说明。

2）全面预算的作用

全面预算是企业各级各部门工作的奋斗目标、协调工具、控制标准和考评依据，在经营管理中发挥着重大作用。其主要作用包括以下几个方面：

（1）明确奋斗目标　预算为企业整体和各级各部门制定了明确的目标和任务，使各级各部门的管理层明确各自在业务量、成本、收入等方面应该达到的水平。全面预算是企业达到其总体目标的工具之一。

（2）协调各职能部门的工作　构成总预算的所有分支预算必须相互配合协调，只有这样，才能保证实现总预算目标。全面预算把企业内部各职能部门的各项工作，产、供、销各环节的经济活动严密地组织起来，使各职能部门的配合协调起来，以实现企业的总体目标。

（3）控制日常经营活动　全面预算一经确定并付诸实施，各级各部门的管理层就可以通过计量、对比实际业绩与预算业绩，发现差异和分析原因，并采取必要的措施控制经营活动以完成预算目标。

（4）考评业绩的标准　预算是一种“以货币量表达的计划”。它可以反映在多大的程度上已经完成了或未完成计划，因而可以作为评价各级各部门的工作业绩的标准，同时也是进一步分析脱离预算、造成差异的原因及其效益的标准。

此外，全面预算也是一种沟通的语言和激励各级各部门完成预算的动力。编制和执行全面预算过程是各级各部门充分发表和交换各自的看法、协调工作的过程。同时，全面预算是企业最高管理层对预算期内各级各部门的经营业绩的期望。

8.1.2　全面预算的体系和内容

1）全面预算体系

全面预算体系是指以本企业的经营目标为出发点，通过对市场需求的调查研究和预测，以销售预算为基础，根据“以销定产”的原则，进一步扩展到生产、成本和资金收支等方面的预算，直至编制预计财务报表的一种预算体系。该体系的特点是：预算的每一部分、每一项指标均应服从于企业经营决策所确定的整体目标，并且以销售预算为编制基础。这样既可保证目标利润的实现，又可避免不必要的损失，从而提高企业在预算期内的经济效益。一个完整的全面预算体系如图 8.1 所示。

从图 8.1 可见，全面预算体系包括以下几个部分：

① 销售预算；

② 生产预算；

③ 直接材料预算；

④ 直接人工预算；

⑤ 制造费用预算；

⑥ 单位产品成本和期末存货预算；

⑦ 销售和管理费用预算；

⑧ 现金预算；

⑨ 其他现金收支预算；

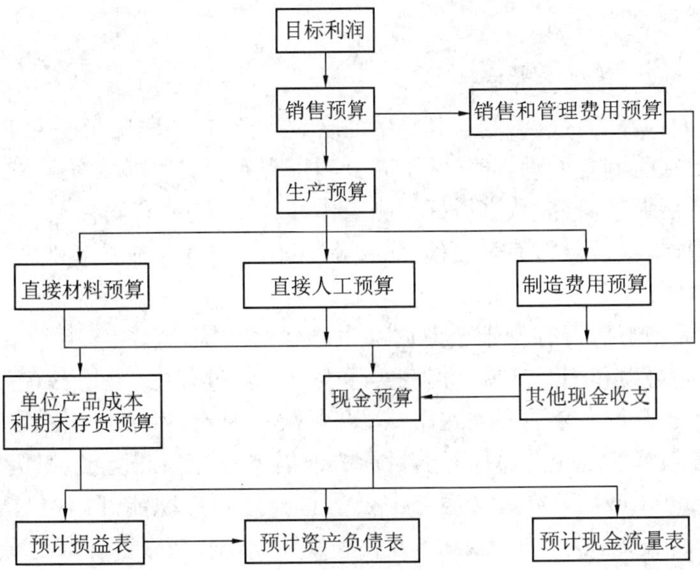

图 8.1　全面预算体系图

⑩ 预计损益表；

⑪ 预计资产负债表；

⑫ 预计现金流量表。

一般①～⑦属于业务预算类。这类预算是反映企业在预算期间日常发生的各种具有实质性的基本活动的预算。⑧～⑫则属于财务预算类。这类预算是企业在预算期内反映有关现金收支、经营成果和财务状况的预算。业务预算绝大部分最终可折成金额在财务预算中反映。因此，财务预算就成为各项经营业务的整体计划，故亦称总体预算，而各种业务预算则称为分预算。

在以销定产的经营方针下，全面预算体系中的销售预算起着主导性作用，它直接决定着预算期内的生产预算、费用预算、现金收入预算和预计财务报表中的有关金额。而生产预算则直接关系到直接材料、直接人工和制造费用以及现金支出预算的有关金额。由于预计财务报表需得到其他预算所提供的数据后才可编制，因此是体系中最后完成的预算。

2）全面预算的内容

全面预算是由一整套预计的生产经营业务活动预算和预计的财务报表和其他附表组成，具体内容包括业务预算、专项决策预算和财务预算。

（1）业务预算　业务预算是指预算期内日常发生的各种经营活动的预算，主要包括销售预算、生产预算、直接材料采购预算、直接人工预算、制造费用预算、单位生产成本预算、推销及管理费用预算等。

（2）专项决策预算　专项决策预算又称资本预算，是指根据经过审核批准的各个长期投资决策项目所编制的预算，其中包含该项目在其经济寿命内各年度的现金流出量和现金流入量的明细资料。

（3）财务预算　财务预算是指预算期内有关现金收支、经营成果、财务状况的预算，主要包括现金收支预算表、预计收益表、预计资产负债表、发放股利预算、交纳所得税预算等。

8.1.3 编制全面预算的原则

1) 加强调查研究,广泛占有资料

生产经营全面预算的正确编制及其日后的有效执行,首先取决于能否获得全面、有用的数据资料。为此,在编制全面预算时,除了充分利用现有会计核算和统计核算资料外,还应深入实际,大力开展调查研究,认真做好预测工作,以便广泛占有同未来一定期间的生产经营活动有关的各种情报、资料,使全面预算的编制工作建立在可靠的基础之上。

2) 健全组织机构,完善规章制度

全面预算的编制与执行有赖于企业内部生产、财会、统计、供销、行政管理等各个职能(业务)部门的共同努力和相互支持。但在实际生产经营过程中,上述各有关部门之间又是相互制约的,彼此还有许多矛盾和问题需要妥善解决。因此,为保证全面预算的科学编制和正确执行,必须在最终实现企业总体经营目标的前提下,建立和健全组织机构,成立预算委员会(Budget Committee),该委员会通常由公司总经理和各职能部门(包括销售、生产、采购、财务)的负责人以及总会计师等组成,并在其领导下,制定、完善规章制度,领导和协调各职能部门的预算编制工作,促进各项生产经营活动的正常开展和全面预算的顺利执行。

3) 符合企业实际,适当留有余地

全面预算既要反映企业未来一定期间经营活动的特定目标、要求,又要从企业现有的人力、物力和财力出发,充分考虑客观环境和经济资源的最大可能。任何背离企业经营目标,超越现实物质条件的预算都是难以实现的,其执行的结果,都将从不同的侧面给企业带来不良影响。同时,由于预算是各部门、各层次在未来一定期间的行动指南,而未来又必然存在着某些不确定的因素,它们的发展变化是难以预算和计量的。因此,在编制全面预算时,必须使各项预算指标具有一定的伸缩性,从而给未来的生产经营活动赋予必要的灵活性和应变力,保证各项计划任务的圆满完成。

8.1.4 编制全面预算的程序

企业预算的编制方法有两种:一是派定预算,即由企业最高管理层制定目标,作为指令下达的方法编制预算。二是自编预算,即由基层管理人员自行编制后送上级审查,经反复研究、协商、平衡后,再逐级加以汇总,最后交最高管理层审核批准的方法编制预算。

一般来说,由于基层管理人员参与预算编制,自编预算比较切合实际,能得到他们的支持,也容易提高他们完成预算目标的积极性。

企业编制全面预算的程序一般包括以下几个步骤:

1) 明确企业的经营目标

最高管理层根据企业的长期规划,提出企业一定时期的总目标,并下达规划指标。

2) 各部门编制分项预算

基层管理人员先自编较为可靠、符合实际的预算,各部门再汇总并协调基层预算,编制本部门预算。

3) 企业预算部门编制总预算

企业预算部门对各分项预算进行分析、审查、平衡后,汇总编制总预算。

4) 企业最高决策层审核、批准总预算

企业总预算经企业最高决策层审查、批准或退回修改后再批准,最后由企业预算部门下达给各部门执行。

【技能训练】

1）问题讨论

（1）为什么企业的预算既要关注现金又要关注利润？

（2）有人说："对任何一个组织，员工共同参与预算的编制有利也有弊。"请对此观点作出评述。

（3）请讨论预算在经营中的作用是什么？

2）案例分析

中国移动通信集团浙江有限公司的预算治理

中国移动通信集团浙江有限公司（以下简称浙江移动）负责人认为，全面预算是一项涵盖企业的投资、经营和财务等所能涉及的所有方面的科学控制行为，具有"全面、全额、全员"的特征，它必须围绕市场中心渗透到企业治理的所有方面，以成本效益为核心统揽企业的全局。运营支出预算是全面预算工作的重点。浙江移动按照总量控制、切块安排、重点突出的原则，通过分析业务利润变化率趋势和客户积分计划的实施，适当调整营销费用及相关财务指标的预算，保证合理的用户保留成本和新增用户的发展成本，把资源重点配置到有利于公司增加收入的项目上来，做到了原则性与灵活性的统一。浙江移动负责人强调，全面预算要从三项治理上下工夫。一要加强工程项目治理，把好三个关：立项审核关、投资预算控制关、项目验收关；二要加强物资资产治理，建立统一的库存物资治理体系，完成固定资产清账和处理工作，落实固定资产治理责任；三要加强欠费治理。在此基础上，通过 MIS 系统预算控制治理功能，实现预算工作的"系统化、扁平化、信息化、精细化。

通过推行全面预算治理，推动市场、网络、投资、财务等治理流程的变革，浙江移动果断地从经验型治理的模式中跳出来。用数字分析说话、用数字分析决策、以服务市场为中心、以创造更大价值为目的，现已经成为浙江移动员工自觉自愿的行为。

要求：

结合以上案例，对一个企业或事业单位的预算工作做一个调查，说明预算的重要性。

项目 2　编制全面预算

【相关知识】

8.2.1　业务预算的编制

1）销售预算

销售预算是反映企业在预算期产品销售数量和销售收入实现的计划。

企业是自负盈亏的经济实体，企业生产的产品只有实现了销售，才能补偿耗费的价值，并实现利润，这也是企业得以生存和发展的基础。因而销售预算是企业全面预算的关键，也是编制其他预算的基础。

销售预算应建立在科学的销售预测的基础之上。销售预测应根据企业历史销售资料、目前生产经营条件、社会对产品的需求动向等多种因素作出，在确定理想的销售目标后再编制销售预算。

销售预算应按照产品的品种、数量、价格、金额编制；同时应编制预计现金收入表，计算预算期的现金收入和赊销所造成的应收账款。

【例 8-1】 设某企业只产销一种产品，销售单价为 50 元，2010 年 4 个季度的预计销售量分别为 600 件、800 件、1200 件和 1 000 件。根据历史资料，估计每季商品销售款中 80% 能于当季收到现款，其余 20% 要到下季才能收回。2009 年底应收账款为 8 000 元，将于 2010 年第一季度收回。请编制该公司计划年度的分季销售预算。

解：根据上述有关资料编制该公司的销售预算，如表 8.1 所示。

表 8.1 某公司销售预算表 2010 年度

摘　要		1 季度	2 季度	3 季度	4 季度	全　年
预计销售量(件)		600	800	1200	1 000	3 600
销售单价(元)		50	50	50	50	50
预计销售额(元)		30 000	40 000	60 000	50 000	180 000
预计现金收入计算表	期初应收账款(元)	8 000				8 000
	1 季度销售收入(元)	24 000	6 000			30 000
	2 季度销售收入(元)		32 000	8 000		40 000
	3 季度销售收入(元)			48 000	12 000	60 000
	4 季度销售收入(元)				40 000	40 000
	现金收入合计(元)	32 000	38 000	56 000	52 000	178 000

2）生产预算

生产预算是反映企业在预算期产品生产数量的计划。生产预算是在销售预算的基础上按产品分别编制的，主要是具体安排企业在预算期内的产品生产活动，确定有关产品的产量。产量的确定以销售预算确定的销量为基础，还要考虑期初期末库存量的变化情况。具体计算公式为：

预算期产量＝预算期销售量＋预算期末库存量－预算期初库存量

【例 8-2】 设上例中某企业预算期内每季季末库存量占下季度预计销售量的 10%，预算期末和期初的库存量分别为 90 件和 80 件。请编制该企业的分季生产预算。

解：根据有关资料编制的该公司的生产预算如表 8.2 所示。

表 8.2 某公司生产预算 2010 年度

摘　要	1 季度	2 季度	3 季度	4 季度	全　年
预计销售量(件)	600	800	1 200	1 000	3 600
加：预计期末存货(件)	80	120	100	90	90
预计需要量合计(件)	680	920	1 300	1 090	3 690
减：预计期初存货(件)	80	80	120	100	80
预计生产量(件)	600	840	1 180	990	3 610

3）直接材料采购预算

直接材料采购预算是反映企业在预算期合理的材料采购和采购款项支付情况的计划。根据生产预算所确定的产量可确定预算期的材料耗用量。材料采购量不等于耗用量，应考虑预算期末和期初的材料库存量，具体计算公式为：

预计采购量＝(生产需用量＋预算期末库存量)－预算期初库存量

为了便于以后编制现金预算，通常要预计材料采购各期的现金支出，它包括上期应付账款的偿还和本期应支付的采购货款。

【例 8－3】 设前例中某企业单位产品的材料消耗定额为 5 千克，计划单价为 4 元。每季度的采购款当季支付 50%，另外的 50%下季度付讫。各季度期末库存量按下一季度生产需要量的 20%计算。假设期末库存为 910 千克，期初应付账款为 5 000 元。请编制该企业的材料采购预算。

解：根据有关资料编制的该公司的直接材料采购预算如表 8.3 所示。

表 8.3 某公司直接材料采购预算 2010 年度

摘　要		1 季度	2 季度	3 季度	4 季度	全　年
预计生产量(件)		600	840	1180	990	3610
单位产品用量(千克)		5	5	5	5	5
预计生产需用量(千克)		3 000	4 200	5 900	4 950	18 050
加：期末存料量(千克)		840	1 180	990	910	910
预计需用量合计(千克)		3 840	5 380	6 890	5 860	18 960
减：期初存料量(千克)		600	840	1 180	990	600
预计材料采购量(千克)		3 240	4 540	5 710	4 870	18 360
材料单价(元/千克)		4	4	4	4	4
预计材料采购款(元)		12 960	18 160	22 840	19 480	73 440
预计现金支出计算表	期初应付账款(元)	5 000				5 000
	1 季度采购款(元)	6 480	6 480			12 960
	2 季度采购款(元)		9 080	9 080		18 160
	3 季度采购款(元)			11 420	11 420	22 840
	4 季度采购款(元)				9 740	9 740
	合　计(元)	11 480	15 560	20 500	21 160	68 700

4）直接人工预算

直接人工预算是反映企业在预算期内人工耗用量和工薪支付情况的计划。它以生产预算为基础编制，根据预算期产量、单位产品人工工时和单位人工工时成本，即可确定预算期人工总工时和直接人工工资支出。由于各种不同工种和级别的工人的单位工时和工资率标准不一，因而预算期直接人工成本应按不同等级的直接人工成本分类计算，然后再求总和。其计算公式如下：

$$\text{预计直接人工成本} = \text{预算期生产量} \times \sum(\text{单位产品需用工时} \times \text{单位工时的工资成本})$$

【例 8－4】 设前例中某公司生产产品所需工种的单位工时的直接人工成本都是 5 元，所需各工种的工时之和为 2 工时，请编制该企业的直接人工预算。

解：根据有关资料编制的该公司直接人工预算如表 8.4 所示。

表 8.4　某公司直接人工预算　　2010 年度

摘　要	1 季度	2 季度	3 季度	4 季度	全年
预计生产量(件)	600	840	1 180	990	3 610
单位产品工时定额(工时/件)	2	2	2	2	2
直接人工工时总额(工时)	1 200	1 680	2 360	1 980	7 220
单位工时工资率(元/工时)	5	5	5	5	5
预计直接人工成本(元)	6 000	8 400	11 800	9 900	36 100

5) 制造费用预算

制造费用预算是反映企业在预算期内产品生产成本中除直接材料、直接人工以外的费用发生情况的计划。制造费用按成本性态分为变动制造费用和固定制造费用两类。制造费用明细项目的预算数，可根据预算期的产销量并结合历史数据资料确定。企业如采用变动成本计算法，则只需将变动制造费用计入产品生产成本，固定制造费用直接列入损益表作为当期产品销售收入的一个减项。变动制造费用还应按业务量计算分配率，以便使其在各种产品和各个时期进行分配。企业如采用全部成本法，则固定制造费用也要按业务量计算分配率，以便其在各种产品之间进行分配，分配率的计算公式为：

$$\text{变动或固定制造费用分配率}=\frac{\text{预算期变动或固定制造费用预算总额}}{\text{预算期生产总量或直接人工总工时}}$$

为了便于以后编制现金预算，需要预计现金支出。要注意的是，制造费用中除折旧费之外都需支付现金。

【例 8-5】　设前例中有关制造费用的数据资料如表 8.5 所示，请编制该企业的制造费用预算。假设该企业采用变动成本计算法。

表 8.5　制造费用数据资料

摘　要	金额(元)	摘　要	金额(元)
变动性制造费用		固定性制造费用	
间接人工	3 610	维修费	1 600
间接材料	3 610	折旧费	4 000
维修费	4 332	管理人员工资	4 000
水电费	1 805	保险费	630
润滑材料	1 083	财产税	600
合　计	14 440	合　计	10 830

解：根据有关资料可知：

$$\text{变动制造费用分配率}=\frac{\text{变动制造费用预算总额}}{\text{直接人工工时总额}}=\frac{14\,440}{7\,220}=2(\text{元/工时})$$

同理，可得到间接人工、间接材料、维修费、水电费、润滑材料的分配率分别为每工时 0.50 元、0.50 元、0.60 元、0.25 元和 0.15 元。

现编制制造费用预算如表 8.6 所示。

表 8.6　某公司制造费用预算　　2010 年度　单位:元

摘　　要	1 季度	2 季度	3 季度	4 季度	全　年
变动制造费用					
间接人工	600	840	1 180	990	3 610
间接材料	600	840	1 180	990	3 610
维修费	720	1 008	1 416	1 188	4 332
水电费	300	420	590	495	1 805
润滑材料	180	252	354	297	1 083
合　　计	2 400	3 360	4 720	3 960	14 440
固定制造费用					
维修费	400	400	400	400	1 600
折旧费	1 000	1 000	1 000	1 000	4 000
管理人员工资	1 000	1 000	1 000	1 000	4 000
保险费	157.50	157.50	157.50	157.50	630
财产税	150	150	150	150	600
合　　计	2 707.50	2 707.50	2 707.50	2 707.50	10 830
制造费用合计	5 107.50	6 067.50	7 427.50	6 667.50	25 270
减:折旧费	1 000	1 000	1 000	1 000	4 000
现金支出合计	4 107.50	5 067.50	6 427.50	5 667.50	21 270

6) 单位产品成本预算

单位产品成本预算是反映企业预算期内产品生产耗费标准的计划。它是生产预算、直接材料预算、直接人工预算和制造费用预算的汇总。其主要内容是产品的单位生产成本和总成本。采用完全成本计算法的企业,单位生产成本包括变动生产成本和固定制造费用。采用变动成本计算法的企业,单位生产成本只包括变动生产成本。编制这一预算一般包括存货预算和销货成本预算额。

【例 8-6】 请根据前例有关数据资料编制该公司的单位生产成本预算。

解:根据有关资料编制的产品单位生产成本预算如表 8.7 所示。

表 8.7　某公司单位产品成本预算　　2010 年度

摘　要	标准价格	用量标准	单位成本	生产成本（3 610 件）	存货成本（90 件）	销货成本（3 600 件）
直接材料	4 元/千克	5 千克	20 元	72 200 元	1 800 元	72 000 元
直接人工	5 元/工时	2 工时	10 元	36 100 元	900 元	36 000 元
变动制造费用	2 元/工时	2 工时	4 元	14 440 元	360 元	144 400 元
合　计			34 元	122 740 元	3 060 元	122 400 元

7) 销售及管理费用预算

销售及管理费用预算是反映企业预算期内行政管理和为销售产品所发生的非生产性费用开支计划。销售及管理费用预算的编制方法与制造费用预算的编制方法大体相同。

【例 8-7】 设前例中该公司有关销售及管理费用的资料如表 8.8 所示,请编制该公司的销售及管理费用预算。

表 8.8　某公司销售及管理费用资料　　单位:元

摘　要	金　额	摘　要	金　额
变动性费用		固定性费用	
销售佣金	1 083	管理人员工薪	4 000
办公费	1 444	广告费	2 020
运输费	1 083	保险费	600
		财产税	600
合　计	3 610	合　计	7 220

解:根据有关资料可得销售佣金、办公费、运输费的分配率分别为每工时 0.15 元、0.20 元和 0.15 元。编制的销售及管理费用预算如表 8.9 所示。

表 8.9　某公司销售及管理费用预算　　2010 年度

摘　要	1 季度	2 季度	3 季度	4 季度	全年
变动销售及管理费用					
销售佣金(元)	180	252	354	297	1 083
办公费(元)	240	336	472	396	1 444
运输费(元)	180	252	354	297	1 083
合计(元)	600	840	1180	990	3 610
固定销售及管理费用					
管理人员工薪(元)	1 000	1 000	1 000	1 000	4 000
广告费(元)	505	505	505	505	2 020
保险费(元)	150	150	150	150	600
财产税(元)	150	150	150	150	600
合计(元)	1 805	1 805	1 805	1 805	7 220
预计现金支出合计(元)	2 405	2 645	2 985	2 795	10 830

8.2.2　专项决策预算的编制

专项决策预算是企业的长期投资项目,如厂房设备的扩建、改建、购置、更新,资源的开发、利用,现有产品的改造和新产品的试制等方面的支出。它是控制投资支出、检查投资效果的重要依据。

专项决策预算一般包括投资时间、投资额、资金来源、资金成本、经济寿命期限和每年的现金净流量等多项内容。但是,它的格式和内容的繁简,各企业不尽相同。要注意的是,投资项目在各期的投资额应列入各期现金预算的现金支出和预计资产负债表的资产方。

【例 8-8】　设前例中,该企业计划于 2010 年度的 1 季度和 2 季度初分别支出 10 000 元和 15 000 元购入两台设备。请编制该企业的专项决策预算。

解:根据有关资料编制的资本支出预算如表 8.10 所示。

表 8.10　某企业专项决策预算　　2010 年度

摘　要	1 季度	2 季度	3 季度	4 季度	全年
设备(元)	10 000				10 000
设备(元)		15 000			15 000
合计(元)	10 000	15 000			25 000

8.2.3 财务预算的编制

1）现金预算

现金预算是反映企业预算期内由于经营活动而发生的全部现金收支及资金筹措情况的计划。现金预算通常包括以下四个部分：

（1）现金收入　包括预算期的期初余额和本期预计可能发生的现金收入。销货现金收入是其主要来源。

（2）现金支出　包括预算期的各项现金支出，如业务预算中的各项现金支出、所得税、股利分配等。

（3）现金余缺　反映预算期现金余额状况，以便财务部门进行短期投资、偿还借款或筹措资金的决策。

（4）资金筹措　反映预算期内需要借入资金额，以及偿还资金和偿付利息等事项。

【例 8－9】　设前例中某公司 2010 年初现金余额为 3 000 元，计划在 2010 年每季发放股利 2 000 元，预交所得税 900 元，企业预计库存现金最低余额为 3 000 元，最高余额为 5 000元，该公司现金短缺时向银行借贷；现款剩余时先归还借款，再购买有价证券。借款发生在季初，还款或购买债券发生在季末。借款成本为 10%，还款时同时支付其全部利息。请根据有关资料编制该公司的现金预算。

解：根据有关数据资料编制的某企业现金预算如表 8.11 所示。

表 8.11　某企业现金预算　　　2010 年度　单位：元

摘　要	1 季度	2 季度	3 季度	4 季度	全年
期初现金余额	3 000	3 107.5	3 535	4 297.5	3 000
加：现金收入（表 8.1）	32 000	38 000	56 000	52 000	178 000
可动用现金合计	35 000	41 107.5	59 535	56 297.5	181 000
减：现金支出					
直接材料（表 8.3）	11 480	15 560	20 500	21 160	68 700
直接人工（表 8.4）	6 000	8 400	11 800	9 900	36 100
制造费用（表 8.6）	4 107.5	5 067.5	6 427.5	5 667.5	21 270
推销及管理费用（表 8.9）	2 405	2 645	2 985	2 795	10 830
购置设备（表 8.10）	10 000	15 000			25 000
所得税	900	900	900	900	3 600
股利	2 000	2 000	2 000	2 000	8 000
现金支出合计	36 892.5	49 572.5	44 612.5	42 422.5	173 500
现金余缺	(1 892.5)	(8 465)	14 922.5	13 875	7 500
向银行借款	5 000	12 000			17 000
归还银行借款			10 000	7 000	17 000
支付借款利息			625	525	1 150
购入有价证券				3 000	3 000
期末现金余额	3 107.5	3 535	4 297.5	3 350	3 350

2）预计损益表

预计损益表是反映企业预算期全部生产经营活动及其财务成果的计划。它以货币量度反映企业经营成果，故又称“利润预算”，是控制企业经营活动和财务收支的重要依据。编制预计损益表的主要依据是前述各种相关预算指标。

【例 8-10】 请根据前述某企业各有关数据编制预计损益表。

解：根据有关资料编制的某企业预计损益表如表 8.12 所示。

表 8.12 某企业预计损益表 2010 年度 单位：元

摘要		金额	
销售收入(50×3 600)	(表 8.1)		180 000
减：变动成本			
变动生产成本(34×3 600)	(表 8.7)	122 400	
变动销售及管理费用	(表 8.9)	3 610	126 010
贡献边际总额			53 990
减：期间成本			
固定制造费用	(表 8.6)	10 830	
固定销售及管理费用	(表 8.9)	7 220	18 050
营业净利			35 940
减：利息费用	(表 8.11)		1 150
税前净利			34 790
减：所得税	(表 8.11)		3 600
税后净利			31 190

3）预计资产负债表

预计资产负债表是反映企业经营活动资金在预算期末那一天的财务状况的计划。编制预计资产负债表的主要依据是预算期初(基期末)的资产负债表和前述的有关预算。

【例 8-11】 设前例中某公司 2009 年期末的资产负债表如表 8.13 所示。请编制该公司 2010 年度预计资产负债表。

表 8.13 某公司资产负债表

2009 年 12 月 31 日 单位:元

资产		权益	
流动资产		负债	
现金(表 8.11)	3 000	流动负债	
应收账款(表 8.1)	8 000	应付账款(表 8.3)	5 000
材料存货(表 8.3)	2 400	长期负债	10 000
产成品存货(表 8.1，表 8.7)	2 720	负债合计	15 000
合计	16 120		
固定资产		股东权益	
土地	10 000		
房屋及设备	26 000	普通股股本	20 000
累计折旧	(16 000)	留存收益	5 120
无形资产	4 000	股东权益合计	25 120
合计	24 000		
资产合计	40 120	权益合计	40 120

解：根据有关资料编制的该公司 2010 年末预计资产负债表如表 8.14 所示。

表 8.14 公司预计资产负债表

2010 年 12 月 31 日　　单位:元

资　产		权　益	
流动资产		负债	
现金(表 8.11)	3 350	流动负债	
有价证券(表 8.11)	3 000	应付账款(表 8.3)	9 740
应收账款(表 8.1)	10 000	长期负债(表 8.13)	10 000
材料存货(表 8.3)	3 640	负债合计	19 740
产成品存货(表 8.7)	3 060	股东权益	
合计	23 050		
固定资产		普通股股本	20 000
土地(表 8.13)	10 000	留存收益(表 8.13,8.12,8.11)	28 310
房屋及设备(表 8.13,表 8.10)	51 000	股东权益合计	48 310
累计折旧(表 8.13,表 8.6)	(20 000)		
无形资产(表 8.13)	4 000		
合计	45 000		
资产合计	68 050	权益合计	68 050

8.2.4 编制预算的具体方法

预算的编制方法很多,企业可以根据生产经营活动的具体内容或特殊需要,采用相应方法编制。这些方法主要有弹性预算、零基预算、滚动预算等。

1) 弹性预算

弹性预算是与固定预算相对应的一种预算编制方法。固定预算又称静态预算,它是指根据预算期某个预定的业务量水平为基础编制的预算。它不考虑预算期内生产经营活动可能发生变化,因而仅适用于业务量较稳定的企业。而一旦实际业务量与预计业务量的差距较大,就会使其失去比较的基础,从而降低甚至失去控制和考评的作用。

弹性预算又称变动预算,是指按照一定业务量变动幅度编制的具有伸缩性的预算。弹性预算的基本思想是要使预算能准确反映不同业务量情况下预算内容的计划,因此弹性预算的首要条件是预算内容与业务量之间存在密切关系,并能建立函数关系式。按照成本性态原理,在相关范围内,变动成本随着预计业务量的变动而变动,固定成本不变,即总成本 y 与业务量 x 有函数关系式:

$$y = a + bx$$

同理,当销售单价 p、单位变动成本 b 和固定成本总额 α 不变的条件下,利润 P 与业务量 x 存在函数关系:

$$P = px - (\alpha + bx)$$

所以,成本费用预算和利润预算均可采用弹性预算编制。其实,弹性预算主要适用范围就是费用预算和利润预算。

【例 8-12】 设前例中某企业采用弹性预算方法编制制造费用预算,正常生产能力的产品产量为 900 件,请按 10%的间隔,即 630 件、720 件、810 件、900 件、990 件、1 080 件和 1 170件编制弹性预算。

解:根据例 8－5 的有关资料编制的弹性预算如表 8.15 所示。

表 8.15　某企业制造费用弹性预算　　2010 年度

摘　要	分配率	产　品　产　量						
		630(件)	720(件)	810(件)	900(件)	990(件)	1 080(件)	1 170(件)
变动费用								
间接人工(元)	1	630	720	810	900	990	1 080	1 170
间接材料(元)	1	630	720	810	900	990	1 080	1 170
维修费(元)	1.2	756	864	972	1 080	1 188	1 296	1 404
水电费(元)	0.5	315	360	405	450	495	540	585
润滑材料(元)	0.3	189	216	243	270	270	324	351
合　计(元)	4	2 520	2 880	3 240	3 600	3 960	4 320	4 680
固定费用								
维修费(元)		1 600	1 600	1 600	1 600	1 600	1 600	1 600
折旧费(元)		4 000	4 000	4 000	4 000	4 000	4 000	4 000
管理人员工薪(元)		4 000	4 000	4 000	4 000	4 000	4 000	4 000
保险费(元)		630	630	630	630	630	630	630
财产税(元)		600	600	600	600	600	600	600
合　计(元)		10 830	10 830	10 830	10 830	10 830	10 830	10 830
制造费用总计(元)		13 350	13 710	14 070	14 430	14 790	15 150	15 510

2) 零基预算

零基预算又称为零底预算,是指在编制预算时,不考虑以往的情况,以零为基准,以费用支出的必要性和所获得相应效益决定费用支付的数额。

传统的编制费用预算的方法,一般都是以基期的各种费用项目的实际发生额为基础,然后预测、分析预算期应增减的数额,再决定预算开支额度。这种方法实质上假定基期的费用支出均为必要,支付数额均属合理。而实际情况可能未必如此。零基预算正是针对传统预算的这一缺陷进行改革,它不考虑过去的情况,只根据预算期的经营活动是否必要、各种经营活动的重要性程度以及经济效益来决定费用的支出与否和费用支出的额度。

零基预算的基本思想决定了其编制预算的步骤:

(1) 明确目标,提出方案　企业各级各部门根据企业的总体目标和本部门的具体目标,进行充分的讨论协商,以零为基础,以预算项目的必要性程度为依据,提出预算项目的开支水平。

(2) 开展成本-效益分析　企业管理层对各部门提供的预算方案进行成本-效益分析,并根据必要性程度和经济效益的高低,合理划分费用项目的层次和先后顺序。

(3) 分配资金,落实预算　根据必要性程度和经济效益大小确定预算项目的轻重缓急层次和先后次序,合理分配资金,以确保必要性预算项目和高效益预算项目的资金需求,实现企业的总体目标。

【例 8－13】　设某企业下年度可用于行政管理和产品推销的资金额为 30 000 元,根据各部门讨论协商提出的预算项目和所需资金如下:

房屋租金	5 000 元	办公费	3 000 元
职工薪金	5 000 元	广告费	8 000 元
差旅费	2 000 元	培训费	10 000 元

广告费和培训费的成本收益率分别为 1:20 和 1:30。请为该企业编制销售管理费用的零基预算。

解：根据上述有关资料，房屋租金、职工薪金、差旅费、办公费为预算期的必要性开支，必须全额保证；余款按成本收益比在广告费和培训费之间分配：

$$培训费=[30\,000-(5\,000+5\,000+2\,000+3\,000)]\times\frac{30}{30+20}=9\,000(元)$$

$$广告费=[30\,000-(5\,000+5\,000+2\,000+3\,000)]\times\frac{20}{30+20}=6\,000(元)$$

零基预算的优点在于它不受基期预算的影响和制约，有利于调动和发挥各级各部门管理人员的积极性和创造性，有利于提高资金的使用效率；其缺点在于编制预算的工作量较大，所花费的时间和成本也较高。

3）滚动预算

滚动预算又称永续预算，是指预算随着时间的推移而不断延伸并始终保持预算期限恒定（通常为 1 年）的一种连续预算。

滚动预算的编制一般采取长计划短安排的方式进行，即年度预算中前若干个月（如 3 个月）的预算可详尽一点，剩余若干个月的预算可粗一点，每过去 1 个月或若干个月，就根据影响预算的各种现实因素增编 1 个月或若干个月的预算，并调整后几个月的预算。滚动预算如图 8.2 所示。

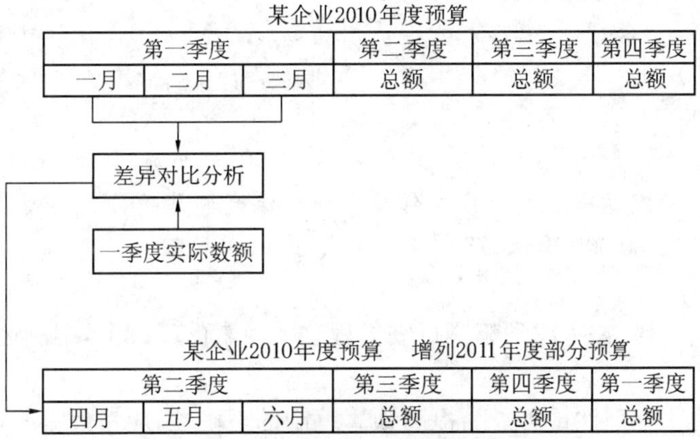

图 8.2　编制滚动预算示意图

滚动预算的优点在于它有利于保证预算的完整性和连续性，在动态中把握企业的未来；有利于企业始终从全年的角度来考虑和规划经营活动；预算不断根据实际情况进行调整，有利于预算编制的可靠性和适应性，更好地发挥其控制的功能；有利于外界有关人员对企业状况的一贯了解。滚动预算的缺陷在于预算编制的工作较繁重。

【技能训练】

1）问题讨论

（1）“我们根据头一年的情况编制了 10 个月的年度预算；但是我们行业的形势变化得如此之快以致年度预算还没有开始就已经过时了。”如有可能的话。何种办法可以解决这一问题？你认为它有哪些主要的利弊之处？

(2) 请说明弹性预算的目的。

(3) “我们的内部管理会计报告费时太长,以致不能为我提供新信息”,一位有能力的管理会计师对这一(非常常见的)批评会作出什么反应?

(4) 滚动预算与定期预算的区别?

2) 案例分析

编制弹性成本预算

一位运输车队的经理请你为其编制弹性预算。编制该预算的目的之一是确定车队为其他部门服务时应收取的平均每千米成本。

车队有8辆相同型号的车辆。每辆车的使用年限为4年,每年初有2辆车被更新。8辆车的现行成本为每辆135 000元,预计残值每辆27 000元。

每辆车每使用6个月或行驶10 000千米(哪种情况先发生便按哪种标准处理)的经常性修理费用为500元,第一年使用修理零配件的成本为100元。修理零配件的成本随着车辆使用时间的增加而增加,下一年零配件的成本是上一年的2倍。

有关车辆的其他资料为:每年牌照换新费用及保险费用合计为每辆车6 000元。每20 000千米需要更换四只轮胎,每只轮胎200元。每辆车每100千米消耗8升汽油,每升汽油预计2.5元。

依据费用与车辆行驶里程的关系,运输车队的管理费用(包含员工工资)可划分为固定费用和变动费用两部分,经过调查,预计的管理费用如下:

每年行使里程(千米)	管理费用总额(元)
175 000	55 000
200 000	60 000
250 000	70 000

车队经理尚未确定该车队的年度工作量。出于编制预算的目的,他提出三种可能性,即每辆车分别可以行驶20 000千米、25 000千米或30 000千米。

要求:

(1) 根据上述资料,在考虑到车辆行驶里程这一因素的基础上,编制运输车队一年期的弹性成本预算。

(2) 解释说明这个弹性预算。为提高预算编制的正确性,应考虑哪些信息资料?

新华书店如何编制预算报表

新华书店进口了一批讲座录像带,并将它们售给大中学校。在2010年底书店的资产负债表显示如表8.16所示。

表8.16 资产负债表

(2010年12月31日)　　　　单位:元

资　产	年末数	负债与股东权益	年末数
现　金	10 000	负　债	
应收账款	30 000	应付账款	40 000
材料存货	25 000	应交所得税	10 000
厂房设备	100 000	负债合计	50 000
减:累计折旧	25 000	股东权益	

续 表

资　产	年末数	负债与股东权益	年末数
		普通股 留存收益 股东权益合计	50 000 40 000 90 000
资产总计	140 000	负债与股东权益总计	140 000

书店的会计师在获得以下信息后，便编制 2011 年的预算。

1) 销售

每月 7 000 盒，每盒售价 7 元(去年价格是 6 元)。书店的目的是保持相当于一个月销售量的存货。进口录像带的价格预计会在 2011 年 1 月 1 日从 5 元涨至 6 元。

2) 费用

销售费用　　15 000 元

行政费用　　35 000 元

新设备　　15 000 元

3) 折旧

折旧率为 10%，采用直线法计提。

4) 税款和股息

税款预计为净利润的 33%，要在第二年支付。在当年准备支付每股 0.1 元的股息。

5)债权债务

预计应收账款的平均收账期将为一个半月，而不是现在的一个月。另一方面，供应商已决定严格执行一个月的赊账期。除了税金之外，其他所有交易均以现金支付。

要求编制：

(1) 2011 年度的现金预算。

(2) 2011 年度利润表预算。

(3) 2011 年 12 月 31 日的预计资产负债表。

案例分析指导：

(1) 编制 2011 年度的现金预算表。

经营现金收入＝期初应收账款＋本期赊销收入－期末应收账款

期初应收账款依题意可知为 30 000 元，本期赊销收入(以年为单位)＝7 000×7×12＝588 000 元。该公司预计应收账款的平均收账期将为一个半月，那么应收账款周转率 ＝ 12 个月 /1.5 个月 ＝ 8，即销售收入/平均应收账款＝8，销售收入为 588 000 元，平均应收账款为(期初应收账款 ＋ 期末应收账款)/2 ＝ (30 000 ＋ 期末应收账款)/2，所以，可以推出期末应收账款为 117 000 元，那么，经营现金收入 ＝ 30 000 ＋ 588 000 － 117 000 ＝ 501 000 元。

采购现金支出＝期初应付账款＋赊购－期末应付账款

期初应付账款依题意可知为 40 000 元。

本期赊购成本计算如下：

期初存货金额为 25 000 元，单价 5 元，期初存货量为 5 000 盒。

期末存货金额为 42 000 元，单价 6 元，期末存货量为 7 000 盒。

本年销售量 = 7 000 × 12 = 84 000(盒)

本年销售成本 = 84 000 × 6 = 504 000(元)

根据公式:期初存货量+本期采购量=本期销售量+期末存货量,可知:

本期采购量=本期销售量+期末存货量-期初存货量

= 84 000 + 7 000 - 5 000 = 86 000(盒)

本期采购成本 = 504 000 + 42 000 - 25 000 = 521 000(元),即为本期赊购成本。

列示过程如表 8.17 所示。

表 8.17　2011 年度现金预算　　单位:元

项　目	金　额
期初现金余额	10 000
经营现金收入	
期初应收账款	30 000
赊销收入	588 000
减去:期末应收账款	117 000
经营现金收入小计	501 000
经营性现金支出	
采购:期初应付账款	40 000
赊购	516 000
减去:期末应付账款	42 000
进货现金支出小计	514 000
加:销售费用	15 000
行政费用	35 000
税金(去年)	10 000
已付股息	5 000
经营性现金支出小计	579 000
资本性现金支出	15 000
现金支出小计	594 000
现金余缺	83 000
资金筹措	83 000

(2) 据 2010 年的资产负债表及上述资料,可知 2011 年度预算利润表及利润分配表如表 8.18 所示。

表 8.18　预算利润表及利润分配表

(2011 年度)　　单位:元

销售收入	588 000
销售成本	499 000
营业利润	89 000
销售费用	15 000
行政费用	35 000
折旧	11 500
利润总额	27 500
所得税金(以 33%计)	9 075
税后利润	18 425
股息	5 000
当年未分配利润	13 425

(3) 根据 2010 年的资产负债表及上述资料,可知 2011 年度预算资产负债表如表 8.19 所示。

表 8.19 预算资产负债表

(2011 年度)　　　　单位:元

流动资产	金　额	流动负债	金　额
存货	42 000	银行借款	83 000
应收账款	117 000	应付账款	42 000
流动资产合计	159 000	应交税金	9 075
固定资产		流动负债合计	134 075
设备和车辆:按成本	115 000	股东权益	
减去:累计折旧	36 500	普通股	50 000
固定资产净值	78 500	留存收益	53 425
		股东权益合计	103 425
资产合计	237 500	负债与股东权益合计	237 500

【拓展阅读与训练】

四川长虹公司全面预算的编制流程

(1) 全面预算以销售预算为基础,采取自上而下、自下而上、上下结合的程序编制;

(2) 公司预算管理委员会提出长期战略目标和销售预测,初步确定年度预算的重大前提条件;

(3) 财务本部编制《年度预算大纲》,并报预算管理委员会审议批准;

(4) 预算管理委员会将审议批准的《年度预算大纲》中各项规划指标下达给公司各单位;

(5) 公司各单位组织本部门基层单位成本控制人员自行草编预算,使预算较为可靠,较为符合实际;

(6) 公司各单位汇总本部门预算,并初步协调本部门预算,编出销售、生产、采购、财务等业务预算;

(7) 财务本部审查、平衡各单位提交的业务预算,汇总出公司的总预算;

(8) 预算管理委员会审议、批准财务本部提交的公司总预算,或者驳回修改预算;

(9) 主要预算指标报告给董事会和股东大会,讨论通过或者驳回修改预算;

(10) 批准后的全面预算下达给公司各单位执行,各单位将本部门的预算指标分解到下级单位,做到预算指标层层分解、全面落实;

(11) 根据全面预算指标,公司与各单位签订《目标责任书》,各单位可根据自身情况,自行决定是否与本部门内下级单位签订《目标责任书》。

要求:

通过以上资料阅读,请你对一个企业单位进行调研,它是如何进行预算管理的做出一个调研报告。

【本模块要点归纳】

全面预算是所有以货币及其他数量形式反映的有关企业未来一段期间内全部经营活动各项目标的行动计划与相应措施的数量说明,具体包括业务预算、财务预算和专项决策预算。

编制全面预算可以明确企业各部门未来的奋斗目标,协调各职能部门的工作,控制各部门的日常经济活动,分析比较、评价业绩。

全面预算的基本体系由业务预算、财务预算和专项决策预算组成。业务预算包括销售预算、生产预算、直接材料采购预算、直接人工预算、制造费用预算、单位产品成本和期末产成品存货预算、销售与管理费用预算。财务预算包括现金预算、预计损益表、预计资产负债表。专项决策预算也称资本预算。

全面预算编制的其他方法有弹性预算、零基预算、滚动预算。

弹性预算是根据收入、成本、利润与生产经营活动水平之间的数量关系,按照预算期内可能的多种生产经营活动水平分别确定相应的预算数,使编制的预算随着经营活动水平的变化而变化,因此也称变动预算。弹性预算能够真实、准确地反映一系列特定生产经营规模和业务量水平上所应当发生的费用开支和取得的相应收入及利润。因此,弹性预算比固定预算更便于落实任务、区分责任,并使预算执行情况的评价和考核建立在更加客观而可信的基础上。

零基预算是指在编制预算时,对于所有的预算支出均以零为基础,不考虑以往各种情况如何,从根本上研究、分析每次预算有否支出的必要和支出数额的大小。零基预算有利于提高资金使用效益,节约费用开支,把预算控制在更加严密而健全的基础上,但零基预算的工作量大。零基预算的编制方法大体分为三个步骤:提出预算项目、进行成本-效益分析、分配资金并落实预算。

滚动预算是指预算随着时间的推移而不断延伸并始终保持预算期限恒定的一种连续预算。

【综合测试】

一、判断对错

1. 零基预算是以零为基础编制计划和预算的方法的简称。（ ）
2. 编制预算是企业经营管理的起点,也是控制日常经济活动的依据。（ ）
3. 现金预算以实物量指标总括反映经营活动和资本支出的结果。（ ）
4. 预计资产负债表中除上期期末数已知外,其余项目均应在各项预算的指标基础上分析填列。（ ）
5. 由于弹性预算是按预期可预见的不同业务量水平编制的,因而总可以在弹性预算中找到与实际业务量相同的业务量水平及其预算金额,便于对预算执行情况进行控制与考核。（ ）
6. 固定预算又称静态预算。它是根据预算期内正常的可实现的某一业务量水平而编制的预算。（ ）
7. 业务预算又称营业预算。它是根据企业现金收支、经营财务成果和财务状况等的变动所编制的预算。（ ）
8. 滚动预算的主要特点就是它的预算期永远保持 12 个月。（ ）
9. 各项预算中,构成全面预算体系最后环节的是特种决策预算。（ ）
10. 生产预算是规定预算期内有关产品生产数量、产值和品种结构的一种预算。（ ）

二、单项选择

1. 下列各项中，其预算期可以不与会计年度挂钩的预算方法是(　　)。

A. 弹性预算　　B. 零基预算　　C. 滚动预算　　D. 固定预算

2. 下列预算中，不属于业务预算的是(　　)。

A. 销售预算　　B. 生产预算　　C. 销售及管理费用预算　　D. 现金预算

3. (　　)是企业管理的重要工具，它有利于企业事先对日常现金需要进行有计划的安排。

A. 生产预算　　B. 销售预算　　C. 现金预算　　D. 制造费用预算

4. 将(　　)乘以预计期末产成品存货数量，即可得出预算期末产成品存货金额。

A. 产品计划成本　　B. 产品单位成本　　C. 产品总成本　　D. 产品变动成本

5. 能够同时以实物量指标和价值量指标分别反映企业经营收入和相关现金收入的预算是(　　)。

A. 现金预算　　B. 销售预算　　C. 生产预算　　D. 预计资产负债表

6. 滚动预算编制方式按滚动的时间阶段的长短分为三类，不包括(　　)。

A. 逐月滚动　　B. 逐季滚动　　C. 混合滚动　　D. 逐年滚动

7. 直接材料采购、直接人工和制造费用预算是依据(　　)确定的。

A. 销售预算　　B. 成本预算　　C. 生产预算　　D. 现金预算

8. 在以下各种预算中，应当首先编制的是(　　)。

A. 生产预算　　B. 直接材料预算　　C. 直接人工预算　　D. 销售预算

9. 某企业编制“直接材料采购预算”，预计第四季度期初存量 600 千克，季度生产需用量 2 500 千克，预计期末存量为 400 千克，材料单价为 10 元，若材料采购货款有 50％在本季度内付清，另外 50％在下季度付清，则该企业预计资产负债表年末“应付账款”项目为(　　)元。

A. 11 130　　B. 14 630　　C. 10 070　　D. 11 500

三、多项选择

1. 下列预算属于财务预算的是(　　)。

A. 预计现金流量表　　B. 制造费用预算　　C. 预计利润表

D. 预计资产负债表　　E. 生产预算

2. 产品成本预算是(　　)预算的汇总。

A. 生产　　B. 直接材料采购　　C. 直接人工　　D. 制造费用

3. 生产预算的编制，要以(　　)为基础。

A. 预计生产量　　B. 预计采购量

C. 预计销售量　　D. 预计产成品存货量

4. 现金预算的组成部分不包括(　　)。

A. 现金收入预算　　B. 销售预算　　C. 生产预算　　D. 预计利润表

5. 下列属于全面预算作用的选项有(　　)。

A. 明确目标，落实责任　　B. 控制经济活动

C. 考核工作业绩　　D. 预测前景

6. 滚动预算较之传统的定期预算具有的优点有(　　)。

A. 可以保持预算的连续性与完整性，使有关人员能从动态的预算中把握企业的未来，了解企业的总体规划和近期目标

B. 与会计年度相配合，便于预算执行结果的考核与评价

C. 可以根据前期预算的执行结果，结合各种新的变化信息，不断调整或修订预算，从而使预算与实际情况更相适应，有利于充分发挥预算的指导与控制作用

D. 可以使各级管理人员始终保持对未来 12 个月甚至更长远的生产经营活动进行周密的思考和全盘规划，确保企业各项工作有条不紊地进行

7. 全面预算按其适用时间可以分为(　　)。

A. 长期预算　　B. 短期预算　　C. 弹性预算

D. 滚动预算　　E. 零基预算

8. 当预算编制采用变动成本法时，制造费用应按其成本习性分为(　　)两部分，并分别编制。

A. 变动制造费用　　B. 混合制造费用　　C. 固定制造费用　　D. 半变动制造费用

9. 弹性预算的优点有(　　)。

A. 适用范围广泛

B. 可大大减少工作量

C. 更好地对经营业绩进行评价

D. 由于预算不断修整，使预算与实际情况更加适应

E. 适用于市场变化较大的情况

10. 下列各项中，属于定期预算缺点的有(　　)。

A. 盲目性　　B. 滞后性　　C. 间断性

D. 复杂性　　E. 随意性

四、计算分析

1. 假定某公司计划期间第一季度某产品各月份的销售量，根据销售预测分别为 2 000 件、3 000 件与 3 600件；其销售单价均为 50 元。若该公司商品销售货款的收回，按以下办法处理：销售当月收款 60%，次月收款 30%，第 3 个月收款 10%。又假定计划期间的期初应收账款余额为 22 000 元，其中包括上年度 11 月份销售的应收账款 4 000 元，12 月份销售的应收账款 18 000 元。

要求：

(1) 计算该企业上年度 11 月份及 12 月份的销售总额各为多少？

(2) 编制该公司计划期第一季度的分月销售预算(包括第一季度的预计现金收入计算表)。

2. 某公司根据销售预测，对某产品 2011 年四个季度的销售量作出如下预计：

	一季度	二季度	三季度	四季度	合　计
预计销售量(件)	1 000	1 500	2 000	1 500	6 000

设每季末预计的产成品存货占下个季度销售量的 10%，年末预计的产成品盘存数为 110 件；各季预计的期初存货即为上季末预计的期末存货；上年度第四季度的期末存货为 100 件。

要求：根据以上资料，编制该公司 2011 年的生产预算。

3. 某公司预计的销售量如习题 2 所示。设单位产品的材料用量为 2 千克，每千克单价 5 元；季末预计的材料存货占次季生产需用量的 20%，年末预计的材料存货为 460 千克。各季预计的期初存货即为上季末预计的期末存货。年初的期初存货为 120 千克。在季度采购数中，假定其中的 50%应于当期支付现金，其余的 50%可于下季度支付现金。

要求：根据上述资料，编制该公司 2008 年的直接材料预算。

4. 某企业预算期可用于销售和行政管理方面的资金总额为 600 000 元，各部门提出的需要开支的费用项目和金额的预算数字如下：

(1) 销售佣金	80 000 元	(2) 运输费	174 000 元
(3) 广告费	85 000 元	(4) 管理人员工资	38 000 元
(5) 差旅费	45 000 元	(6) 办公费	32 000 元
(7) 职工教育经费	34 000 元	(8) 保险费	43 000 元
(9) 税金	68 000 元	(10) 业务招待费	95 000 元

企业预算委员会经过研究和分析，认为销售佣金、运输费、管理人员工资、差旅费、办公费、保险费和税金等 7 项开支属约束性费用；广告费、职工教育经费及招待费等 3 项开支属酌量性费用；广告费、职工教育经费和业务招待费以往各期的平均发生额分别为 80 000 元、29 000 元和 100 000 元，各期的平均收益额为

600 000 元、120 000 元和 287 000 元。

请根据以上资料，按零基预算法编制该企业的销售与管理费用预算。

五、复习思考

1. 什么是全面预算？全面预算包括哪几个组成部分？各预算之间的相互关系如何？
2. 简述全面预算的作用。
3. 试说明全面预算的编制程序。
4. 什么是弹性预算？为什么要编制弹性预算？
5. 何谓零基预算？怎样编制零基预算？
6. 什么是滚动预算？为什么要编制滚动预算？

模块 9　成本控制

【知识目标】

掌握成本控制的概念与分类;掌握标准成本的制定、成本差异的计算及分析;熟悉成本控制的程序。

【技能目标】

能够制定某种产品的标准成本;能够计算成本的差异并分析成本差异的原因;学会分析影响成本的因素,通过定量计算和定性分析,判断问题,并提出改进问题的建议。

【引导案例】

降低成本如何实现

GT 公司是一个生产微型轿车的企业。进入 2004 年以来,微型轿车市场竞争愈演愈烈。各厂家为求得竞争优势,使出全身解数。有的在提高档次,加强服务上下工夫;有的在产品展销、促销上做文章;有的在加强管理,提高企业综合竞争力上想对策。GT 公司领导认为,在保证性能质量和做好服务的前提下,打价格战也不失为一个好的策略。在不影响盈利水平的条件下,降低价格扩大市场占有率的出路,就在于降低成本,加强成本控制。于是 GT 公司提出了成本下降 10%的目标要求。诚然,影响轿车成本形成的因素是很多的,关键是要合理控制生产成本中料工费的开支水平。公司领导要求财务科长做出一个实现标准成本的成本控制方案。

请问:把成本降低到要求的水平,具体怎样实现呢? 如何做出成本控制方案?

项目 1　认知成本控制

【相关知识】

9.1.1　成本控制的概念和作用

1) 成本控制的概念

成本控制是指企业在生产经营过程中采用一定的控制标准和手段,使劳动耗费及各种费用开支控制在预算范围内,及时发现偏差,找出原因,采取有效措施,以便使企业最终目标得以实现的一种管理活动。

2）成本控制的作用

成本控制是现代成本管理的核心环节，它始终以不断降低成本为目标，在企业经营管理中起着重要的作用。

（1）成本控制是及时准确地获取成本管理信息的首要途径。

（2）成本控制是成本计划得以实现的保证。

（3）成本控制是发现差异及其原因的重要手段。

（4）成本控制可以保证成本计划数字的准确性。

（5）成本控制可以对人力、财力、物力消耗进行有效监督。

9.1.2 成本控制的分类

1）按控制的时间和原理分类

这种分类结合控制论的观点，将成本控制分为事前成本控制、事中成本控制和事后成本控制三类。

（1）事前成本控制　是指在产品的设计、试制阶段，对影响成本的各项因素进行分析研究，并在此基础上制定出一套适应企业具体情况的成本控制制度，可以说这一步为事中成本控制奠定了基础。从控制论的角度看，这一阶段的成本控制属于“前馈性成本控制”和“防护性成本控制”。

（2）事中成本控制　即日常成本控制，它是指在产品的生产阶段对各种费用支出实施有效的监督管理，严格控制各项费用的支出，保证成本计划的顺利完成。事中成本控制的另一项主要工作是对实际成本脱离标准成本所造成的成本差异及时进行计算和分析，采取有效措施保证生产过程中的耗费水平达到或超过应有的成本目标。

（3）事后成本控制　是指在产品形成以后的综合分析和考核，具有“总结”的特点。这一步的成本控制是对事中成本控制的一个补充，在再生产过程中是必不可少的一个成本控制环节。

从控制论的角度看，事中成本控制和事后成本控制属于控制论中的“反馈性成本控制”。

2）按控制的方法和手段分类

按控制的方法和手段可将成本控制分为绝对成本控制和相对成本控制。绝对成本控制是指通过厉行节约、杜绝浪费，达到降低成本的目的。这种控制方法侧重于节流。相对成本控制在强调节流的同时，还通过充分利用现有的生产能量，挖掘潜力，达到相对降低成本的目的。这种控制方法侧重于开源与节流并重。

3）按控制的内容及对象分类

按控制的内容及对象可将成本控制分为产品成本控制和质量成本控制。产品成本控制仅指产品生产全过程的成本控制，而质量成本控制是将质量控制与成本管理相结合，通过分析为保持和提高产品质量所发生的耗费，确定最佳的质量成本。将产品的生产和保持相应的质量水平相联系，拓宽了成本控制的范围和视野，同时促进了产品的销售，增强了产品的信誉。

9.1.3 成本控制的程序

1）确定成本控制的目标或标准

根据有关资料，采用一定的科学方法，制定产品成本的控制目标或标准成本，并编制成本和费用预算，作为企业在生产经营过程中耗用材料、人力和掌握费用开支的依据。

2）分解落实成本控制的目标

建立健全内部成本控制制度，根据归口分级管理原则，分解落实成本控制目标，对实际发生的各项成本和费用，进行严格的控制与监督，使成本、费用的发生额最大限度地控制在标准成本和预算要求的范围内。

3）计算成本差异并分析成本差异

对实际发生的成本和费用，要经常与相应的标准成本及预算相对比，揭示两者之间存在的差异并进行分析，找出其原因。

4）针对影响成本的因素，采取积极措施，并对有关责任人进行奖惩

分析差异形成的原因，区分哪些是可控制的，哪些是不可控制的。对可控制的部分采取有效的措施加以改进，对有关责任人进行奖惩，总结经验，使成本控制日臻完善。

【技能训练】

1）问题讨论

(1) 消费者总是喜欢质量高的产品，但高质量的产品会增加生产成本，提高产品的价格；但质量高的产品，顾客在使用中花费的维修成本的代价就会减少。那么请问：① 质量越高越好吗？② 如何解决保证质量而又控制成本的矛盾呢？

(2) 事前成本控制、事中成本控制、事后成本控制的三种方式中，你认为哪一个做起来要容易一些？为什么？

(3) 价值工程是进行成本事前控制的好方法。搜集有关价值工程的资料，讨论价值工程如何应用在降低自行车制造成本上。

2）案例分析

邯钢是如何进行成本控制的？

邯郸钢铁公司的前身是河北邯郸钢铁总厂。该厂始建于 1958 年。1990 年，邯郸与其他钢铁企业一样，面临内部成本上升，外部市场疲软的双重压力，经济效益大面积滑坡。当时生产的 28 个品种有 26 个亏损。虽然总厂亏损已经到了难以为继的状况，可是各个分厂报表中所有的产品却都是盈利的，因此工人和归纳部的工资奖金依然照发，一点也感受不到市场的压力和总厂亏损的困难。造成这种现象的主要原因是当时该厂采用的是计划价格来进行厂内核算的。这个价格严重背离市场，依据这个价格反映不出产品的实际成本和真实效率，自然也就失去了它的价值。从 1991 年开始，该厂开始推行以“模拟市场核算，实行成本否决”为核心的内部改革，加大了企业技术改造力度，强化了企业内部管理。特别是目标成本管理，使企业的经济效益大幅度提高，市场竞争大大增强。自 1991 年实行成本否决以来，至 1995 年，企业共实现利税 39.9 亿元，其中利润 21.5 亿元；即使在宏观经济环境十分严峻的 1998 年，邯郸仍然实现销售收入 75 亿元，实现利税 8.7 亿元，其中利润 5.04 亿元，经济效益继续保持全行业第二位。邯钢的目标成本管理的具体做法是：

(1) 以市场可以接受的产品价格为基准，考虑国内先进水平、本单位历史最高水平和可以挖掘的潜力，提出目标利润；然后据此倒算出企业必须控制的成本，也即是目标成本。目标成本＝该产品的市场价格－目标利润－厂应摊的管理费。

(2) 将相应的目标成本和目标利润在全公司的范围内层层分解到分厂、车间、工段、班

组直致个人,以此作为各级的工作目标,也是公司对各级进行考核奖惩的依据。

(3) 实现"成本否决"的奖惩制度,即完不成成本指标,别的工作干的再好,也要否决全部奖金,以成本和效益作为分配和对干部业绩进行考评的依据。

(4) 对公司的管理体制进行了改革。一是精简机构。1990 年到 1995 年,总厂和分厂的管理科室从 503 个减少到 89 个,管理人员占职工人数的比重从 14%下降到 12%;二是充实和加强财务、质量管理、销售、计划、外经、预决算、审计等管理部门,进一步强化和理顺了管理职能。三是实现"卡两头,抓中间"的管理方法。这两头一头是严格控制进厂原材料、燃料的价格、质量,另一头是把住产品的销售关,建立集体定价生产过程中的"跑、冒、漏、滴",而且将各项技术指标进行横向比较,以同行业先进水平为赶超目标。

通过目标成本管理,邯郸不仅在激烈的市场中迎难而上,企业的效益年年提高,而且还为国有企业树立起了光辉的榜样。

要求:

通过阅读以上案例,阐述成本控制的重要意义。并进行企业调研,以小组为单位,交流所调研企业在成本控制方面的成功经验。

项目 2　标准成本控制系统的运行

【相关知识】

9.2.1　标准成本控制系统的构成

1) 标准成本的制定

标准成本的制定是指根据各项成本标准和与此相关的业务量之间的关系,分别确定相应的标准成本内容,经汇总后再确定产品标准成本的一系列行为过程。标准成本的制定必须从现实出发,消除一切不利因素,立足先进,既具有激励性,又有可行性,真正实现事前成本控制的目的。

2) 成本差异的计算分析

成本差异的计算分析是指根据所制定的成本项目标准开支数和当期实际业务量,计算当期产品的标准成本,并随时同记录的实际成本进行比较,确定各成本项目的差异及产品成本的总差异,分析差异的性质及其原因,明确经济责任,及时采取措施,达到降低成本之目的的一系列行为过程。该过程可及时发现问题、解决问题,达到事中成本控制的目的,同时为责任中心业绩考核提供充足的资料和依据。

3) 成本差异的账务处理

成本差异的账务处理是指在成本核算中以标准成本为基础,结合相应的成本计算方法,对产品成本的形成过程及时地进行核算反映,并利用差异分析,将产品的标准成本调整为实际成本的一系列行为过程。该过程不仅可以加快成本计算与核算的速度,满足实际成本核算的需要,还可明确各成本项目差异对产品成本高低的影响程度,为成本管理提供反馈信息,达到实现事后成本控制的目的。

由标准成本控制系统的构成内容可以看出,标准成本控制系统不仅仅是一种单纯的成本管理方法或成本计算与核算方法,更重要的是它能较好地实现成本的事前控制、事中控制和事后控制,从而使成本管理与核算达到协调统一。其中,标准成本的制定是标准成本控制系统的前提和关键,由此可达到成本的事前控制;成本差异的计算分析是标准成本控制系统的重点,借此与成本日常控制和反馈控制相联系,促成成本控制目标的实现和客观的业绩考核。

9.2.2 标准成本及其制定

1) 标准成本

所谓标准成本,实质上是按成本项目反映的单位产品的目标成本。它是事先制定的一种预定的目标成本。由于成本预测所确定的目标总成本不便于进行日常的成本控制,因此在实施日常成本控制时,有必要结合企业的具体生产经营情况,将目标成本层层分解,具体落实到成本控制的各个环节,并分别按成本项目逐一细致地制定出各种产品的成本标准,即标准成本。

2) 标准成本的制定

企业产品成本由直接材料、直接人工和制造费用三部分构成,其中制造费用又可分为变动制造费用和固定制造费用两部分。产品的标准成本也就由相应的标准成本构成。成本的每部分均表现为价格与数量的乘积形式,制定标准成本也必须考虑这两个因素,这既有利于今后成本差异的分析及明确责任的归属,又便于必要时标准成本的修订。

(1) 标准直接材料成本　标准直接材料成本是指各种材料的价格标准与标准需用量的乘积,即对某种材料而言:

$$标准直接材料成本=价格标准\times数量标准$$

若对多种材料而言,则再对上式求和。其中标准需用量是指在现有生产条件下生产单位产品所需用的各种直接材料数量,包括构成产品实体的材料、生产中不可避免的损耗等。标准价格是指事先预计的购买各种材料时应支付的标准价格,包括材料的买价和运输费用、装卸费用等采购费用。

(2) 标准直接人工成本　标准直接人工成本是指标准工资率与产品所需标准时间的乘积,即对产品生产过程的某道工序而言:

$$标准直接人工成本=标准工资率\times标准时间$$

若对产品的生产全过程而言,则再对上式求和。其中,标准工资率是价格标准,标准时间是数量标准。直接人工标准工资率是指生产在正常情况下需支付的费用,在计件工资制度下为每件产品的工资额;在计时工资制度下为每标准工时应支付的工资额。直接人工标准时间指在现有生产经营条件下生产单位产品所需时间、必不可少的休息时间、停工时间以及废品损耗所用的时间等的总和。

(3) 标准制造费用　标准制造费用是指制造费用分配率与生产单位产品所耗用的人工小时或机器小时的乘积。其中,前者为价格标准,后者为数量标准。由于制造费用分为变动制造费用和固定制造费用两部分,因此其分配率也应分别计算。它们的计算公式为:

$$变动制造费用分配率=\frac{变动制造费用预算数}{标准产量下标准直接人工(或机器)总工时}$$

$$固定制造费用分配率=\frac{固定制造费用预算数}{标准产量下标准直接人工(或机器)总工时}$$

其中,变动制造费用和固定制造费用预算数应在预算期前编制,变动制造费用以采用弹性预算方法编制为宜。此时，标准制造费用的计算公式为：

标准制造费用＝标准变动制造费用＋标准固定制造费用

＝变动制造费用分配率×标准工时＋固定制造费用分配率×标准工时

在上述直接材料、直接人工和制造费用三大项目的标准成本分别制定后，就可以汇总制定产品的标准成本。在变动成本计算法下，其标准成本的计算公式如下：

产品标准成本＝标准直接材料成本＋标准直接人工成本＋标准变动制造费用

在完全成本计算法下，其标准成本的计算公式如下：

产品标准成本＝标准直接材料成本＋标准直接人工成本

＋标准变动制造费用＋标准固定制造费用

9.2.3 成本差异及其计算分析

1）成本差异的含义

所谓成本差异是指企业生产某种产品的实际成本与其标准成本之差。当两者之差为负数时，称为有利差异；反之，当两者之差为正数时，称为不利差异。成本由直接材料、直接人工和制造费用三大部分组成，成本差异也相应分为直接材料成本差异、直接人工成本差异和制造费用差异三部分。其中，制造费用差异可进一步划分为变动制造费用差异和固定制造费用差异。

管理部门通过观察、分析差异，就可了解各部门的生产经营的效率，提高对生产经营活动的调控能力，并利用差异来评价各责任部门的业绩。导致成本差异的原因各种各样，总差异往往是多种因素综合作用的结果，但从计算的角度看，这些因素总可归结为“数量因素”和“价格因素”两类，由这两种因素变动形成的差异分别称之为数量差异和价格差异。成本差异分析的基本方法就是将直接材料、直接人工和制造费用三部分差异分别分解为数量差异和价格差异。

计算成本差异的通用模型为：

(1) 实际价格×实际数量
(2) 标准价格×实际数量
(3) 标准价格×标准数量

(1)－(2)＝价格差异
(2)－(3)＝数量差异

(1)－(3)＝总差异

即：

成本差异＝实际成本－标准成本

＝实际价格×实际数量－标准价格×标准数量

价格差异＝实际数量×(实际价格－标准价格)

数量差异＝标准价格×(实际数量－标准数量)

成本差异＝价格差异＋数量差异

2）成本差异的计算和分析

(1) 直接材料成本差异的计算和分析　直接材料成本差异是指生产一定产量的产品的直接材料实际成本与标准成本之差，它由直接材料数量差异和价格差异两部分组成。其中数量差异是指直接材料实际消耗量与标准消耗量之差按标准价格计算的差额；价格差异是指直接材料实际价格与标准价格之差按实际消耗量计算的差额，由通用模型所得具体计算公式如下：

直接材料成本差异＝实际价格×实际数量－标准价格×标准数量

直接材料价格差异＝(实际价格－标准价格)×实际数量

直接材料数量差异＝(实际数量－标准数量)×标准价格

如果企业生产的产品耗用多种材料，则应分别对每种材料进行成本差异计算，再汇总求该产品的直接材料成本总差异。

【例 9-1】 设某企业生产 A 产品的标准成本资料如表 9.1 所示，实际成本资料如表 9.2 所示。

表 9.1　某企业 A 产品标准成本卡

项　　目	标准单价或标准分配率	标准用量	标准成本(元)
直接材料	1(元/千克)	150(千克)	150
直接人工	5(元/工时)	10(工时)	50
变动制造费用	2(元/工时)	10(工时)	20
变动成本合计			220
固定成本合计	1(元/工时)	10(工时)	10
单位产品标准成本			230

表 9.2　某企业 A 产品实际成本资料

成 本 项 目	实际单价或实际分配率	实际用量	实际成本(元)
直接材料	1.1(元/千克)	148(千克)	162.8
直接人工	5.2(元/工时)	9.5(工时)	49.4
变动制造费用	1.8(元/工时)	9.5(工时)	17.1
变动成本合计			229.3
固定制造费用	1.2(元/工时)	9.5(工时)	11.4
单位产品实际成本			240.7

该企业预计全月产能标准总工时为 5 000 工时，生产 A 产品 500 件，实际生产 520 件，购入直接材料 80 000 千克。请计算该企业的直接材料成本差异。

解：① 直接材料价格差异以采购量为基础计算

直接材料价格差异＝(1.1－1)×80 000＝8 000(元)

直接材料数量差异＝(148×520－150×520)×1＝－1 040(元)

由于价格差异以采购量为基础计算，与实际耗用量不同，故无法计算实际成本与标准成本的差异总额。这一计算方法的优点在于能给管理部门及时提供材料采购的差异信息。在责任会计制度下，该方法有利于分清经济责任。

② 直接材料价格差异以耗用量为基础计算

直接材料价格差异＝[(1.1－1)×148]×520＝7 696(元)

直接材料数量差异＝(148×520－150×520)×1＝－1 040(元)

直接材料成本差异＝7 696－1 040＝6 656(元)

直接材料价格差异是以耗用量为基础计算的，优点在于它与数量差异以同一耗用量为基础计算，可给管理部门提供产品的直接材料成本差异的信息。

直接材料成本差异的原因分析对于落实经济责任，考评有关部门和人员的工作业绩以及今后的材料成本控制至关重要。一般来说，直接材料价格差异应由采购部门负责，但对于因物价上涨或由于生产上的临时需要而导致采购费用增加，由此造成的价格差异则应由生产部门或其他有关部门负责。直接材料数量差异一般应由生产部门负责，但如果是由于材料质量差或规格不符合要求等原因而导致材料耗用量增加，则应由采购部门或其他有关方面负责。

(2) 直接人工成本差异的计算和分析　直接人工成本差异是指生产一定量的产品的直接人工实际成本与标准成本之差，它由直接人工工资率差异和人工效率差异两部分组成。其中工资率差异是指实际人工工资率与标准人工工资率之差按实际人工工时计算的差额；人工效率差异又称人工数量差异，是指按标准人工工资率计算的实际工时与标准工时之差额。其中标准人工工资率是标准工资总额与标准总工时的比率；实际人工工资率是实际工资总额与实际总工时的比率。由通用模型所得具体计算公式如下：

直接人工成本差异＝实际工资率×实际工时－标准工资率×标准工时

直接人工工资率差异＝(实际人工工资率－标准人工工资率)×实际人工工时

直接人工效率差异＝(实际工时－标准工时)×标准人工工资率

如果企业生产的产品需要由不同工资等级的成员来完成，则应分别对每一等级的情况进行成本差异计算，再汇总求出该产品的直接人工成本总差异。

【例 9-2】 依例 9-1 的有关数据，计算该企业直接人工成本差异。

解：

直接人工工资率差异＝(5.2－5)×9.5×520＝988(元)

直接人工效率差异＝(9.5－10)×520×5＝－1 300(元)

直接人工成本差异＝988－1 300＝－312(元)

一般情况下，直接人工工资率差异，即价格差异由企业决策部门的决策行动所引起，主要是由生产过程中升级或降级使用不同工资等级的职工所引起，应由决策部门负责；直接人工效率差异，即数量差异应由生产部门负责。其影响因素主要有企业劳动组织和人员配备情况、工人的技术熟练程度和责任感、材料的质量、规格和供应的及时性、动力供应情况、工具配备情况、机器设备的运转情况等。根据差异产生的具体原因可确定责任归属，如果不属于生产部门的责任，则应从中剔除，划归其他部门负责。

(3) 变动制造费用差异的计算和分析　变动制造费用是指生产一定产量的产品的实际变动制造费用与标准变动制造费用之差，它由变动制造费用分配率差异和效率差异两部分组成。其中分配率差异又称价格差异、开支差异或耗费差异，是指按实际工时计算的实际变动制造费用分配率与标准变动制造费用分配率的差额；效率差异又称数量差异，是指按标准分配率计算的实际工时与标准工时的差额。其中实际变动制造费用分配率是实际变动费用支出总额与实际总工时的比率。由通用模型所得具体计算公式如下：

变动制造费用差异＝实际变动制造费用分配率×实际工时
－标准变动制造费用分配率×标准工时

变动制造费用分配率差异＝(实际变动制造费用分配率
－标准变动制造费用分配率)×实际工时

变动制造费用效率差异＝(实际工时－标准工时)×标准变动制造费用分配率

【例 9-3】 依例 9-1 的有关数据，计算该企业的变动制造费用差异。

解：

变动制造费用分配率差异＝(1.8－2)×9.5×520＝－988(元)

变动制造费用效率差异＝(9.5－10)×520×2＝－520(元)

变动制造费用差异＝－988－520＝－1 508(元)

变动制造费用分配率差异产生的原因主要是间接材料、间接人工和其他有关变动性制造费用支出变化、生产过程中实际工时或机器小时利用情况变化等，具体的原因有市场物价的涨跌、工资水平的升降、生产过程中发生停工待料导致产量降低等。变动制造费用效率差异产生的原因主要是工时变动。所以，对变动制造费用差异来说，只有在深入分析差异形成原因的基础上才能将有关差异的责任具体落实到有关部门。

(4) 固定制造费用差异的计算和分析　固定制造费用差异是指一定期间的实际固定制造费用与标准固定制造费用之差。其组成有两种分析方法，一是将其分为开支差异、能力利用差异和效率差异三部分；二是将其分为预算差异，即开支差异和能量差异两部分。一般认为第一种分析方法较合理，因为当实际产量与预计产量不一致时，就必然会使按标准分配率计算的实际固定制造费用与标准固定制造费用发生差异，此差异即为能力利用差异。本章仅介绍第一种方法。在这种方法中，开支差异是指实际发生数与预算数之差；能力利用差异是指预算数与按标准分配率计算的实际工时之差，或按标准分配率计算的预算工时与实际工时之差额；效率差异是指按标准分配率计算的实际工时与实际产量应耗标准工时之差额。具体计算公式如下：

固定制造费用开支差异＝固定制造费用实际数－固定制造费用预算数
＝实际工时×实际分配率－预算工时×标准分配率

固定制造费用能力差异＝固定制造费用预算数－实际工时×标准分配率
＝(预算工时－实际工时)×标准分配率

固定制造费用效率差异＝(实际工时－实际产量应耗标准工时)×标准分配率

其中，实际工时指实际完成的工时；预算工时指预计应完成的工时，即应达到的生产能力；标准工时是指实际产量应耗标准工时。

【例 9-4】　依例 9-1 的有关数据，计算该企业的固定制造费用差异。

解：固定制造费用开支差异＝1.2×9.5×520－1×10×500＝928(元)

固定制造费用能力差异＝1×10×500－9.5×520×1＝60(元)

固定制造费用效率差异＝(9.5－10)×520×1＝－260(元)

固定制造费用差异＝928＋60－260＝728(元)

由于固定性制造费用由诸多明细项目组成，差异分析也应按项目分别进行才能明确有关部门和人员的经济责任。固定性制造费用差异实质上是工时利用差异，一般应由劳动管理部门和生产部门负责。导致固定制造费用开支差异的主要原因是工资率、税率等资源价格变动，管理层决策引起的广告费、职工培训费等酌量性成本的变化，增减职工等引起的资源数量变化，计入本期成本的预提费用和待摊费用的变化等。导致固定制造费用能力利用差异的主要原因是由各种因素引起的产销量变化。导致固定制造费用效率差异的主要原因与导致直接人工效率差异的原因相同，是由企业劳动组织和人员配备情况、工人技术熟练程度和责任感、材料质量、动力供应等情况引起的工时利用造成的。

总之，通过对直接材料成本差异、直接人工成本差异和制造费用差异的深入分析研究，可揭示实际成本和标准成本不同的原因，明确成本升降的责任归属和各部门的工作业绩，并为进一步控制成本、降低成本提供了有用的信息和指明努力的方向。

【技能训练】

1）问题讨论

(1) 如何制定标准成本？以一把椅子为例，谈谈你的思路。

(2) 在成本控制中要解决的问题很多，我们不可能都面面俱到，平均用力，所以有一条成本控制的例外管理原则。怎样理解这一原则呢？

(3) 以一个你比较熟悉的生产制造企业为例，对各种成本差异的可能原因进行分析，把各种原因列入表 9.3 中。

表 9.3　成本因素分析表

差异项目	有利差异的成因	不利差异的成因
1. 直接材料价格差异		
2. 直接材料用量差异		
3. 直接人工工资率差异		
4. 直接人工效率差异		
5. 变动制造费用耗用差异		
6. 变动制造费用效率差异		

2）案例分析

如何推算人工记录资料

天津利民厂采用标准成本来评价工作成果和控制成本，但由于一个职工的疏忽，丢失了部分人工记录资料。根据现存的一部分资料可知全部的人工差异是 1 440 元有利差异，每小时的标准工资率为 12 元，由于工资的上涨，导致了不利的工资率差异 960 元，实际投入的人工小时为 1 600 小时。

计算：

(1) 每小时实际工资率。

(2) 实际产出上允许投入的标准人工小时。

案例分析指导：

(1) 计算每小时实际工资率　因标准小时工资率为 12 元，实际投入人工小时为 1 600 小时，工资率差异为 960 元不利差异，则：

$$1\,600 \times (\text{实际小时工资率} - 12) = 960(\text{元})$$

$$\text{实际小时工资率} = 960 \div 1\,600 + 12 = 12.6(\text{元})$$

(2) 计算实际产出上允许投入的标准人工小时　因为全部的直接人工差异为 1 440 元有利差异，则：

$$\text{效率差异} + 960 = -1\,440\text{ 元}$$

$$\text{效率差异} = -1\,440 - 960 = -2\,400(\text{元})(\text{有利差异})$$

又因

$$(1\,600 - \text{标准人工小时}) \times 12 = -2\,400(\text{元})$$

$$标准人工小时 = 1\,600 + 2\,400 \div 12 = 1\,800(小时)$$

直接材料和直接人工标准成本的计算

佛山机械厂最近获取10 000件某种精密机械零件的订货。该种零件的精密度要求极高,废品在生产过程中难以发现,直到最后完工步骤才能确定。预计该种零件的废品率为20%,因此生产10 000件合格产品必须投产12 500件。

佛山机械厂采用标准成本系统进行内部成本控制。经过工程技术人员及财会和有关部门的分析确定,每件产品需要直接材料1.7千克,正常的边角废料平均每件为0.3千克,直接材料的标准价格每千克为8.5元,另外每千克运费和处理费用为0.5元。该零件需要熟练工人加工,每件需要直接加工工时4小时,每小时工资率为20元。直接加工人工每周按40小时支付工资,其中32小时为直接加工工时,另外8小时包括必要的停工和休息时间。基本工资之外另支付每小时奖金4元,工薪税按基本工资的10%交纳。

要求:

根据上述资料,计算确定该精密机械零件每件合格品所耗用的直接材料标准成本和直接人工标准成本。

案例分析指导:

(1) 计算每件合格品所耗用的直接材料标准成本

每件产品需要直接材料1.7千克

每件产品平均边角废料0.3千克

每件产品耗用直接材料2.0千克

废品率20%

每件合格品直接材料标准用量 = 2.0 ÷ (1 − 20%) = 2.5(千克)

直接材料购买价格8.5元/千克

运费及处理费用0.5元/千克

直接材料标准价格9.0元/千克

直接材料标准成本 = 2.5千克 × 9.0元 = 22.5元

(2) 计算每件合格品所耗用的直接人工标准成本

停工和休息时间占直接加工工时的百分比 = 8 ÷ 32 × 100% = 25%

每件产品直接加工工时4.00小时

每件产品停工和休息时间 = 4 × 25% = 1.00(小时)

每件产品耗用直接人工工时5.00小时

废品率20%

每件合格品直接人工标准工时 = 5.00 ÷ (1 − 20%) = 6.25(小时)

每小时工资率20元/小时

每小时奖金4元/小时

工薪税=20×10%=2(元/小时)

标准小时工资率26元/小时

直接人工标准成本 = 6.25小时 × 26元 = 162.5元

巨川公司成本差异分析

巨川公司生产一种塑料制品，该制品的各项变动性投入的标准如表9.4所示。

表9.4 标准成本资料

项　　　目	标　准　用　量	标　准　价　格	标　准　成　本
直接材料	1.20千克	1.50元	1.80元
直接人工	0.16小时	10.00元	1.60元
变动性制造费用	0.16小时	2.50元	0.40元
合计			3.80元

7月的第一周，公司实际成本资料如表9.5所示。

表9.5 实际成本资料

产量(件)	40 000
实际人工成本(元)	70 000
实际人工小时(小时)	6 600
购入及耗用材料(千克)	46 000
实际变动性制造费用(元)	26 500

其他资料：采购员找到一家塑料质量稍好一些的供应商，这种塑料在7月的第一周用于生产。同时，一种新的生产布局正处于试用期。这种新的生产布局需要更熟练的工人，新材料的运用对人工没有影响，同样地，这一新的生产方式不影响材料的用量。

回答下列问题：

(1) 计算材料价格和用量差异。假设材料差异完全归因于高质量材料的使用，你是否建议采购员继续采购这一材料？应该采购一般质量的材料吗？(假设最终产品的质量不受显著影响)

(2) 计算人工工资率差异及效率差异。假设人工差异归因于新的生产布局的采用，那么该继续采用这一布局吗？解释原因。

(3) 参考(2)，假设工程师认为，因为新的生产布局仅被采用一周，还无法评估它的作用。你是否认为工人至少需要一周时间才能适应新的生产布局。假设第二周产量不变，实际人工小时是6 000小时，人工成本是62 000元，新生产布局是否应被采用(假设差异归因于新的生产布局的运用)？如果是这样，这一方案每年预计将节约多少？

【拓展阅读与训练】

现代质量成本优化理念

质量成本是指为防止出现低质量的产品或矫正低质量产品而发生的成本。

不同的质量成本优化理念，会有不同的质量标准。在传统的质量优化理念下，其质量标准就是可接受的质量水平(也即适当的质量标准，在此质量水平下，控制成本与故障成本之间实现均衡)。具体地说，就是在生产及销售的产品中可以允许一定的次品率。假定其不良率为2%，则任何一批产品的次品只要不超过2%，就可以销售给顾客。一旦采用了这种质量标准，企业就没有持续改进质量的激励，从而使已经产生的经营错误继续下去。很显然，在当今市场经济环境下，采用这种质量标准，会大大削弱企业的竞争力。

而在现代的质量成本优化理念下，其质量标准是零缺陷。质量零缺陷的观点认为，对企业来说，存在一定的次品率(如万分之一)可能是允许的，甚至是合理的，但对购买到这万分之一次品的消费者来说，他购买的就是百分之百的次品，他的权益也由此受到侵害。因此，将次品率降为零，不但具有成本效益上的合理性，而且对维护每个顾客的权益也是必要的。事实上，那些以质量零缺陷理念指导质量管理的企业，在市场上更具竞争力。按照零缺陷这种标准生产的产品必须与预期的目标完全吻合，不允许有任何偏离预定标准的次品存在。不论是生产或交货都必须按照这个质量标准执行。显然，零缺陷是一个比较难以达到的标准，但这恰恰证明了企业进行持续改善的必要性。只有在持续改善过程中，企业才能不断地逼近、直至达到零缺陷标准。

要求：

通过以上资料阅读，请阐述质量与成本的关系？并回答什么是顾客满意的质量？

销售差异分析

“科蒙多部队”是种新型的儿童战斗玩具，包括三个可单独出售的部分马蒂、凯姆和霸王车。霸王车可以单独玩，也可以和马蒂、凯姆两个或其中任一个一起玩。由于拥有女侠及男兵两种人物形象，“科蒙多部队”的目标市场是7～11岁的孩子。“科蒙多部队”在中国市场的总代理通过批发商转售给儿童玩具商店、连锁店。第一季度(1～3月)预计销量不佳(因为圣诞、新年及春节形成的购物高潮刚刚过去)。表9.6是第一季度的预算销售数据及实际销售数据。

表9.6 “科蒙多部队”预算及实际销售数据(第一季度)

	马蒂	凯姆	霸王车
标准售价(元)	8.00	8.0	12.00
标准销量(个)	24 000	20 000	6 000
实际售价(元)	7.5	8.20	11.80
实际销量(个)	23 000	22 000	7 000

要求：

(1) 计算其中每单个玩具及全部玩具的价格差异及数量差异。

(2) 为管理层提供一份以上各种差异产生原因的备忘录。

提示：本章主要以制造业为例讨论了标准成本及其差异分析的问题，但在现实中还有另外一类组织，即营销组织，这类组织没有生产制造过程，其主要活动是营销活动。营销组织的管理和控制可以通过销售差异分析进行。销售差异分析的公式为：

销售价格差异＝(实际售价－标准售价)×实际销售量

销售数量差异＝(实际销售量－标准销售量)×标准售价

总差异＝销售价格差异＋销售数量差异

【本模块要点归纳】

成本控制就是确立成本标准，衡量成本绩效，纠正成本偏差，不断降低成本的整个过程。成本控制主要包括以下几方面：① 事先进行成本规划，使得产品成本在设计、开发等投产前阶段得到有效控制；② 事中进行指导、限制和监督，使之符合有关成本的方针、政策、目标、计划和标准，发现偏差，及时采取纠正措施，使各项费用耗费控制在预定的范围内；③ 事后进行分析评价，并在总结先进经验和实施改进措施的基础上，修订和建立新的成本目标，促使企业严格控制成本。

标准成本系统是围绕标准成本将成本计算和成本管理相结合的一种成本控制系统，是集成本分析、成本控制和成本计算为一体的成本计算方式，它包括标准成本制定、成本差异的计算分析和成本差异的账务处理三大部分。

产品的标准成本由直接材料、直接人工和制造费用组成。应分别根据价格标准和用量标准来计算。

成本差异是指生产经营过程中发生的实际成本与相关标准成本之间的差额。实际投入成本小于标准投入成本形成的节约差异称为有利差异；实际投入成本大于标准投入成本形成的超支差异称为不利差异。由于料、工、费三大成本项目的标准都是由价格标准和用量标准构成，而实际中表现为实际支付的价格和实际耗用量，因而每一变动成本项目的成本差异又可进一步分解为价格差异和用量差异。

各种成本差异形成的原因是非常重要的。

直接材料价格差异的主要原因一般包括：市场价格变动、材料采购方式的选择、材料供应者的选择等；用量差异的主要原因一般包括：工人技术熟练程度和责任感、设备完好程度、材料的质量和规格、产品质量控制制度、材料的安全保管工作等。

直接人工工资率差异的主要原因一般包括：工人工资结构和工资水平变动等；效率差异的主要原因一般包括：工人劳动生产率、设备完好程度、动力供应情况、材料及半产品供应保证程度、材料质量等。

影响变动性制造费用耗费差异的因素包括：预算或标准估计有误，实际发生的变动性制造费用与预计数发生偏差；间接材料价格变化；间接人工工资的调整；间接材料质量低劣；间接人员过多；其他各项变动制造费用控制不当，等等。影响变动性制造费用效率差异的主要因素与影响人工效率差异的因素是一致的。

影响固定制造费用开支差异的因素包括：管理人员工资的调整及相应的职工福利费调整；折旧方法的改变；修理费用开支的变化；租赁费、保险费的调整；各项办公用品价格上涨等。影响固定制造费用能力差异和效率差异的因素包括：市场销路的变化；材料供应方面存在问题；设备能力利用不善，机械发生故障，停工待修；燃料能源短缺，开工不足；生产批量变化；人员技术水平有限，不能充分发挥设备能力等。

成本差异的分析为解决成本差异问题指明了方向。

【综合测试】

一、判断对错

1. 直接人工效率差异，是指直接人工实际成本与直接人工标准成本之间的差额。（　）

2. 变动制造费用开支差异类似于直接人工效率差异。（　）

3. 变动制造费用效率差异类似于直接材料用量差异。 ( )

4. 变动制造费用差异实际上反映的是产品制造过程中的工时利用问题。 ( )

二、单项选择

1. 在成本差异分析中,变动制造费用开支差异类似于( )。

A. 直接人工效率差异　　B. 直接材料用量差异

C. 直接材料价格差异　　D. 直接人工成本差异

2. 在成本差异分析中,变动制造费用效率差异类似于( )。

A. 直接人工效率差异　　B. 直接材料价格差异

C. 直接材料成本差异　　D. 直接人工工资率差异

3. 固定制造费用效率差异是由于( )之间的差异而造成的固定制造费用差异。

A. 实际工时与预算工时　　B. 实际工时与标准工时

C. 预算工时与标准工时　　D. 实际分配率与标准分配率

4. 形成固定制造费用效率差异的原因与( )的形成原因相同。

A. 直接人工效率差异　　B. 直接人工工资率差异

C. 直接材料价格差异　　D. 变动制造费用开支差异

三、多项选择

1. 在下列成本差异项目中,其形成原因与直接人工效率差异相同的有( )。

A. 直接材料价格差异　　B. 变动制造费用效率差异

C. 固定制造费用效率差异　　D. 固定制造费用开支差异

2. 固定制造费用成本差异可以分为( )三种差异。

A. 开支差异　　B. 效率差异　　C. 生产能力利用差异　　D. 数量差异

3. 成本差异分析的基本方法就是将直接材料、直接人工、制造费用三部分差异分别分解为( )。

A. 价格差异　　B. 效率差异　　C. 生产能力利用差异　　D. 数量差异

四、计算分析

1. 某企业用一种主要材料生产一种产品,全月制造费用预算 2 100 元,其中变动制造费用预算 1 400 元,固定制造费用预算 700 元,全月生产能力标准为 1 400 小时(直接人工工时)。该产品的标准成本卡如下表所示:

成本项目	数量标准	价格标准	标准成本(元)
直接材料	50 千克	0.20 元/千克	10.00
直接人工	3 小时	6.00 元/小时	18.00
制造费用			
变动部分	3 小时	1.00 元/小时	3.00
固定部分	3 小时	0.50 元/小时	1.50
单位产品标准成本	—	—	32.50

该企业本月份生产产品 400 件,有关实际成本资料见下表:

摘　要	实际数量	实际价格	实际成本(元)
购入直接材料	2 000 千克	0.21 元/千克	5 250.00
领用直接材料	19 000 千克		
实际直接人工	1 100 小时	5.90 元/小时	6 490.00
实际制造费用			
变动部分	—	—	1 300.00
固定部分			710.00

根据上述材料，试进行有关的成本差异分析。

2. 某企业生产甲产品，实际产量为110件，直接材料的用量配比及其标准成本和实际成本资料见下表：

材料种类	标准成本			实际成本		
	用量(千克)	单价(元/千克)	成本(元)	用量(千克)	单价(元/千克)	成本(元)
A	8	40	320	6	45	270
B	2	30	60	6	22	132
合计	10	—	380	12	—	402

根据上述资料，请计算直接材料成本的各项差异。

3. 某企业直接人工按工资等级分别制定标准工资率：一级为5.50元/小时，二级为6.00元/小时，三级为7.00元/小时。产品成本计算所用的统一的标准工资率为6.50元/小时。

本月份有关资料如下：工资的实际发生额为57 000元，计入产品成本的直接人工标准成本为59 000元。各级工人实际的工时：一级工2 000小时，二级工4 000小时，三级工3 000小时。试根据上述资料进行直接人工成本差异分析。

五、复习思考

1. 标准成本制度包括哪些内容？
2. 如何制定标准成本？
3. 成本差异的成因一般有几种类型？对进行成本差异调查分析有何指导意义？
4. 如何开展成本差异的计算与分析？
5. 如何恰当地落实成本差异的责任归属，以便成本控制系统健全而有效地运行？

模块 10 责任会计

【知识目标】

掌握责任中心的含义、内容及考核评价方法；熟悉责任会计的内容与责任会计制度建立的原则；理解内部转移价格的类型和制定方法。

【技能目标】

学会建立责任会计制度的一般程序和要做的工作，学会利用相应指标评价各级责任中心，能够编制并分析责任中心的业绩报告。

【引导案例】

生产与销售部门如何负起责任

南京某药业股份有限公司的主要产品为蜂王浆和人参素，市场旺销，特别在春节前后，市场上常常脱销，供不应求。

今年春节期间，该公司销售部门要求进行突击生产，加班加点，生产更多的产品以增加销售，提高利润。然而公司生产部门却反对这一做法，认为这样做要打乱全年生产计划，花费的代价太大。另外，生产部门知道，由于节假日加班加点往往要支付双倍甚至三倍的工资，因此产品成本很高，在进行一系列成本指标考核时，显然对生产部门十分不利，甚至要影响奖金。所以公司生产部门竭力反对，并抱怨销售部门只顾自己的一系列销售指标，而不考虑生产部门的苦衷。

但销售部门马上提出，你生产部门是否愿意承担失去大量客户的责任，是否考虑到销售收入和企业利润等各项经济指标。当然，生产部门是不愿承担这些责任的。但双方互争不休，最后矛盾上交总经理室。

总经理请财务部门提出意见，是否接受各项加班加点任务，怎样处理生产部门和销售部门之间的矛盾。

请问：假如你是财务部经理，应该怎样回答这两个问题？

项目 1 认知责任会计

【相关知识】

10.1.1 责任会计的概念和作用

1）责任会计的概念

责任会计是指为了适应企业内部管理的要求，更好地调动各部门和职工的积极性，在企业内部建立若干责任中心并使它们对所分工负责的经济活动进行规划、核算、控制和考核的一整套专门制度。

在西方国家，责任会计一经产生，不仅大规模企业纷纷采用，就连中小型企业也都乐意推行，并被时间证明是一种有效地改善经营管理、提高经济效益的重要工具。

2) 责任会计的作用

责任会计是企业实行分权管理，推行内部经济责任制的产物。其作用如下：

(1) 它是完善经济责任制、实行分权的保证。实行责任会计以后，可使各级管理人员目标明确，责任清楚，而且责任中心的责任者有责有权。责任会计是落实经济责任、控制经济活动、提供经济信息、考核经营业绩的基本手段。

(2) 实行责任会计，将企业划分成若干责任中心，可充分调动各部门和每个职工的积极性，使企业内部各部门(责任中心)目标明确，责、权、利有机统一，及时了解生产经营中实际情况，尽快地解决存在的问题，提高劳动生产率。

(3) 推行责任会计，使高层次管理人员摆脱日常事务性工作，集中精力处理更加重要的问题，特别是企业未来的发展战略问题。同时，使各部门、责任中心的主管人员在自己的职责范围内，行使自己的权限，独立地从事经营管理活动，有利于促使企业管理中的各级决策能从实际出发并保证其顺利地贯彻执行。

10.1.2 责任会计的内容

1) 合理划分责任中心

根据企业的具体情况和内部管理的实际需要，把其所属的各部门、各单位划分为若干分工明确、责权范围清楚的责任中心，并规定这些中心的负责人(包括经理、厂长、主任、段长、组长甚至个人)对他们分工负责的成本、收入、贡献边际、税前利润、投资效益等重要经济指标，向其上一级主管单位承担责任；同时赋予他们相应的经营管理的决策权，并使他们获得的经济利益与其业绩和贡献直接挂钩。

2) 正确编制责任预算

把全面预算所确定的企业生产经营总目标和任务，按责任中心进行层层分解、落实，并为每个责任中心编制具体的责任预算，作为今后控制各责任中心经济活动的依据，同时也是评价各责任中心业绩的标准。

3) 建立和健全信息跟踪与报告系统

责任中心及其责任预算一经确定，就要按责任中心建立相应的一套完整的日常记录、计算和积累有关责任预算执行情况的信息跟踪系统，对实际执行情况进行跟踪反映，并定期编制“业绩报告”，亦称“责任报告”。应该注意的是：这套信息跟踪与报告系统不仅要建立，而且要健全。所谓健全的信息跟踪及报告系统必须具备以下三项特征：

(1) 相关性　即所反映的内容能满足各级主管人员的不同需要，并只列示该责任单位可控项目范围内的有关信息。

(2) 及时性　即编制业绩报告的时间越短越好，绝不能与财务报表编制的时间同步，要能适应企业内部经营管理的需要。

(3) 准确性　即提供的信息要有足够的准确性，以保证业绩评价与考核的公正合理。

4) 及时进行反馈控制

根据各责任中心编制的业绩报告，分析预算执行差异发生的原因，及时通过信息反馈，控制并调节他们的日常经济活动；同时还要督促他们迅速采取有效措施，纠正缺点，巩固成绩，不断降低成本，压缩资金占用，借以扩大利润，提高经济效益。

5）正确评价和考核实际业绩

通过对各责任中心业绩报告中的实际数与预算数的对比和差异分析，来评价和考核各责任单位的工作实绩和经营效果。然后根据事先制定的一套严密周详的奖惩制度，按各责任中心完成业绩的好坏，进行奖优罚劣、奖勤罚懒，力求做到公正合理、奖罚有据，以保证经济责任制的贯彻执行。

6）合理制定内部转移价格

为了正确评价各个责任中心的工作业绩，对于各责任中心之间相互提供产品或劳务的活动，必须由企业管理当局审慎地、合理地制定出适合本企业特点的“内部转移价格”，以便据以进行计价和结算。内部转移价格的制定，既要有利于调动各有关责任中心生产经营的主动性和积极性，又要有利于保证各责任单位和整个企业之间的经营目标一致性的实现。

10.1.3　建立责任会计制度的原则

责任会计制度的建立，在不同类型的企业中，由于内部条件和外部情况的不同，其具体做法往往各有所异，即使在同一企业的不同时期，也常常会有不同的做法。但不论怎样，对任何企业来说，要想建立一套科学的、有效的责任会计制度，必须遵循以下五条原则。

1）可控性原则

这是指每个责任单位只能对其责权范围内可控制的成本、收入、利润和资金负责，在责任预算和业绩报告中也只应包括他们能控制的项目，对于不能控制的项目则应排除在外，或只作为参考资料列示，以保证责、权、利关系的紧密结合。根据这条原则，在把企业的全部成本按其性态分为变动成本和固定成本两大类的基础上，必须为每个成本项目及其明细项目确定应由谁负责。

应该注意的是，可控与不可控是相对的，要视具体情况而定；不同的责任层次，其可控的范围也不一样。通常责任层次越高，其可控范围也就越大。例如，企业的广告费，对车间和班组来说是不可控的，而对销售部经理或总经理来说是可控的。即使在同一责任层次，由于情况的变化，其可控范围也可能有所变动。比如，厂长、经理、党委书记由地方组织部门或人事部门委派时，其工资标准对企业管理当局来说是不可控的；但如果他们改向人才市场招聘时，其工资标准对企业管理当局来说则是可控的。正因为这样，企业管理当局在确定各责任层次的可控范围时，必须尽可能适应经济环境的变化，针对不同情况作出具体规定，力求做到既要防止因职责不清而相互推诿，又要激励各责任单位勇挑重担，恪尽职守，充分发挥他们的主观能动性。

2）目标一致性原则

这是指各责任单位的具体目标与经营活动必须同企业的总目标保持一致。这项原则要求各责任单位的责任预算应建立在企业全面预算目标的基础上，是总目标的具体化和阶段化；各责任单位的日常生产经营活动必须符合企业的整体利益，确保整体利益最大化；对执行过程中偏离企业总目标的行为应及时纠正，保证各责任单位的生产经营活动朝着既定的企业总目标协调发展；防止各责任中心脱离企业总目标而各行其是，以致损害企业的整体利益。值得注意的是，单一性的考评指标往往会导致企业上下级目标的不一致。因此，考评指标的完整性和科学性是保证责任会计能公正合理地对各级责任单位进行业绩评价的重要条件。

3）责、权、利相结合的原则

这一原则要求在责任会计中，要为每个责任单位、每笔收支项目和每项消耗定额，确定应由谁负责；同时，赋予责任者与其所承担职责范围大小相适应的权利；并规定出相应的业绩考核标准。责、权、利要紧密配合，并使其兼顾国家、集体和个人三方面的利益。

4）反馈性原则

这是指各责任单位在执行预算过程中，对各项经济活动发出的信息，要及时、准确并可靠地进行计量、记录、计算和反馈，以便发现问题，迅速采取有效措施加以控制，达到强化管理的目的。责任预算执行情况的信息反馈，既是一个经济信息的运用过程，也是责任会计真正发挥其管理作用的一个重要步骤，是责任会计管理职能的具体表现。责任会计信息反馈的主要特点在于它是由层层反馈并由层层控制而形成的一个树状反馈控制网络，保证整个企业的生产经营活动经常有序地进行。

贯彻反馈性原则，首先要求企业按责任单位建立一套科学的信息跟踪与报告系统，以保证输入信息的准确无误。其次要求企业按责任层次自下而上地建立一套严密的信息控制系统，以保证输出信息的及时、有效，使生产经营活动能沿着预定的目标前进。最后，要求企业建立一套反应迅速的决策系统，对生产经营活动过程中发现的问题能够很快地作出恰当的决策，以保证反馈的信息能及时有效地得到处理。

5）及时性原则

如前所述，责任会计为了进行有效控制，需要建立反馈系统，而反馈系统的作用在很大程度上取决于信息反馈的及时性。因此，各责任单位在编制业绩报告以后，应迅速作出反应，把有关信息反馈给责任者，以便他们迅速据以调控自己的行为。同时，及时地反馈信息还有助于尽快发现和调整在业绩报告中出现的不可控因素，以保证对责任者的业绩进行综合考评的准确性。

现代电子技术的发展，特别是电脑在管理领域内的广泛应用，已给信息反馈的及时性提供了技术保证。企业在建立责任会计时，可由各责任单位在经济活动发生时，将有关信息输入电脑，并通过电脑联网进行信息反馈，使企业管理当局能及时对各责任单位的预算执行情况了如指掌，若发现重大问题随时可采取措施，迅速加以解决。

【技能训练】

1）问题讨论

(1) 分权管理是必要的吗？实行分权管理的优点是什么？

(2) 经济责任制与责任会计的道理一样吗？

2）案例分析

经过多年的辛勤努力，刘刚一手将原来的小厂发展成现在拥有5个分公司的大企业。他习惯了以前的那种小厂管理方式——大事、小事，事事亲自过问。公司上上下下的所有决策都须经他之手来进行。尽管刘总经理每天忙得不可开交，但是公司还是一团糟。由于许多问题没能及时处理，分公司失去了不少的客户和市场；由于整天急于应付大量繁杂的具体业务问题，他也没有精力去考虑企业的长远发展和战略规划，使得企业在同行业中的竞争地位日益下降。

回答下列问题：

(1) 你认为作为一个总经理来讲，他的中心工作应该是什么？

(2) 刘刚的困境应如何摆脱？

(3) 有人讲，越是大领导，干活越应该少，你怎样理解这句话。

项目2　建立责任中心

【相关知识】

10.2.1　责任中心

责任中心是企业内部由专人负责，在其明确的行动范围内承担规定责任，享有相应的权力，单独进行经济核算并可根据绩效大小受到奖惩的企业内部组织单位或部门。

责任中心的基本特征是权、责、利的结合，具体说，责任中心具有以下特征：

(1) 拥有与企业总体管理目标相协调、且与管理职能相适应的经营决策权。一般来说，企业将日常的经营决策权直接授予负责该经营活动的部门，使其能针对具体问题和情况及时做出处理，以避免因层层汇报延误决策时机而造成损失。

(2) 承担与经营决策权相适应的经济责任。有什么样的决策权力，就有什么样的经济责任，所以当一个部门被授予了经营决策权时，就必须对其决策的"恰当性"承担经济责任，这也是对有效地使用其权力的一种制约。所以每一个责任中心，必须根据授予的经营决策权的范围承担相应的经济责任。

(3) 建立与责任相配套的利益机制。为了保证企业各责任中心管理人员都能有效地行使其权力，勇于承担责任，就必须建立与其责任相配套的利益机制，以使每个管理人员的个人利益与其管理业绩联系起来，有效地激励管理人员和所有职工的工作热情和积极负责的精神。

(4) 各责任中心的目标与企业整体目标是协调一致的。将经营决策权授予各级管理人员时，实际上就是将企业的整体目标分解成各责任中心的具体目标，因而各责任中心的目标与企业总目标是一致的。

责任中心根据控制区域和权责范围的大小，一般可分为成本中心、利润中心、投资中心。

10.2.2　成本中心及其考核评价

1) 成本中心

成本中心是对成本或费用负责的责任中心，其特点是只对生产或经营过程中投放的成本或费用负责，而不承担收入实现责任，因而一般只考评其成本或费用的发生和控制情况。

成本中心有广义和狭义之分。狭义的成本中心是指在对产品生产或劳务提供中资源的耗费负责的责任中心，主要指生产产品或提供劳务的责任中心；广义的成本中心除狭义的成本中心外，还包括那些非生产性的以控制经营管理费用为主的责任中心，即费用中心。这里所述的是广义的成本中心。

成本中心的应用范围最广，上至工厂一级，下至车间、工段、班组甚至个人都可划分为成本中心，可以说，凡是有成本费用支出的地方，都可建立成本中心。由于成本中心的规模大小不一，所以各成本中心控制、考核的内容也不一样。

成本中心的特点是没有经营权或销售权，无法控制收益，因而其责任只是对在其职权范围内发生的成本或费用负责，成本中心的目标也就是在保质保量完成生产任务或搞好管理工作的前提下控制和降低成本和费用。

2）责任成本

责任成本是成本中心控制、考核的主要内容。责任成本与产品成本不同，责任成本是以责任中心为对象归集生产或经营管理耗费。归集原则是谁负责，谁承担，而产品成本是以产品为归集对象，归集原则是谁受益，谁承担。

生产费用横向按产品品种归集，构成了产品成本，纵向按责任中心归集，构成责任成本。

责任成本与产品成本的区别如图 10.1 所示。

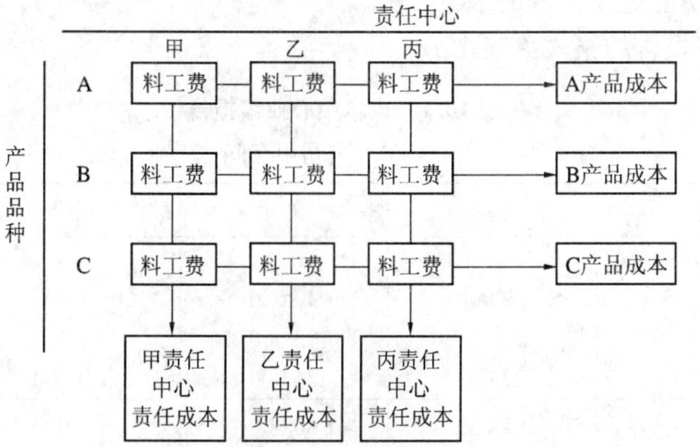

图 10.1　产品成本与责任成本的区别

3）可控成本

根据责任会计的可控性原则，计算考核成本中心的责任成本时，必须把它按其可控性分为“可控成本”和“不可控成本”两类。凡是成本中心能控制的各种耗费为“可控成本”，凡是成本中心不能控制的耗费为“不可控成本”。可控成本通常符合以下三个条件：

(1) 成本中心有办法知道将发生什么样性质的耗费。

(2) 成本中心有办法计量它的耗费。

(3) 成本中心有办法控制并调节它的耗费。

凡不符合上述三个条件的，即为不可控成本。属于某成本中心的各项可控成本之和，即构成该中心的责任成本。

由于每个成本中心只应对其能直接控制的成本负责，故在编制责任预算、日常记录实际发生的责任成本以及定期编制责任报告时，均应以该成本中心的可控成本为限。至于不可控成本，一般不予反映。

一项成本费用，是否为可控成本，不是由费用本身确定的，而是对成本中心而言的，对一个部门来说是可控成本，对另一个部门就可能是不可控成本。责任成本本质上是一种相对的可控成本。

4）对成本中心的考核评价

成本中心没有收入，只对成本负责，因而对成本中心的评价与考核应以责任成本为重点，即以业绩报告为主要依据来衡量责任成本的实际完成情况，包括计算实际数与预算数的差异，确定差异性质，追溯差异原因，据此进行奖惩，同时通过信息反馈，积极采取措施进行适时控制。

对成本中心的考评主要集中于目标(预算)成本完成情况的考核上。

$$预算成本节约额(差异额)=预算成本-实际成本$$

预算数大于实际数称为有利差异，表示节约；反之，为不利差异，表示超支。

$$预算成本节约率(差异率)=\frac{预算成本节约额}{预算成本}\times 100\%$$

成本中心编制的业绩报告，通常只需按该中心可控成本的各明细项目填列其预算数、实际数、差异数(即节约额)、差异率(即节约率)四栏。指标可用金额、实物或时间量度。如果为了便于管理当局了解各成本中心在一定时期消耗的全貌，不可控成本也可在成本业绩报告中列示，作为该中心业绩报告的参考资料。

成本中心业绩报告的格式见表10.1。

表10.1　成本中心业绩报告

编制：××公司甲车间　　　　单位：元

项　目	预算	实际	差异	差异率
本车间可控成本				
直接材料	39 000	40 000	－1 000	－2.56%
直接人工	21 000	22 000	－1 000	－4.76%
制造费用	27 000	24 000	＋3 000	＋11.11%
小　计	87 000	86 000	＋1 000	＋1.15%
下属单位转来责任成本				
A工段	20 000	21 000	－1 000	－5%
B工段	35 000	34 500	＋500	＋1.43%
小　计	55 000	55 500	－500	－0.91%
本车间责任成本合计	142 000	141 500	＋500	＋0.35%

注："－"表示超支，不利差异；"＋"表示节约，有利差异。

应当指出，由于各类责任中心是逐级设置，因而责任预算和业绩报告也是自下而上分层编制的，从最基层的成本中心逐级向上汇编，直至最高管理层次。如班组向工段编报，工段向车间编报等。在内容上，上一级成本中心的责任成本等于本中心责任成本与下级上报业绩报告中的责任成本之和。

10.2.3　利润中心及其考核评价

1）利润中心

利润中心是既对成本负责，又对收入和利润负责的责任中心。它既要控制成本的发生，也要对应取得的收入和收益进行控制。

一个部门或责任中心被确定为利润中心，主要的因素是要有独立的经营决策权，即生产什么产品、生产多少、用什么材料生产等可由利润中心决策，否则就无法对其收入和成本及利润负责。与成本中心比，利润中心的权利更大，但责任也更重。在一个企业中，利润中心往往处于较高的层次，如分厂、分公司、有独立经营权的各部门，包括辅助生产部门或封闭性较强且条件成熟的车间。当然，如果企业为了增强某些责任中心的经营观念和价值观念，使之在降低成本、增产节约的同时，能够主动加快半成品或产成品的流转，提高资金的使用效率，促使责任单位提高产品质量，扩大企业经营范围，可将没有对外销售业务的责任中心人为地作为利润中心来管理。习惯上将前者称之为“自然利润中心”，后者则称为“人为利润中心”。

建立利润中心，其主要目的是通过授予必要的经营权和确定利润这一综合性指标来推动和促进各责任中心扩大销售、节约成本，努力实现自己的利润目标，使企业有限的资源得到最有效的利用，同时，通过利润这一综合性指标的考核，将各利润中心的经营业绩与其经济利益紧密挂钩，有效地调动全体职工的积极性，从而自上而下，群策群力，为实现企业的目标而共同努力。

2）利润中心的控制要求

（1）各利润中心经营决策权的授权必须明确。利润中心所涉及的经营业务包括供、产、销各个方面，其实现的利润是企业利润的组成部分，因而在确定各利润中心的业务范围、经营权力和职责时，必须以系统思想为指导，合理划分、明确授权，使各利润中心明了其职责范围及所享有的权利，以充分行使其权力和履行其职责并减少各利润中心之间不必要的矛盾。

（2）利润指标的确定要合理。利润中心的实施，关键的是利润指标要合理。由于各利润中心情况不一，各利润中心的利润指标的确定不能简单统一，要视各利润中心的具体情况而定。如生产产品的利润中心与提供辅助生产和劳务的利润中心的利润指标的确定就不能简单地采用资金利润率来统一确定，否则会造成各利润中心之间的经济利益不合理。利润指标的确定要根据具体情况采用不同的方法予以确定，并根据企业的总体要求的变化及利润中心所处的环境变化予以调整。

（3）制定企业内部产品和劳务的内部转移价格。在大部分企业，各利润中心之间都有一些相互的产品或劳务的提供和利用。在这种情况下，为了正确核算和确定各利润中心的经营成本，对各利润中心之间相互提供产品和劳务必须实行“有偿”转让，制定各种产品及劳务的内部转移价格。内部转移价格的制定，是一项技术性较强，又与各利润中心的利益具有密切联系的工作，为了保证各利润中心利益的公平合理，内部转移价格必须为产品劳务转让双方都乐意接受，对企业整体利益有利。

（4）建立利润中心核算体系。利润中心所实现的利润是衡量其经营成本和经济责任履行情况的主要依据，为确保各利润中心核算的准确性，必须完善利润中心核算体系。利润中心的核算既涉及收入，又涉及成本费用，所以核算的要求应与反映企业经营成果的企业利润的核算一样严格。

3）利润中心的考核评价

由于利润中心既对成本负责，又对收入及利润负责，因而对利润中心的评价与考核，应以贡献边际与税前净利为重点。也就是应以利润中心编制的业绩报告为依据，来衡量其实际销售收入与销售成本是否达到目标销售额和目标成本的水平。

利润中心编制的业绩报告，也叫“成果报告”，一般需分别列出销售收入、变动成本、贡献边际、期间成本、税前利润等指标的预算数、实际数和差异数。

利润中心业绩报告的格式如表 10.2 所示。

应该注意，如果销售收入、贡献边际、税前净利的预算数大于实际数，是不利差异，反之，是有利差异；利润中心业绩报告中所列“上级分配来固定成本”这一项目也可以从“税前净利”项目中扣除，可更为真实地反映各利润中心的经营业绩。

表 10.2　利润中心业绩报告

编制：××公司×分公司　　　　单位：元

项　目	预算	实际	差异
销售收入	240 000	245 000	5 000(有利)
变动成本			
变动性生产成本	70 000	78 000	8 000(不利)
变动销售费用	30 000	29 800	200(有利)
变动管理费用	10 000	12 000	2 000(不利)
小　计	110 000	119 800	9 800(不利)
贡献边际	130 000	125 200	4 800(不利)
减：期间成本(费用)			
直接发生的固定成本	20 000	18 000	2 000(有利)
上级分配的固定成本	18 000	18 500	500(不利)
税前净利	92 000	88 700	3 300(不利)

10.2.4　投资中心及其考核评价

1）投资中心

投资中心是既对成本、收入、利润负责，又对投入的全部资金的使用效果负责的责任中心。其特点是既要对利润负责，又要对利润与投资之间的比例关系(资金的使用效果)负责。投资中心与利润中心相比，利润中心只有短期的经营决策权，而投资中心除此之外还拥有长期投资决策权，因而其权力更大，同时其经营责任也更大。投资中心所考核的重点是投资的效益。

一个责任中心要成为投资中心，必须具备相当丰富的投资管理经验和能力。投资中心是分权管理模式的最突出表现，大型集团公司下面的分公司、子公司往往都是投资中心。在组织形式上，成本中心基本上不是独立的法人，利润中心可以是独立的法人，也可以不是独立的法人，但投资中心一般是独立的法人。投资中心的主要目标是确保投资的安全回收和投资的收益率，以保证企业的规模和经营不断有所发展。

2）投资中心的控制要求

由于投资中心具有较大的自主权和责任，所以，对控制投资中心应有如下要求：

(1) 投资中心的投资决策权必须得到切实落实。投资中心的基本特征是对投资负责，因此各投资中心必须拥有实质上的投资决策权，否则就失去了设置投资中心的意义，投资中心也无法对投资负责。

(2) 利润中心的所有控制要求都适合投资中心。投资中心对投资负责的实质是对投资报酬率负责，即对投资额所应获得的利润负责，这样，有关利润中心的控制要求都适用于投资中心，投资中心也必须具备这些条件和要求。

(3) 投资决策应讲究科学化。投资中心在作出投资决策时，必须运用科学的决策程序和方法，包括进行市场调查和预测、技术经济分析等，在投资决策前必须进行可行性分析，以确保投资决策的正确性和有效性。

3）投资中心的考核评价

由于投资中心实质上是利润中心的延伸，但它不仅要对收入、成本、利润负责，而且还要对所占用的全部投资承担责任，因而对投资中心的评价与考核，除收入、成本、利润等指标之外，重点应放在“投资报酬率”和“剩余收益”两项指标上。

(1) 投资报酬率　是指投资中心所获得的营业利润与所占有的投资额(资产总额)之间的比率。它是全面评价投资中心各项经营活动的综合性质量指标，既能反映投资中心的销售利润水平，又能反映资金的利用效果。公式如下：

$$\begin{aligned}投资报酬率&=\frac{营业利润}{资产平均占用额}\\&=销售利润率\times投资周转率(亦称资产周转率)\\&=\frac{营业利润}{销售收入}\times\frac{销售收入}{资产平均占用额}\end{aligned}$$

式中：“营业利润”是指未扣除利息和税金之前的利润，称为“税前息前利润”；“资产平均占用额”是指期初与期末资产占用额的平均数。

从上述公式中可以看出，为了提高投资报酬率，不仅应千方百计地降低成本，增加销售，提高销售利润率，同时也要经济地、有效地使用营业资产，努力提高资产周转率。

【例10-1】　假定A公司下属子公司B公司为一投资中心，本年第一季度的有关资料如下：

① 资产占用额	
期初余额	1 400 000 元
期末余额	1 600 000 元
② 本季度销售收入	6 000 000 元
③ 本季度营业利润(含利息)	60 000 元

根据上述资料计算出该投资中心的投资报酬率。

$$解：投资报酬率=\frac{600\,000}{6\,000\,000}\times\frac{6\,000\,000}{\frac{1\,400\,000+1\,600\,000}{2}}\times100\%$$

$$=0.1\times4\times100\%=40\%$$

【例10-2】　假设例10-1中，资产总额和销售收入没有变化，因成本降低使净收益提高2%，则：

$$\begin{aligned}投资报酬率&=\frac{600\,000\times(1+2\%)}{6\,000\,000}\times\frac{6\,000\,000}{1\,500\,000}\times100\%\\&=40.08\%\end{aligned}$$

【例10-3】　假设例10-1中，因提高产品质量而增加了销售收入100 000元，净收益增加50 000元，则：

$$\begin{aligned}投资报酬率&=\frac{600\,000+50\,000}{6\,000\,000+100\,000}\times\frac{6\,000\,000+100\,000}{1\,500\,000}\times100\%\\&=42.33\%\end{aligned}$$

【例10-4】　在例10-1基础上，该投资中心的资产平均占用额由原来1 500 000元下降到1 400 000元，则：

$$投资报酬率=\frac{600\,000}{6\,000\,000}\times\frac{6\,000\,000}{1\,400\,000}\times100\%=42.86\%$$

由此可见，投资报酬率的高低，取决于销售收入、资产占用额以及营业利润(净收益)的增减变化等几个因素。因此，以投资报酬率作为投资中心的主要考核指标，可以促使投资中心从降低成本、扩大销售量和更经济有效地使用资产等方面努力，从而提高投资报酬率。

(2) 剩余收益　是指投资中心的营业利润减去其所占用的资产按规定的最低报酬率计算的投资报酬后的余额。其计算公式为：

$$剩余收益=营业利润-(资产占用额\times 预期最低报酬率)$$

这里的预期最低报酬率一般按整个企业各个投资中心的加权平均投资报酬率计算，也可以是企业为该投资中心所规定的预期投资报酬率。

剩余收益的优点：一是与投资报酬率一样，可以用来全面评价与考核投资中心的经营成果。二是用目标剩余收益指标来考核投资中心的业绩，有利于防止各个投资中心的本位主义，投资中心就不会拒绝对整个企业有利的项目，也不会接受对整个企业不利的项目，促使它们从整体出发，乐于接受比较有利的投资，努力创造更多营业利润，使各投资中心的目标和整个企业的总目标趋于一致。

【例 10-5】 某投资中心原来的投资报酬率如下：

资产平均占用额	5 000 000 元
营业利润	1 000 000 元
投资报酬率	20%

现有一项目，需借入资金 200 000 元，可获利 33 000 元。

若接受该项目，投资报酬率降为：

$$投资报酬率=\frac{1\ 000\ 000+33\ 000}{5\ 000\ 000+200\ 000}\times 100\%=19.86\%$$

如果以投资报酬率来考评投资中心，它可能不愿接受该项目。若改成以剩余收益指标来考核，则情况就不同了。

假设预期最低报酬率为 15%，则

① 不接受该项目的剩余收益

$=1\ 000\ 000-5\ 000\ 000\times 15\%=250\ 000$(元)

② 接受该项目后剩余收益

$=(1\ 000\ 000+33\ 000)-(5\ 000\ 000+200\ 000)\times 15\%$

$=253\ 000$(元)

可见，用剩余收益指标来考评，该投资中心肯定会接受该项目，还可以使企业整体利益增加 3 000 元。

(3) 投资中心的业绩报告　投资中心的业绩报告与利润中心相比，除需列示销售收入、销售成本、营业利润的预算数、实际数及差异外，还应列示资产占用额、投资报酬率、剩余收益等项指标，以便对投资中心的业绩进行全面的评价与考核。投资中心业绩报告的基本格式如表 10.3 所示。

表 10.3　投资中心业绩报告

编制：××公司×分公司　　　　单位：元

项　目	预算	实际	差异
销售收入	6 000 000	6 100 000	100 000(有利)
销售成本	5 400 000	5 450 000	50 000(不利)
营业利润	600 000	650 000	50 000(有利)

续 表

项　目	预算	实际	差异
资产平均占用额	1 500 000	1 400 000	100 000(有利)
销售利润率	10%	10.66%	0.66%(有利)
投资周转率	4	4.36	0.36(有利)
投资报酬率	40%	46.43%	6.43%(有利)
预期最低报酬率	30%	30%	—
资金成本	450 000	420 000	30 000(有利)
剩余收益	150 000	230 000	80 000(有利)

【技能训练】

1) 问题讨论

(1) 讨论成本中心、利润中心、投资中心在层级、负责的内容、权利、考核办法以及组织形式等方面的区别。

(2) 市场链主要是指把市场经济中的利益调节机制引入企业内部，在集团的宏观调控下，把企业内部的上下流程、上下工序和岗位之间的业务关系由原来的单纯行政机制(即纵向的依靠自上而下的计划安排和行政指令，横向依靠会议调度和上级命令协调；下级只服从上级，只对上级负责)转变成平等的买卖关系、服务关系和契约关系，通过这些关系把外部市场订单转变成一系列内部的市场订单，形成以“订单”为中心、上下工序和岗位之间相互咬合、自行调节运行的业务链就是“市场链”。通过这些关系把外部市场订单转变为内部市场订单，形成以“订单”驱动力，上下工序和岗位之间相互咬合，自行调节运行的业务链。

请利用责任中心的原理，对市场链的含义、功能作用进行讨论。

2) 案例分析

华北公司内部责任中心的建立

华北公司准备按照分权管理的要求建立责任会计制度，设立内部责任中心。该企业是一个规模较大的机器制造企业，主要有五个生产制造车间和三个辅助性部门。三个辅助性部门分别是维修部门、供电供暖部门和行政管理部门。以上各部门都具有较大的独立性。该公司在建立责任会计制度的过程中，业务经理提出以下主要设想供参考：

(1) 董事长主持讨论责任会计制度的建立方案，责成总经理具体实施。

(2) 建立责任会计制度的宗旨是把它看做是企业全面质量管理的有效途径。

(3) 该企业内部各机构、部门都可以被确认成为一个责任中心，指定专人承担相应的经济责任。

(4) 根据分权的原则，企业只要求在执行预算过程中将信息迅速的反馈给各责任中心，而无须再向上级报告。

(5) 内部转移价格属于短期决策中的价格决策内容，可由企业的业务部门具体操作，与责任中心无关。

(6) 在确保原有组织机构的基础上，可以根据责任会计的要求对企业机构进行适当的调整。

(7) 各成本中心为有效地管理该中心而发生的成本应被确定为责任成本。

(8) 在未来5年的长远计划中，该公司准备再设立三个分部，并将他们设计成利润中心和投资中心，以加大管理力度。

(9) 对于利润中心的考核，可以采用投资报酬率和剩余收益两种指标来衡量，但要注意前一指标可能导致职能失调的行为。

(10) 要求责任中心进行系统的记录和计量，并定期编制业绩报告。

要求：

根据建立责任会计制度和责任中心的原则，指出以上的设想在实际中是否可操作？哪些设想有明显的错误？

案例分析指导：

根据建立责任会计制度和责任中心的基本原则，业务经理的总体设想是符合企业实际管理需要的，也符合责任会计的基本思路，具有一定的可操作性。但是他的设想也并非尽善尽美，有些具体方面存在着明显的错误。下面针对他的具体设想一一详细分析如下：

(1) 第(1)个设想是错误的。董事长是企业最高决策层次的人员，根据公司所有权与经营权相分离的特点，作为企业最高决策层的董事长一般不直接参与企业经营管理和管理方案的制订，而是委托总经理来进行，甚至可以由总经理指定熟悉业务的分部经理来设计出具体方案，除非该董事长本人兼总经理。如本案例中，责任会计制度和责任中心的建立方案可由总经理或业务经理具体负责。但是重大方案经过经理层讨论确定后，应报请董事会批准，再下达实施。

(2) 设想(2)是错误的。建立责任会计制度的主要目的有两个：一是有利于贯彻经济责任制及考核评价各责任中心的工作业绩与经营成果；二是便于把各个责任中心的经营目标与企业经营的总目标统一起来，确立经营目标的一致性。当然，责任会计制度的建立对于促进企业全面质量管理会有较好的推动作用，但是把全面质量管理看成其宗旨，则违反责任会计制度的本意。

(3) 设想(3)是正确的。责任中心的含义就是指由专人承担一定的经济责任，并具有相应管理权限的企业内部单位。每一个责任中心都有一定的组织结构，并受一名责任人如经理、部门主任或其他管理人员等的领导。

(4) 设想(4)是错误的。各责任中心在执行预算过程中对发现的问题应及时反馈。这种反馈主要面向两个方向：一是向各责任中心反馈，使其能够及时了解预算的执行情况，不断调整偏离目标或预算的差异；二是向其上一级责任中心反馈，以便上一级责任中心能及时了解其经营管辖范围内的情况，做出相应的反应。

(5) 设想(5)是错误的。内部转移价格是企业内部各责任中心之间相互提供产品或劳务的结算价格。内部转移价格的变动对企业的利润总额无影响，但是对企业内部各利润中心之间的利润分配却影响较大。内部转移价格具有以下作用：有助于划分各责任中心的经济责任，有助于调动各责任中心的积极性，有助于考核各责任中心的经营业绩，有助于进行正确的经营决策。所以说内部转移价格与责任中心无关是不符合责任会计制度要求的。

(6) 设想(6)是正确的。责任中心应具备以下四个条件：承担经济责任的主体，经济责任的客观对象，承担经济责任的基本条件，考核经济责任的基本标准，也即责任者、资金运动、职责和权限以及责任预算。建立责任中心应遵循与企业的组织机构相适应，能划清责任、单独核算，使责权利紧密结合等主要原则。由此可见，企业如何划分责任中心，设置多少责任中心，完全取决于企业内部控制和考核的需要。因而，在确立责任中心、实施责任会计时，必须对于企业原有的组织形式做全面研究，统筹设计，在确保原来组织机构的基础上，根据责任会计的要求进行适当的调整。

(7) 设想(7)是错误的。成本中心当期发生的各项可控成本之和为该中心的责任成本，而不是为有效地管理成本中心而发生的成本。凡是责任中心能够直接控制的各种耗费，称为可控成本。可控成本一般应具备以下三个条件：成本中心能预知将要发生的耗费；成本中心能够对发生的耗费进行计量；成本中心能够对其耗费加以调节和控制。

(8) 设想(8)是正确的。利润中心不仅对成本负责，而且要对收入和利润负责。利润中心的成本是其可控成本，收入是其可施加影响的收入。在对利润中心评价和考核时应当以利润中心的贡献边际作为依据。利润中心一般处于企业较高的责任层次，可以是独立的法人，也可以是非独立的下属分部。所以在未来五年中建立作为利润中心的分部的方案是可行的。

投资中心的特点是既要对成本、收入和利润负责，同时也要对投资效果负责。投资中心本质上也是利润中心，但它权限比利润中心大。它处于责任中心的最高层次，具有最大的决策权。投资中心是分权管理的突出表现，一般都是独立的法人。大型集团公司所属的分公司、子公司往往都是投资中心。所以准备建立具有投资中心特点的分支机构，在长期决策中是可行的。

(9) 设想(9)是错误的。由于利润中心无投资决策权，所以对利润中心的考核，一般采用单一的利润指标体系即可，如部门贡献边际、部门经理可控边际、部门边际、部门税前利润和公司税前利润等。而投资中心具有投资决策权，对其不但要考核和评价利润指标，而且还要考核和评价其所用资金的使用效果，即考核其投资报酬率和剩余收益两种指标。同时要注意前一指标可能会给投资中心带来职能失调的行为。

(10) 设想(10)是正确的。责任中心的目标一般都是通过编制责任预算来制定的。无论责任预算是属于自上而下编制还是自下而上编制，都应逐一细化，落实到每一个执行者手中。各责任中心应当根据本中心的特点，对责任预算的执行情况进行系统的记录，并定期编制业绩报告。业绩报告既是对经营期责任预算执行情况的总结，也是业绩考核的主要方式。业绩报告一般按照责任中心的可控成本、收入、利润等各明细项目列示其预算数、实际数和差异数三栏。

投资哪个方案？

某公司下属的一个投资中心的有关资料如表10.4所示。

表10.4　某投资中心资料

项　　目	甲　项　目	乙　项　目
投资额(万元)	1 000	2 000
年营业利润(万元)	140	360
投资报酬率	14%	18%

公司融资成本为12%，有充足的资金满足该投资中心同时投资甲、乙两个项目。该投资中心目前的投资报酬率为16%，营业资产为10 000万元，年营业利润为1 600万元。现在，该投资中心有以下四种方案可供选择：① 只投资甲项目；② 只投资乙项目；③ 同时投资

甲乙两项目；④ 甲乙两个项目均不投资。

要求：

请分析，应该选择哪一个方案？

案例分析指导：

先计算出各方案下该投资中心的投资报酬率，如表 10.5 所示。

表 10.5　各种方案下投资中心的投资报酬率

项　目	方案一 投资甲项目	方案二 投资乙项目	方案三 投资甲乙两项目	方案四 甲乙项目均不投资
营业收益	1 740	1 960	2 100	1 600
营业资产	11 000	12 000	13 000	10 000
投资报酬率	15.82%	16.33%	16.15%	16.00%

如果公司以投资报酬率作为评价该投资中心业绩的惟一指标，并据此提供奖励，那么该投资中心在对上述四种方案进行选择时，必然选择能使该投资中心投资报酬率达到最大的方案。

从表 10.5 的计算结果可以看出，该投资中心必定选择第二方案，这样可以使该投资中心的投资报酬率最大。但是，从公司整体来看，上述两个项目的报酬率均显著高于公司融资成本。在这种情况下，该投资中心同时实施甲乙两项目，对于公司整体最为有利。但是由于投资中心有独立的投资决策自主权，公司总部又不能强制该投资中心对甲乙两个项目同时投资，因此公司失去了获得更多利润的机会，公司整体利益受损。

项目 3　制定内部转移价格

【相关知识】

10.3.1　内部转移价格的含义

内部转移价格是指企业内部各责任中心之间因转移中间产品或提供劳务而发生内部结算和进行内部责任结转所使用的计价标准。

责任会计制度的建立，使企业划小了核算单位，形成了不同类型不同层次的责任中心。企业作为一个生产经营的整体，其内部某些责任中心之间往往需要相互提供劳务或半成品，为了分清责任，客观反映各责任中心的工作业绩，就必须在相互提供产品(半成品)和劳务的责任中心之间制定一个计价标准，使有关责任中心能据此计算收入和支出，并对本中心的成本进行控制，这一计价标准就是内部转移价格。

正确理解内部转移价格的定义，需要注意以下两点：一是内部转移价格和外部市场价格不同，它所涉及的买卖双方都同时存在于企业内部，内部转移价格的变动不会影响企业利润，只是影响了内部利润在各责任中心之间的分配；二是内部转移价格的实质是一种管理工具，目的是为了激发各责任中心降低成本、提高经营业绩的积极性。

内部转移价格所影响的“买”、“卖”双方都存在于同一企业中，企业必须综合考虑内部转移价格对双方的影响。内部转移价格增高时，“卖方”收入增多而“买方”成本升高，反之则“卖方”收入减少而“买方”成本降低，两者(两个责任中心)的利润一增一减。但从企业整体来看，内部转移价格无论怎样变化，企业总利润数是不变的，变动的只是利润或内部利润在各责任中心间的分配情况。这样,内部转移价格调节了内部收入和内部利润的再分配,也联系到各责任中心物质利益的分配,可以作为经济杠杆来进行企业的经营管理。

内部转移价格利用它的调节手段,通过内部交易的形式在各责任中心间调节彼此的收入和成本,可使各责任中心的经济责任更加合理,将各责任中心的业绩建立在客观、可比的基础上。

合理制定内部转移价格有助于企业制定正确的经营决策。企业最高管理者和内部各业务部门及职能部门的主管人员可以根据已量化的各责任中心的业绩状况,在分析、比较的基础上,选取履行经济责任、完成责任预算、实现预定目标的最佳方案,包括确定中间产品和劳务是在企业内部购买还是向外部市场购买,确定有关部门的生产经营是不断扩大还是适当收缩等。合理的内部转移价格是责任会计划清责任界限、实行责任核算、进行业绩考评的必要条件,是责任会计制度能否切实贯彻执行的重要影响因素。

10.3.2 制定内部转移价格的方法

1）市场价格法

市场价格法是以产品或劳务的市场供应价格作为计价基础。从考评责任中心的工作业绩来看,市场价格是制定产品或劳务内部转移价格的最好依据,因为市价比较客观,对买卖双方均无偏袒,同时,市价也最能体现责任中心的基本要求,那就是在企业内部引进市场机制,造成一种竞争的气氛,从而能有效地调动各个责任中心的积极性,切实保障它们各自的经济利益。

但是,市场价格直接作为内部转移价格有其局限性。因为市场往往对转出部门有利而对转入部门不利。转出部门未经销售便获得了利润,会扩大其业绩;转入部门以市价为购入成本,往往无利可图,会挫伤其积极性。再者,企业内部转让的产品或劳务,往往是专门生产的或具有特定规格,没有现成市价为依据。加上目前市场价格波动较大,以市价为依据计算出来的内部利润往往不能真实反映业绩。因此,即使以市场价格为基础制定内部转移价格时,也必须对市价作适当的调整。

2）协商价格法

协商价格法也叫议价法,是转让双方以正常的市场价格为基础,定期共同协商,确定出一个双方均愿接受的价格作为计价的标准。这种内部转移价格必须以对企业总体有利和转让双方均乐于接受为前提。在一般前提下,议价可比市场价格略低一些,这样可以同时满足转让双方特定需要,又兼顾各责任中心的经济利益。

3）双重价格法

双重价格法是对同一中间产品就转让双方分别采用不同的转移价格作为计价基础,以使转让双方都有动机“买”和“卖”,而使企业整体得益。这是因为,内部转移价格主要是为了对企业内部各责任中心的业绩进行评价和考核之用,故双方所采用的转让价格不需要完全一致,可分别选用对自己有利的价格作为计价基础。

通常,双重价格法有两种形式:一种是当某种产品或劳务在市场上出现不同价格时,买方采用最低市价而卖方采用最高的市价,称之为“双重市场价格”;另一种是卖方按市价或议价而买方采用成本为计价基础,叫“双重内部转移价格”。

这种方法的实施，可以较好地满足双方在不同方面的需要，可激励双方在生产经营方面充分发挥其主动性和积极性，但是，会出现企业整体利益小于各责任中心利益之和，虚增各责任中心利益而不易看清它的经营与企业整体利益的真实联系，从而放松严格的成本管理，造成企业长远利益的损失。

4）成本加成法

成本加成法是在各中间产品的成本基础上加上一定比例的内部利润作为内部转移价格的方法。

(1) 实际成本加成　根据中间产品或劳务的实际成本，再加上一定的合理利润率作为计价基础。它的优点是能保证卖方有利可得，调动他的积极性，但同时也将卖方的功过全部转嫁给买方承担，削弱了双方降低成本的责任感，而且确定加成的利润率多少会带有很大程度上的主观随意性，偏高偏低都会影响对双方业绩水平的正确评价。

(2) 标准成本加成　根据产品或劳务的标准成本，再加上一定的合理利润率作为计价基础。其优点是能分清买卖双方的经济责任，消除转出方成本升降对转入方的影响，从而有利于激励双方增强成本意识，不断改进成本管理工作。

成本加成的关键是加成率的确定。一般加成率可选用成本利润率或资金利润率。这需要企业从整体利益出发，考虑各责任中心的具体特点而定。

【技能训练】

1）问题讨论

(1) 制定内部转移价格需要遵循什么原则?

(2) 内部交易结算与内部责任结转是一回事吗？有何联系与区别?

2）案例分析

这笔订单应如何处置?

通达公司有甲、乙两个下属分公司，均为利润中心，并且均有较大的剩余生产能力。甲分公司专门生产A部件，该部件有一部分按市价卖给乙分公司，另一部分A部件在市场上直接出售，单价为100元，单位变动生产成本为85元。

乙分公司生产B产品，在市场上的销售单价为260元，单位变动成本资料如下：

直接材料	150元
其中：	
A部件	100元
其他材料	50元
直接人工	20元
变动制造费用	30元
变动销售及管理费用	15元
单位变动成本合计	215元

现在有一客户要求订购100万件B产品(数量较大)，出价仅为190元。虽然这笔订单不需增加销售及管理费用，但是其出价还是太低——低于单位变动生产成本。由于有大量的剩余生产能力，所以乙分公司经理不甘心放走这笔大生意。想来想去，乙

分公司经理打起甲分公司的主意,并向甲分公司提议,A部件按85元卖给乙分公司,高于此价格,乙分公司将不愿接受上述订单。由于A部件的单位变动生产成本已达85元,因而甲分公司坚决不同意乙分公司的上述提议,认为A部件的内部转移价格起码应在95元以上才可接受。

要求:

假定内销A部件无需销售及管理费用,究竟这笔订单应如何处置?

案例分析指导:

从总公司的立场看,每件B产品新增成本仅为185元,具体分析过程如下:

直接材料	135元
其中:	
A部件	85元
其他材料	50元
直接人工	20元
变动制造费用	30元
合计	185元

由于订单价格为190元,因而每件产品可使公司增加利润5元,100万件能使公司总体利润增加500万元。

为了促成B分公司接下此订单,较为理想的办法是实行双重内部转移价格,卖方按95元计价,而买方按85元计价,否则这笔有利于增加公司利润的订单难以被乙分公司所接受。

本案例表明,在特定情况下,使用双重内部转移价格能够发挥重要作用。

【拓展阅读与训练】

现代责任会计对传统责任会计的发展

企业为了适应日益竞争激烈的市场、对传统责任会计进行了变革,发展成了现代责任会计。责任会计模式通常包括以下四个基本要素:① 责任分配;② 建立业绩考核系统;③ 评价经营业绩;④ 确定奖惩。现代责任会计与传统责任会计相比较在这四个方面都有较大的区别。

1)责任分配

传统责任会计将责任分配的重点集中在组织系统和个人上。首先必须确定一个责任中心,这一责任中心通常是一个组织系统,如一个职能部门、一条生产线或一个工作小组。但不论组织系统是什么,责任最终都要落实到个人。责任的执行状况通过财务指标来确定。现代责任会计将责任分配重点从组织系统和个人转移到流程和小组。原因很简单,在现代动态市场环境下,企业要生存和发展,就需要不断改善企业的经营,不断地学习,不断地适应市场变化;而流程正是实现企业改革的基本单位。流程是在经济组织中以具体的经济行为为目的的业务经营方式。每一流程都需要一定的投入,并且能够创造出用户所需的产品,而无论这些用户是组织内部的还是组织外部的。例如采购原材料、生产产品、赢得用户、客户服务等。

由于流程是业务经营方式,这就意味着经营方式一改变,流程也就发生了变化。流程改进和流程创新是流程变革的两种基本途径。流程改进是指不断提高现有流程的效率;流程创新是指为了在工时、质量及效率等方面取得质的提高,从根本上改变原有的作业方式。例如,信用部通过重新设计企业的信用批准程序,将签发租赁或购买电脑许可证的时间由7天缩短为1天。

许多流程突破了原有的生产职能界限,强调企业经营是一条紧密相连的价值链,这就意味着有效的流程管理必须突破原有职能的分割,因此小组就成为符合现代流程管理的基本单位。在小组中,通过培养友好的合作关系及归属感可以改善工作质量。流程改进和流程创新依靠的是小组的群体行为,个人不能也不可能有效地完成这一行为。

2）责任目标的选择

责任目标是一系列用来考核业绩和指导工作的指标。预算和标准成本是传统责任会计评价业绩的基石,并且在长时间内保持相对的稳定。现代责任会计在责任目标方面发生了重大的变化。首先,建立了流程导向的责任目标,这些目标与流程的效率和产出紧密相连,并按照市场的变化进行组织。因此,企业通常设立理想或最优化的目标并且努力达到这一理想水平。其次,现代责任会计中的责任目标本质是灵活多变的,它们必须不断改进和完善,以反映新条件、确立新目标,并且推动企业取得更好的成绩。例如,责任目标刚确定时反映了管理层希望现行流程所能达到的理想水平,一旦这一理想水平变为现实,责任目标就需要更新,以鼓励员工进一步努力。在一个不断发展变化的经济环境中,责任目标不可能是一成不变的。

3）业绩考核

在传统责任会计中,业绩考核是通过实际指标和预算指标的比较来实现的,成本往往是考核的重点。在现代责任会计中,时间、质量和效率都是业绩考核的主要指标。缩短流程从产出到交付用户所花费的时间被认为是业绩考核的基础。因此,考核业务周期和按时交货就变得十分重要。质量和效率也是评价业绩不可缺少的两方面,其中生产效率和成本是效率的标志。实际成本降低额、成本趋势、单位成本都是效率是否提高的重要指标。

4）奖惩的确定

无论是传统责任会计还是现代责任会计,个人都将根据企业的政策和高层管理者的决策受到奖惩。当然,传统责任会计的奖惩机制主要是为了鼓励个人完成甚至超额完成成本预算标准。在现代责任会计中对个人的奖惩依据就更复杂了,要同时考核个人和个人所在小组的责任目标完成情况。

由于现代责任会计控制重点是流程的改进,而这一改进只有通过小组的共同努力才能实现,因此现代责任会计更多的是采用以小组为基础的奖惩方法,而非直接对个人进行奖惩。例如,如果一家企业设立的责任目标包括产品的单位成本、按时交货、质量、存货周转和生产周期,只要所有这些责任目标都按时按质完成,并且至少超额完成其中一项指标,就应当对整个小组奖励。

要求：

在阅读以上内容的基础上,要求通过资料搜集,讨论现代责任会计发展变化的特点,并以一个企业为研究对象,分析它的业绩评价系统是如何建立的。以上问题要制作PPT,由小组代表进行展示交流。

【本模块要点归纳】

企业的组织管理形式有集权管理和分权管理两种形式，随着企业规模的扩大和市场环境的复杂化，分权管理成为了现代企业管理的主要组织形式。责任会计制度就是把分权管理、经济责任以及会计核算结合起来而形成的一种管理控制系统。它的主要含义是：在分权管理的条件下，为适应企业经济责任制的要求，在企业内部建立若干个责任中心，对其分工负责的经济活动进行规划与控制，以实现业绩考核和业绩评价的一种内部会计控制制度。

建立责任会计制度的主要目的有以下两方面：一是有利于贯彻经济责任制及考核、评价各责任中心的工作业绩与经营成果；二是便于把各个责任中心的经营目标与企业的经营总目标统一起来，确立经营目标的一致性，同时促使每个责任中心为保证企业经营总目标的实现而协调地工作。

责任会计制度的建立应遵循可控性原则，目标一致性原则，责、权、利相结合的原则，反馈性原则，及时性原则。

责任会计的主要内容包括：划分责任中心，明确权责范围；编制责任预算，确定考核标准；建立跟踪系统，进行反馈控制；分析评价业绩，建立奖惩制度；合理制定内部转移价格。

责任中心是企业内部由专人负责，在其明确的行动范围内承担规定责任，享有相应的权利、单独进行经济核算并可根据绩效大小受到奖惩的企业内部组织单位或部门。

根据企业内部单位的业务活动特点和权责范围的大小，责任中心一般可分成三大类型：成本中心、利润中心和投资中心。成本中心是指只对成本或费用承担经济责任的责任中心。成本中心计算与考核的成本指标是责任成本。利润中心不仅对成本负责，而且要对收入和利润负责。在对利润中心进行评价和考核时，应以利润中心的贡献边际作为依据。

投资中心是指对投资负责的责任中心，其特点是既要对成本、收入和利润负责，同时又要对投资效果负责。投资中心有两个重要的考核指标：投资报酬率和剩余收益。

责任中心的业绩考核是通过编制业绩报告来完成的。它是根据责任会计核算的结果编制的、反映责任预算实际执行情况的会计报告。

内部转移价格是指企业内部各责任中心之间相互提供产品或劳务的结算价格。内部转移价格的制定有助于划分各责任中心的经济责任，有助于调动各责任中心的积极性，有助于考核各责任中心的经营业绩，有助于进行正确的经营决策。

【综合测试】

一、判断对错

1. 对企业来说，几乎所有的成本都可以被视为可控成本。 ( )

2. 一项对于较高层次的责任中心来说不可控的成本，对于其下属的较低层次的责任中心来说有可能是可控成本。 ( )

3. 管理部门的管理人员也可以定为费用中心，只要其工作业绩可以单独考核。 ( )

4. 责任会计的核算应以企业内部各部门为对象，责任会计资料的收集、记录、整理、计算对比和分析等工作也都是按部门进行的。 ( )

二、单项选择

1. 责任会计产生的直接原因是(　　)。

A. 行为科学的产生和发展　　B. 运筹学的产生和发展

C. 分权管理　　D. 跨国公司的产生

2. 从一个成本中心看,下述说法不正确的是(　　)。

A. 变动成本大多是可控成本　　B. 可控成本可能包含固定成本

C. 直接成本一定是可控成本　　D. 间接成本是部分可控成本

3. 设甲部门的产品可直接向外出售,或转至乙部门进一步加工生产。已知甲部门产品的市场单位售价为100元,变动性制造成本70元,变动性销售费用10元,甲部门生产能力已得到充分利用。在进行短期经营决策的情况下,该产品由甲部门至乙部门的单位内部转移价格应合理确定在(　　)。

A. 70元　　B. 80元　　C. 90～100元　　D. 70～100元

4. 在以成本作为内部转移价格中,(　　)使提供产品和劳务的部门将其工作的成绩和缺陷全部不折不扣转给了使用部门,而使用部门本不应该对这些成绩和缺陷承担责任。

A. 实际成本法　　B. 标准成本法

C. 标准成本加成法　　D. 变动成本法

5. 一个责任中心,如果只对成本、收入和利润负责,该中心则是(　　)。

A. 成本中心　　B. 投资中心　　C. 利润中心　　D. 费用中心

6. 考核成本中心的成本指标是(　　)。

A. 期间费用　　B. 产品成本　　C. 制造成本　　D. 责任成本

三、多项选择

1. 下列各企业内部单位中可以成为责任中心的有(　　)。

A. 分公司　　B. 地区工厂　　C. 车间

D. 班组　　E. 个人

2. 完全的自然利润中心应具有(　　)。

A. 产品销售权　　B. 产品定价权　　C. 材料采购权

D. 生产决策权　　E. 人事任免权

3. 责任会计制度的建立和实施中应遵循的原则有(　　)。

A. 责、权、利相结合原则　　B. 公平性原则

C. 可控性原则　　D. 重要性原则

E. 总体优化原则

4. A公司生产车间发生的折旧费用对于(　　)来说是可控成本。

A. 厂部　　B. 生产车间

C. 生产车间下属班组　　D. 辅助生产车间

E. 设备管理部门

四、计算分析

1. 假设某企业下属一分厂为成本中心。该成本中心下有A、B两个生产车间。A、B两个车间的可控成本及厂部的可控费用如下表所示:

单位:元

成本项目	A车间		B车间		厂部	
	预算	实际	预算	实际	预算	实际
直接材料	600 000	560 000	360 000	32 000		
直接人工	60 000	64 000	28 000	26 000		
制造费用	19 000	24 000	12 000	14 000		

续　表

成本项目	A车间		B车间		厂部	
	预算	实际	预算	实际	预算	实际
厂部可控费用						
管理人员薪金					14 000	15 600
折旧费					12 000	12 000
其他费用					8 000	9 000

要求：根据上述资料编制分厂的成本业绩报告。

2. 假设Y公司的某投资中心A原投资报酬率为20%，资产为250 000元，营业利润为50 000元。现有一项业务，需借入资金100 000元，可获利33 000元。

要求：

(1) 若以投资报酬率作为评价和考核投资中心A工作业绩的依据，其是否愿意投资于这项新的业务。

(2) 若以剩余收益作为评价和考核投资中心A工作业绩的依据，新项目要求的最低报酬率为12%，其是否愿意投资于新的业务项目？

3. 假设某投资中心的业绩报告中的有关资料如下表所示：

项　目	预算	实际	差异
销售收入(元)		180 000	25 000(不利)
变动成本(元)	96 000	100 000	
贡献边际(元)			
固定成本(元)	26 000		240(有利)
营业利润(元)			
资产平均占用额(元)	156 000	134 000	
销售利润率(%)			
资产周转率(%)			
投资报酬率(%)			
剩余收益(元)			

要求：

根据上述资料计算并填列该投资中心业绩报告的各个空格项目(要求最低报酬率为18%)。

五、复习思考

1. 责任会计的概念、作用及内容是什么？

2. 建立责任会计制度的原则是什么？

3. 责任中心业绩考核指标有哪些？

4. 内部转移价格的制定方法有哪些？

附表 1　复利终值系数表

$(F/P,i,n)=(1+i)^n$

i \ n	1	2	3	4	5	6	7	8	9	10	11	12	13	14	n / i
1%	1.010 00	1.020 10	1.030 30	1.040 60	1.051 01	1.061 52	1.072 14	1.082 86	1.093 69	1.104 62	1.115 67	1.126 83	1.138 09	1.149 47	1%
2%	1.020 00	1.040 40	1.061 21	1.082 43	1.104 08	1.126 16	1.148 69	1.171 66	1.195 09	1.218 99	1.243 37	1.268 24	1.293 61	1.319 48	2%
3%	1.030 00	1.060 90	1.092 73	1.125 51	1.159 27	1.194 05	1.229 87	1.266 77	1.304 77	1.343 92	1.384 23	1.425 76	1.468 53	1.512 59	3%
4%	1.040 00	1.081 60	1.124 86	1.169 86	1.216 65	1.265 32	1.315 93	1.368 57	1.423 31	1.480 24	1.539 45	1.601 03	1.665 07	1.731 68	4%
5%	1.050 00	1.102 50	1.157 63	1.215 51	1.276 28	1.340 10	1.407 10	1.477 46	1.551 33	1.628 89	1.710 34	1.795 86	1.885 65	1.979 93	5%
6%	1.060 00	1.123 60	1.191 02	1.262 48	1.338 23	1.418 52	1.503 63	1.593 85	1.689 48	1.790 85	1.898 30	2.012 20	2.132 93	2.260 90	6%
7%	1.070 00	1.144 90	1.225 04	1.310 80	1.402 55	1.500 73	1.605 78	1.718 19	1.838 46	1.967 15	2.104 85	2.252 19	2.409 85	2.578 53	7%
8%	1.080 00	1.166 40	1.259 71	1.360 49	1.469 33	1.586 87	1.713 82	1.850 93	1.999 00	2.158 92	2.331 64	2.518 17	2.719 62	2.937 19	8%
9%	1.090 00	1.188 10	1.295 03	1.411 58	1.538 62	1.677 10	1.828 04	1.992 56	2.171 89	2.367 36	2.580 43	2.812 66	3.065 80	3.341 73	9%
10%	1.100 00	1.210 00	1.331 00	1.464 10	1.610 51	1.771 56	1.948 72	2.143 59	2.357 95	2.593 74	2.853 12	3.138 43	3.452 27	3.797 50	10%
12%	1.120 00	1.254 40	1.404 93	1.573 52	1.762 34	1.973 82	2.210 68	2.475 96	2.773 08	3.105 85	3.478 55	3.895 98	4.363 49	4.887 11	12%
14%	1.140 00	1.299 60	1.481 54	1.688 96	1.925 41	2.194 97	2.502 27	2.852 59	3.251 95	3.707 22	4.226 23	4.817 90	5.492 41	6.261 35	14%
16%	1.160 00	1.345 60	1.560 90	1.810 64	2.100 34	2.436 40	2.826 22	3.278 41	3.802 96	4.411 44	5.117 26	5.936 03	6.885 79	7.987 52	16%
18%	1.180 00	1.392 40	1.643 03	1.938 78	2.287 76	2.699 55	3.185 47	3.758 86	4.435 45	5.233 84	6.175 93	7.287 59	8.599 36	10.147 2	18%
20%	1.200 00	1.440 00	1.728 00	2.073 60	2.488 32	2.985 98	3.583 18	4.299 82	5.159 78	6.191 74	7.430 08	8.916 10	10.699 3	12.839 2	20%
24%	1.240 00	1.537 60	1.906 62	2.364 21	2.931 63	3.635 22	4.507 67	5.589 51	6.930 99	8.594 43	10.657 1	13.214 8	16.386 3	20.319 1	24%
28%	1.280 00	1.638 40	2.097 15	2.684 35	3.435 97	4.398 05	5.629 50	7.205 76	9.223 37	11.805 9	15.111 6	19.342 8	24.758 8	31.691 3	28%
32%	1.320 00	1.742 40	2.299 97	3.035 96	4.007 46	5.289 85	6.982 61	9.217 04	12.166 5	16.059 8	21.198 9	27.982 5	36.937 0	48.756 8	32%
36%	1.360 00	1.849 60	2.515 46	3.421 02	4.652 59	6.327 52	8.605 43	11.703 4	15.916 6	21.646 6	29.439 3	40.037 5	54.451 0	74.053 4	36%
40%	1.400 00	1.960 00	2.744 00	3.841 60	5.378 24	7.529 54	10.541 4	14.757 9	20.661 0	28.925 5	40.495 7	56.693 9	79.371 5	111.120	40%
50%	1.500 00	2.250 00	3.375 00	5.062 50	7.593 75	11.390 6	17.085 9	25.628 9	38.443 4	57.665 0	86.497 6	129.746	194.620	291.929	50%

复利终值系数表(续表)

$(F/P,i,n)=(1+i)^n$

i \ n	15	16	17	18	19	20	21	22	23	24	25	26	27	28	n / i
1%	1.160 97	1.172 58	1.184 30	1.196 15	1.208 11	1.220 19	1.232 39	1.244 72	1.257 16	1.269 73	1.282 43	1.295 26	1.308 21	1.321 29	1%
2%	1.345 87	1.372 79	1.400 24	1.428 25	1.456 81	1.485 95	1.515 67	1.545 98	1.576 90	1.608 44	1.640 61	1.673 42	1.706 89	1.741 02	2%
3%	1.557 97	1.604 71	1.652 85	1.702 43	1.753 51	1.80611	1.86029	1.91610	1.97359	2.03279	2.093 78	2.156 59	2.221 29	2.287 93	3%
4%	1.800 94	1.872 98	1.947 90	2.025 82	2.106 85	2.191 12	2.278 77	2.369 92	2.464 72	2.563 30	2.665 84	2.772 47	2.883 37	2.998 70	4%
5%	2.078 93	2.182 87	2.292 02	2.406 62	2.526 95	2.653 30	2.785 96	2.925 26	3.071 52	3.225 10	3.386 35	3.555 67	3.733 46	3.920 13	5%
6%	2.396 56	2.540 35	2.692 77	2.854 34	3.025 60	3.207 14	3.399 56	3.603 54	3.819 75	4.048 93	4.291 87	4.549 38	4.822 35	5.111 69	6%
7%	2.759 03	2.952 16	3.158 82	3.379 93	3.616 53	3.869 68	4.140 56	4.430 40	4.740 53	5.072 37	5.427 43	5.807 35	6.213 87	6.648 84	7%
8%	3.172 17	3.425 94	3.700 02	3.996 02	4.315 70	4.660 96	5.033 83	5.436 54	5.871 46	6.341 18	6.848 48	7.396 35	7.988 06	8.627 11	8%
9%	3.642 48	3.970 31	4.327 63	4.717 12	5.141 66	5.604 41	6.108 81	6.658 60	7.257 87	7.911 08	8.623 08	9.399 16	10.245 1	11.167 1	9%
10%	4.177 25	4.594 97	5.054 47	5.559 92	6.115 91	6.727 50	7.402 5	8.140 27	8.954 30	9.849 73	10.834 7	11.918 2	13.110 0	14.421 0	10%
12%	5.473 57	6.130 39	6.866 04	7.689 97	8.612 76	9.646 29	10.803 8	12.100 3	13.552 3	15.178 6	17.000 1	19.040 1	21.324 9	23.883 9	12%
14%	7.137 94	8.137 25	9.276 46	10.575 2	12.055 7	13.743 5	15.667 6	17.861 0	20.361 6	23.212 2	26.461 9	30.166 6	34.389 9	39.204 5	14%
16%	9.265 52	10.748 0	12.467 7	14.462 5	16.776 5	19.460 8	22.574 5	26.186 4	30.376 2	35.236 4	40.874 2	47.414 1	55.000 4	63.800 4	16%
18%	11.973 7	14.129 0	16.672 2	19.673 3	23.214 4	27.393 0	32.323 8	38.142 1	45.007 6	53.109 0	62.668 6	73.949 0	87.259 8	102.967	18%
20%	15.407 0	18.488 4	22.186 1	26.623 3	31.948 0	38.337 6	46.005 1	55.206 1	66.247 4	79.496 8	95.396 2	114.475	137.371	164.845	20%
24%	25.195 6	31.242 6	38.740 8	48.038 6	59.567 9	73.864 1	91.591 5	113.574	140.831	174.631	216.542	268.512	332.955	412.864	24%
28%	40.564 8	51.923 0	66.461 4	85.070 6	108.890	139.380	178.406	228.360	292.300	374.144	478.905	612.998	784.638	1 004.34	28%
32%	64.359 0	84.953 8	112.139	148.024	195.391	257.916	340.449	449.393	593.199	783.023	1 033.59	1 364.34	1 800.93	2 377.22	32%
36%	100.713	136.969	186.278	253.338	344.540	468.574	637.261	866.674	1 178.68	1 603.00	2 180.08	2 964.91	4 032.28	5 483.90	36%
40%	155.568	217.795	304.913	426.879	597.630	836.683	1 171.36	1 639.90	2 295.86	3 214.20	4 499.88	6 299.83	8 819.76	12 347.7	40%
50%	437.894	656.841	985.261	1 477.89	2 216.84	3 325.26	4 987.89	7 481.83	11 222.7	16 834.1	25 251.2	37 876.8	56 815.1	85 222.7	50%

附表 2 复利现值系数表

$(P/F,i,n)=(1+i)^{-n}$

i \ n	1	2	3	4	5	6	7	8	9	10	11	12	13	14	n / i
1%	0.990 10	0.980 30	0.970 59	0.960 98	0.951 47	0.942 05	0.932 72	0.923 48	0.914 34	0.905 29	0.896 32	0.887 45	0.878 66	0.869 96	1%
2%	0.980 39	0.961 17	0.942 32	0.923 85	0.905 73	0.887 97	0.870 56	0.853 49	0.836 76	0.820 35	0.804 26	0.788 49	0.773 03	0.757 88	2%
3%	0.970 87	0.942 60	0.915 14	0.888 49	0.862 61	0.837 48	0.813 09	0.789 41	0.766 42	0.744 09	0.722 42	0.701 38	0.680 95	0.661 12	3%
4%	0.961 54	0.924 56	0.889 00	0.854 80	0.821 93	0.790 31	0.759 92	0.730 69	0.702 59	0.675 56	0.649 58	0.624 60	0.600 57	0.577 48	4%
5%	0.952 38	0.907 03	0.863 84	0.822 70	0.783 53	0.746 22	0.710 68	0.676 84	0.644 61	0.613 91	0.584 68	0.556 84	0.530 32	0.505 07	5%
6%	0.943 40	0.890 00	0.839 62	0.792 09	0.747 26	0.704 96	0.665 06	0.627 41	0.591 90	0.558 39	0.526 79	0.496 97	0.468 84	0.442 30	6%
7%	0.934 58	0.873 44	0.816 30	0.762 90	0.712 99	0.666 34	0.622 75	0.582 01	0.543 93	0.508 35	0.475 09	0.444 01	0.414 96	0.387 82	7%
8%	0.925 93	0.857 34	0.793 83	0.735 03	0.680 58	0.630 17	0.583 49	0.540 27	0.500 25	0.463 19	0.428 88	0.397 11	0.367 70	0.340 46	8%
9%	0.917 43	0.841 68	0.772 18	0.708 43	0.649 93	0.596 27	0.547 03	0.501 87	0.460 43	0.422 41	0.387 53	0.355 53	0.326 18	0.299 25	9%
10%	0.909 09	0.826 45	0.751 31	0.683 01	0.620 92	0.564 47	0.513 16	0.466 51	0.424 10	0.385 54	0.350 49	0.318 63	0.289 66	0.263 33	10%
12%	0.892 86	0.797 19	0.711 78	0.635 52	0.567 43	0.506 63	0.452 35	0.403 88	0.360 61	0.321 97	0.287 48	0.256 68	0.229 17	0.204 62	12%
14%	0.877 19	0.769 47	0.674 97	0.592 08	0.519 37	0.455 59	0.399 64	0.350 56	0.307 51	0.269 74	0.236 62	0.207 56	0.182 07	0.159 71	14%
16%	0.862 07	0.743 16	0.640 66	0.552 29	0.476 11	0.410 44	0.353 83	0.305 03	0.262 95	0.226 68	0.195 42	0.168 46	0.145 23	0.125 20	16%
18%	0.847 46	0.718 18	0.608 63	0.515 79	0.437 11	0.370 43	0.313 93	0.266 04	0.225 46	0.191 06	0.161 92	0.137 22	0.116 29	0.098 55	18%
20%	0.833 33	0.694 44	0.578 70	0.482 25	0.401 88	0.334 90	0.279 08	0.232 57	0.193 81	0.161 51	0.134 59	0.112 16	0.093 46	0.077 89	20%
22%	0.819 67	0.671 86	0.550 71	0.451 40	0.370 00	0.303 28	0.248 59	0.203 76	0.167 02	0.136 90	0.112 21	0.091 98	0.075 39	0.061 80	22%
24%	0.806 45	0.650 36	0.524 49	0.422 97	0.341 11	0.275 09	0.221 84	0.178 91	0.144 28	0.116 35	0.093 83	0.075 67	0.061 03	0.049 21	24%
26%	0.793 65	0.629 88	0.499 91	0.396 75	0.314 88	0.249 91	0.198 34	0.157 41	0.124 93	0.099 15	0.078 69	0.062 45	0.049 57	0.039 34	26%
28%	0.781 25	0.610 35	0.476 84	0.372 53	0.291 04	0.227 37	0.177 64	0.138 78	0.108 42	0.084 70	0.066 17	0.051 70	0.040 39	0.031 55	28%
30%	0.769 23	0.591 72	0.455 17	0.350 13	0.269 33	0.207 18	0.159 37	0.125 9	0.094 30	0.072 54	0.055 80	0.042 92	0.033 02	0.025 40	30%
35%	0.740 74	0.548 70	0.406 44	0.301 07	0.223 01	0.165 20	0.122 37	0.090 64	0.067 14	0.049 74	0.036 84	0.027 29	0.020 21	0.014 97	35%

复利现值系数表(续表)

$(P/F,i,n)=(1+i)^{-n}$

i \ n	15	16	17	18	19	20	21	22	23	24	25	26	27	28	n / i
1%	0.861 35	0.852 82	0.844 38	0.836 02	0.827 74	0.819 54	0.811 43	0.803 40	0.795 44	0.787 57	0.779 77	0.772 05	0.764 40	0.756 84	1%
2%	0.743 01	0.728 45	0.714 16	0.700 16	0.686 43	0.672 97	0.659 78	0.646 84	0.634 16	0.621 72	0.609 53	0.597 58	0.585 86	0.574 37	2%
3%	0.641 86	0.623 17	0.605 02	0.587 39	0.570 29	0.553 68	0.537 55	0.521 89	0.506 69	0.491 93	0.477 61	0.463 69	0.450 19	0.437 08	3%
4%	0.555 26	0.533 91	0.513 37	0.493 63	0.474 64	0.456 39	0.438 83	0.421 96	0.405 73	0.390 12	0.375 12	0.360 69	0.346 82	0.333 48	4%
5%	0.481 02	0.458 11	0.436 30	0.415 52	0.395 73	0.376 89	0.358 94	0.341 85	0.325 57	0.310 07	0.295 30	0.281 24	0.267 85	0.255 09	5%
6%	0.417 27	0.393 65	0.371 36	0.350 34	0.330 51	0.311 80	0.294 16	0.277 51	0.261 80	0.246 98	0.233 00	0.219 81	0.207 37	0.195 63	6%
7%	0.362 45	0.338 73	0.316 57	0.295 86	0.276 51	0.258 42	0.241 51	0.225 71	0.210 95	0.197 15	0.184 25	0.172 20	0.160 93	0.150 40	7%
8%	0.315 24	0.291 89	0.270 27	0.250 25	0.231 71	0.214 55	0.198 66	0.183 94	0.170 32	0.157 70	0.146 02	0.135 20	0.125 19	0.115 91	8%
9%	0.274 54	0.251 87	0.231 07	0.211 99	0.194 49	0.178 43	0.163 70	0.150 18	0.137 78	0.126 40	0.115 97	0.106 39	0.097 61	0.089 55	9%
10%	0.239 39	0.217 63	0.197 84	0.179 86	0.163 51	0.148 64	0.135 13	0.122 85	0.111 68	0.101 53	0.092 30	0.083 91	0.076 28	0.069 34	10%
12%	0.182 70	0.163 12	0.145 64	0.130 04	0.116 11	0.103 67	0.092 56	0.082 64	0.073 79	0.065 88	0.058 82	0.052 52	0.046 89	0.041 87	12%
14%	0.140 10	0.122 89	0.107 80	0.094 56	0.082 95	0.072 76	0.063 83	0.055 99	0.049 11	0.043 08	0.037 79	0.033 15	0.029 08	0.025 51	14%
16%	0.107 93	0.093 04	0.080 21	0.069 14	0.059 61	0.051 39	0.044 30	0.038 19	0.032 92	0.028 38	0.024 47	0.021 09	0.018 18	0.015 67	16%
18%	0.083 52	0.070 78	0.059 98	0.050 83	0.043 08	0.036 51	0.030 94	0.022 62	0.022 22	0.018 83	0.015 96	0.013 52	0.011 46	0.009 71	18%
20%	0.064 91	0.054 09	0.045 07	0.037 56	0.031 30	0.026 08	0.021 74	0.018 11	0.015 09	0.012 58	0.010 48	0.008 74	0.007 28	0.006 07	20%
22%	0.050 65	0.041 52	0.034 03	0.027 89	0.022 86	0.018 74	0.015 36	0.012 59	0.010 32	0.008 46	0.006 93	0.005 68	0.004 66	0.003 82	22%
24%	0.039 69	0.032 01	0.025 81	0.020 82	0.016 79	0.013 54	0.010 92	0.008 80	0.007 10	0.005 73	0.004 62	0.003 72	0.003 00	0.002 42	24%
26%	0.031 22	0.024 78	0.019 67	0.015 61	0.012 39	0.009 83	0.007 80	0.006 19	0.004 91	0.003 90	0.003 10	0.002 46	0.001 95	0.001 55	26%
28%	0.024 65	0.019 26	0.015 05	0.011 75	0.009 18	0.007 17	0.005 61	0.004 38	0.003 42	0.002 67	0.002 09	0.001 63	0.001 27	0.001 00	28%
30%	0.019 54	0.015 03	0.011 56	0.008 89	0.006 84	0.005 26	0.004 05	0.003 11	0.002 39	0.001 84	0.001 42	0.001 09	0.000 84	0.000 65	30%
35%	0.011 09	0.008 22	0.006 09	0.004 51	0.003 34	0.002 47	0.001 83	0.001 36	0.001 01	0.000 74	0.000 55	0.000 41	0.000 30	0.000 22	35%

附表 3　年金终值系数表

$(F_A/A,i,n)=[(1+i)^n-1]/i$

i \ n	1	2	3	4	5	6	7	8	9	10	11	12	13	14	n / i
1%	1.000 00	2.010 00	3.030 10	4.060 40	5.101 01	6.152 02	7.213 54	8.285 67	9.368 53	10.462 2	11.566 8	12.682 5	13.809 3	14.947 4	1%
2%	1.000 00	2.020 00	3.060 40	4.121 61	5.204 04	6.308 12	7.434 28	8.582 97	9.754 63	10.949 7	12.168 7	13.412 1	14.680 3	15.973 9	2%
3%	1.000 00	2.030 00	3.090 90	4.183 63	5.309 14	6.468 41	7.662 46	8.892 34	10.159 1	11.463 9	12.807 8	14.192 0	15.617 8	17.086 3	3%
4%	1.000 00	2.040 00	3.121 60	4.246 46	5.416 32	6.632 98	7.898 29	9.214 23	10.582 8	12.006 1	13.486 4	15.025 8	16.626 8	18.291 9	4%
5%	1.000 00	2.050 00	3.152 50	4.310 12	5.525 63	6.801 91	8.142 01	9.549 11	11.026 6	12.577 9	14.206 8	15.917 1	17.713 0	19.598 6	5%
6%	1.000 00	2.060 00	3.183 60	4.374 62	5.637 09	6.975 32	8.393 84	9.897 47	11.491 3	13.180 8	14.971 6	16.869 9	18.882 1	21.015 1	6%
7%	1.000 00	2.070 00	3.214 90	4.439 94	5.750 74	7.153 29	8.654 02	10.259 8	11.978 0	13.816 4	15.783 6	17.888 5	20.140 6	22.550 5	7%
8%	1.000 00	2.080 00	3.246 40	4.506 11	5.866 60	7.335 93	8.922 80	10.636 6	12.487 6	14.486 6	16.645 5	18.977 1	21.495 3	24.214 9	8%
9%	1.000 00	2.090 00	3.278 10	4.573 13	5.984 71	7.523 33	9.200 43	11.028 5	13.021 0	15.192 9	17.560 3	20.140 7	22.953 4	26.019 2	9%
10%	1.000 00	2.100 00	3.310 00	4.641 00	6.105 10	7.715 61	9.487 17	11.435 9	13.579 5	15.937 4	18.531 2	21.384 3	24.522 7	27.975 0	10%
12%	1.000 00	2.120 00	3.374 40	4.779 33	6.352 85	8.115 19	10.089 0	12.299 7	14.775 7	17.548 7	20.654 6	24.133 1	28.029 1	32.392 6	12%
14%	1.000 00	2.140 00	3.439 60	4.921 14	6.610 10	8.535 52	10.730 5	13.232 8	16.085 3	19.337 3	23.044 5	27.270 7	32.088 7	37.581 1	14%
16%	1.000 00	2.160 00	3.505 60	5.066 50	6.877 14	8.977 48	11.413 9	14.240 1	17.518 5	21.321 5	25.732 9	30.850 2	36.786 2	43.672 0	16%
18%	1.000 00	2.180 00	3.572 40	5.215 43	7.154 21	9.441 97	12.141 5	15.327 0	19.085 9	23.521 3	28.755 1	34.931 1	42.218 7	50.818 0	18%
20%	1.000 00	2.200 00	3.640 00	5.368 00	7.441 60	9.929 92	12.915 9	16.499 1	20.798 9	25.958 7	32.150 4	39.580 5	48.496 6	59.195 9	20%
22%	1.000 00	2.220 00	3.708 40	5.524 25	7.739 58	10.442 3	13.739 6	17.762 3	22.670 0	28.657 4	35.962 0	44.873 7	55.745 9	69.010 0	22%
24%	1.000 00	2.240 00	3.777 60	5.684 22	8.048 44	10.980 1	14.615 3	19.122 9	24.712 5	31.643 4	40.237 9	50.895 0	64.109 7	80.496 1	24%
26%	1.000 00	2.260 00	3.847 60	5.847 98	8.368 45	11.544 2	15.545 8	20.587 6	26.940 4	34.944 9	45.030 6	57.738 6	73.750 6	93.925 8	26%
28%	1.000 00	2.280 00	3.918 40	6.015 55	8.699 91	12.135 9	16.533 9	22.163 4	29.369 2	38.592 6	50.398 5	65.510 0	84.852 9	109.612	28%
30%	1.000 00	2.300 00	3.990 00	6.187 00	9.043 10	12.756 0	17.582 8	23.857 7	32.015 0	42.619 5	56.405 3	74.327 0	97.625 0	127.913	30%
35%	1.000 00	2.350 00	4.172 50	6.632 88	9.954 38	14.438 4	20.491 9	28.664 0	39.696 4	54.590 2	74.696 7	101.841	138.485	187.954	35%

年金终值系数表(续表)

$(F_A/A,i,n)=[(1+i)^n-1]/i$

i \ n	15	16	17	18	19	20	21	22	23	24	25	26	27	28	n / i
1%	16.096 9	17.257 9	18.430 4	19.614 7	20.810 9	22.019 0	23.239 2	24.471 6	25.716 3	26.973 5	28.243 2	29.525 6	30.820 9	32.129 1	1%
2%	17.293 4	18.639 3	20.012 1	21.412 3	22.840 6	24.297 4	25.783 3	27.299 0	28.845 0	30.421 9	32.030 3	33.670 9	35.344 3	37.051 2	2%
3%	18.598 9	20.156 9	21.761 6	23.414 4	25.116 9	25.116 9	28.676 5	30.536 8	32.452 9	34.426 5	36.459 3	38.553 0	40.709 6	42.930 9	3%
4%	20.023 6	21.824 5	23.697 5	25.645 4	27.671 2	29.778 1	31.969 2	34.248 0	36.617 9	39.082 6	41.645 9	44.311 7	47.084 2	49.967 6	4%
5%	21.578 6	23.675 5	25.840 4	28.132 4	30.539 0	33.066 0	35.719 3	38.505 2	41.430 5	44.502 0	47.727 1	51.113 5	54.669 1	58.402 6	5%
6%	23.276 0	25.672 5	28.212 9	30.905 7	33.760 0	36.785 6	39.992 7	43.392 3	46.995 8	50.815 6	54.864 5	59.156 4	63.705 8	68.528 1	6%
7%	25.129 0	27.888 0	30.840 2	33.999 0	37.379 0	40.995 5	44.865 2	49.005 7	53.436 1	58.176 7	63.249 0	68.676 5	74.483 8	80.697 7	7%
8%	24.214 9	30.324 3	33.750 2	37.450 2	41.446 3	45.762 0	50.422 9	55.456 8	60.893 3	66.764 8	73.105 9	79.954 4	87.350 8	95.338 8	8%
9%	29.360 9	33.003 4	36.973 7	41.301 3	46.018 5	51.160 1	56.764 5	62.873 3	69.531 9	76.789 8	84.700 9	93.324 0	102.723	112.968	9%
10%	31.772 5	35.949 7	40.544 7	45.599 2	51.159 1	57.275 0	64.002 5	71.402 7	79.543 0	88.497 3	98.347 1	109.182	121.100	134.210	10%
12%	37.279 7	42.753 3	48.883 7	55.749 7	63.439 7	72.052 4	81.698 7	92.502 6	104.603	118.155	133.334	150.334	169.374	190.699	12%
14%	43.842 4	50.980 4	59.117 6	68.394 1	78.969 2	91.024 9	104.768	120.436	138.297	158.659	181.871	208.333	238.499	272.889	14%
16%	51.659 5	60.925 0	71.673 0	84.140 7	98.603 2	115.380	134.841	157.415	183.601	213.978	249.214	290.088	337.502	392.503	16%
18%	60.695 3	72.939 0	87.068 0	103.740	123.414	146.628	174.021	206.345	244.487	289.494	342.603	405.272	479.221	566.481	18%
20%	72.035 1	87.442 1	105.931	128.117	154.740	186.688	255.026	271.031	326.237	392.484	471.981	567.377	681.853	819.223	20%
22%	85.192 2	104.935	129.020	158.405	194.254	237.989	291.347	356.443	435.861	532.750	650.955	795.165	971.102	1 185.74	22%
24%	100.815	126.011	157.253	195.994	244.033	303.601	377.465	469.056	582.630	723.461	898.092	1 114.63	1 383.15	1 716.10	24%
26%	119.347	151.377	191.735	242.585	306.658	387.389	489.110	617.278	778.771	982.251	1 238.64	1 561.68	1 968.72	2 481.59	26%
28%	141.303	181.868	233.791	300.252	385.323	494.213	633.593	811.999	1 040.36	1 332.66	1 706.80	2 185.71	2 798.71	3 583.34	28%
30%	167.286	218.472	285.014	371.518	483.973	630.165	820.215	1 067.28	1 388.46	1 806.00	2 348.80	3 054.44	3 971.78	5 164.31	30%
35%	254.738	344.897	466.611	630.925	852.748	1 152.21	1 556.48	2 102.25	2 839.04	3 833.71	5176.50	6 989.28	9 436.53	12 740.3	35%

附表 4 年金现值系数表

$(P_A/A,i,n)=[1-(1+i)^{-n}]/i$

i \ n	1	2	3	4	5	6	7	8	9	10	11	12	13	14	n / i
1%	0.990 10	1.970 40	2.940 99	3.901 97	4.853 43	5.795 48	6.728 19	7.651 68	8.566 02	9.471 30	10.367 6	11.255 1	12.133 7	13.003 7	1%
2%	0.980 39	1.941 56	2.883 88	3.807 73	4.713 46	5.601 43	6.471 99	7.325 48	8.162 24	8.982 59	9.786 85	10.575 3	11.348 4	12.106 2	2%
3%	0.970 87	1.913 47	2.828 61	3.717 10	4.579 71	5.417 19	6.230 28	7.019 69	7.786 11	8.530 20	9.252 62	9.954 00	10.635 0	11.296 1	3%
4%	0.961 54	1.886 10	2.775 09	3.629 90	4.451 82	5.242 14	6.002 06	6.732 75	7.435 33	8.110 90	8.760 48	9.385 07	9.985 65	10.563 1	4%
5%	0.952 38	1.859 41	2.723 25	3.545 95	4.329 48	5.075 69	5.786 37	6.463 21	7.107 82	7.721 73	8.306 41	8.863 25	9.393 57	9.898 64	5%
6%	0.943 40	1.833 39	2.673 01	3.465 11	4.212 36	4.917 32	5.582 38	6.209 79	6.801 69	7.360 09	7.886 87	8.383 84	8.852 68	9.294 98	6%
7%	0.934 58	1.808 02	2.624 32	3.387 21	4.100 20	4.766 54	5.389 29	5.971 30	6.515 23	7.023 58	7.498 67	7.942 69	8.357 65	8.745 47	7%
8%	0.925 93	1.783 26	2.577 10	3.312 13	3.992 71	4.622 88	5.206 37	5.746 64	6.246 89	6.710 08	7.138 96	7.536 08	7.903 78	8.244 24	8%
9%	0.917 43	1.759 11	2.531 30	3.239 72	3.889 65	4.485 92	5.032 95	5.534 82	5.995 25	6.417 66	6.805 19	7.160 73	7.486 90	7.786 15	9%
10%	0.909 09	1.735 54	2.486 85	3.169 87	3.790 79	4.355 26	4.868 42	5.334 93	5.759 02	6.144 57	6.495 06	6.813 69	7.103 36	7.366 69	10%
12%	0.892 86	1.690 05	2.401 83	3.037 35	3.604 78	4.111 41	4.563 76	4.967 64	5.328 25	5.650 22	5.937 70	6.194 37	6.423 55	6.628 17	12%
14%	0.877 19	1.646 66	2.321 63	2.913 71	3.433 08	3.888 67	4.288 30	4.638 86	4.946 37	5.216 12	5.452 73	5.660 29	5.842 36	6.002 07	14%
16%	0.862 07	1.605 23	2.245 89	2.798 18	3.274 29	3.684 74	4.038 57	4.343 59	4.606 54	4.833 23	5.028 64	5.197 11	5.342 33	5.467 53	16%
18%	0.847 46	1.565 64	2.174 27	2.690 06	3.127 17	3.497 60	3.811 53	4.077 57	4.303 02	4.494 09	4.656 01	4.793 22	4.909 51	5.008 06	18%
20%	0.833 33	1.527 78	2.106 48	2.588 73	2.990 61	3.325 51	3.604 59	3.837 16	4.030 97	4.192 47	4.327 06	4.439 22	4.532 68	4.610 57	20%
22%	0.819 67	1.491 54	2.042 24	2.493 64	2.863 64	3.166 92	3.415 51	3.619 27	3.786 28	3.923 18	4.035 40	4.127 37	4.202 77	4.264 56	22%
24%	0.806 45	1.456 82	1.981 30	2.404 28	2.745 38	3.020 47	3.242 32	3.421 22	3.565 50	3.681 86	3.775 69	3.851 36	3.912 39	3.961 60	24%
26%	0.793 65	1.423 53	1.923 44	2.320 19	2.635 07	2.884 98	3.083 31	3.240 73	3.365 66	3.464 81	3.543 50	3.605 95	3.655 52	3.694 85	26%
28%	0.781 25	1.391 60	1.868 44	2.240 97	2.532 01	2.759 38	2.937 02	3.075 79	3.184 21	3.268 92	3.335 09	3.386 79	3.427 18	3.458 73	28%
30%	0.769 23	1.360 95	1.816 11	2.166 24	2.435 57	2.642 75	2.802 11	2.924 70	3.019 00	3.091 54	3.147 34	3.190 26	3.223 28	3.248 67	30%
35%	0.740 74	1.289 44	1.695 88	1.996 95	2.219 96	2.385 16	2.507 52	2.598 17	2.665 31	2.715 04	2.751 88	2.779 17	2.799 39	2.814 36	35%

年金现值系数表(续表)

$(P_A/A,i,n)=[1-(1+i)^{-n}]/i$

i \ n	15	16	17	18	19	20	21	22	23	24	25	26	27	28	n / i
1%	13. 865 1	14. 717 9	15. 562 3	16. 398 3	17. 226 0	18. 045 6	18. 857 0	19. 660 4	20. 455 8	21. 243 4	22. 023 2	22. 795 2	23. 559 6	24. 316 4	1%
2%	12. 849 3	13. 577 8	14. 291 9	14. 992 0	15. 678 5	16. 351 4	17. 011 2	17. 658 0	18. 292 2	18. 913 9	19. 523 5	20. 121 0	20. 706 9	21. 281 3	2%
3%	11. 937 9	12. 561 1	13. 166 1	13. 753 5	14. 323 8	14. 877 5	15. 415 0	15. 936 9	16. 443 6	16. 935 5	17. 413 1	17. 876 8	18. 327 0	18. 764 1	3%
4%	11. 118 4	11. 652 3	12. 165 7	12. 659 3	13. 133 9	13. 590 3	14. 029 2	14. 451 1	14. 856 8	15. 247 0	15. 622 1	15. 982 8	16. 329 6	16. 663 1	4%
5%	10. 379 7	10. 837 8	11. 274 1	11. 689 6	12. 085 3	12. 462 2	12. 821 2	13. 163 0	13. 488 6	13. 798 6	14. 093 9	14. 375 2	14. 643 0	14. 898 1	5%
6%	9. 712 25	10. 105 9	10. 477 3	10. 827 6	11. 158 1	11. 469 9	11. 764 1	12. 041 6	12. 303 4	12. 550 4	12. 783 4	13. 003 2	13. 210 5	13. 406 2	6%
7%	9. 107 91	9. 446 65	9. 763 22	10. 059 1	10. 335 6	10. 594 0	10. 835 5	11. 061 2	11. 272 2	11. 469 3	11. 653 6	11. 825 8	11. 986 7	12. 137 1	7%
8%	8. 559 48	8. 851 37	9. 121 64	9. 371 89	9. 603 60	9. 818 15	10. 016 8	10. 200 7	10. 371 1	10. 528 8	10. 674 8	10. 810 0	10. 935 2	11. 051 1	8%
9%	8. 060 69	8. 312 56	8. 543 63	8. 755 63	8. 950 11	9. 128 55	9. 292 24	9. 442 43	9. 580 21	9. 706 61	9. 822 58	9. 928 97	10. 026 6	10. 116 1	9%
10%	7. 606 08	7. 823 71	8. 021 55	8. 201 41	8. 364 92	8. 513 56	8. 648 69	8. 771 54	8. 883 22	8. 984 74	9. 077 04	9. 160 95	9. 237 22	9. 306 57	10%
12%	6. 810 86	6. 973 99	7. 119 63	7. 249 67	7. 365 78	7. 469 44	7. 562 00	7. 644 65	7. 718 43	7. 784 32	7. 843 14	7. 895 66	7. 942 55	7. 984 42	12%
14%	6. 142 17	6. 265 06	6. 372 86	6. 467 42	6. 550 37	6. 623 13	6. 686 96	6. 742 94	6. 792 06	6. 835 14	6. 872 93	6. 906 08	6. 935 15	6. 960 66	14%
16%	5. 575 46	5. 668 50	5. 748 70	5. 817 85	5. 877 46	5. 928 84	5. 973 14	6. 011 33	6. 044 25	6. 072 63	6. 097 09	6. 118 18	6. 136 36	6. 152 04	16%
18%	5. 091 58	5. 162 35	5. 222 33	5. 273 16	5. 316 24	5. 352 75	5. 383 68	5. 409 90	5. 432 12	5. 450 95	5. 466 91	5. 480 43	5. 491 89	5. 501 60	18%
20%	4. 675 47	4. 729 56	4. 774 63	4. 812 19	4. 843 50	4. 869 58	4. 891 32	4. 909 43	4. 924 53	4. 937 10	4. 947 59	4. 956 32	4. 963 60	4. 969 67	20%
22%	4. 315 22	4. 356 73	4. 390 77	4. 418 66	4. 441 52	4. 460 27	4. 475 63	4. 488 22	4. 498 54	4. 507 00	4. 513 93	4. 519 62	4. 524 28	4. 528 10	22%
24%	4. 001 29	4. 033 30	4. 059 11	4. 079 93	4. 096 72	4. 110 26	4. 121 17	4. 129 98	4. 137 08	4. 142 81	4. 147 43	4. 151 15	4. 154 15	4. 156 57	24%
26%	3. 726 07	3. 750 85	3. 770 52	3. 786 13	3. 798 51	3. 808 34	3. 816 15	3. 822 34	3. 827 25	3. 831 15	3. 834 25	3. 836 70	3. 838 65	3. 840 20	26%
28%	3. 483 39	3. 502 65	3. 517 69	3. 529 45	3. 538 63	3. 545 80	3. 551 41	3. 555 79	3. 559 21	3. 561 88	3. 563 97	3. 565 60	3. 566 88	3. 567 87	28%
30%	3. 268 21	3. 283 24	3. 294 80	3. 303 69	3. 310 53	3. 315 79	3. 319 84	3. 322 96	3. 325 35	3. 327 19	3. 328 61	3. 329 70	3. 330 54	3. 331 18	30%
35%	2. 825 45	2. 833 67	2. 839 75	2. 844 26	2. 847 60	2. 850 08	2. 851 91	2. 853 26	2. 854 27	2. 855 02	2. 855 57	2. 855 98	2. 856 28	2. 856 50	35%

参考文献

1. 杜学森.管理会计.南京:东南大学出版社,2010
2. 杜学森.管理会计实训教程.南京:东南大学出版社,2005
3. 周宝源.管理会计学.天津:南开大学出版社,2004
4. 王兴德.现代管理决策的计算机方法.北京:中国财政经济出版社,1999
5. 刘继伟、于树彬、甘永生.管理会计.北京:高等教育出版社,2001
6. 吴大军.管理会计.北京:中央广播电视大学出版社,1999
7. 张瑞明.管理会计实务.北京:高等教育出版社,2000
8. 余绪英、蔡淑娥.管理会计.北京:中国财政经济出版社,1998
9. 贺颖奇、陈佳俊.管理会计.上海:上海财经大学出版社,2003
10. 李相志.管理会计习题与案例.北京:对外经济贸易大学出版社,2003
11. [美]贝尔·李.管理会计.北京:人民邮电出版社,2002
12. 国际财务管理师资格考试指导教材编写组.管理会计案例教程.北京:经济科学出版社,2004
13. 余绪缨.管理会计.北京:首都经济贸易大学出版社,2004
14. (英)大卫.密道尔顿.财务与会计决策.上海:上海远东出版社,1999
15. (英)彼得.泰尼斯伍德.营销与生产决策.上海:上海远东出版社,1999
16. 于树彬,王中民,刘平.管理会计习题与解答.大连:东北财经大学出版社,2004

高等职业教育经济管理类专业教材
——荣获华东地区大学出版社优秀教材奖

管 理 会 计

（第2版）

主　编　杜学森
参　编　（按姓氏笔画排序）
王　娜　王京朝　王静静
汤　玮　姜　军　董淑芳

东南大学出版社
·南京·

内 容 提 要

本书以培养学生的应用能力为主旨，在基本理论适度、够用的基础上着重提高学生运用理论知识、基本工具和基本方法解决实际问题的能力和水平，更加符合管理会计的实践要求和高等职业教育的教学要求。

全书内容包括认知管理会计、成本性态分析、变动成本法、本量利分析、预测分析、短期经营决策分析、长期投资决策分析、全面预算、成本控制、责任会计等内容。

本书理论与实务并重，开展项目教学，通过案例的引导、相关知识讲解、问题讨论、案例分析、技能训练，突出学生的主体地位，并将管理会计的思想、方法及其发展动态在“拓展阅读与训练”中得以体现，以拓展学生的思维和实际操作技能。

本书可作为高等职业技术院校、成人高等院校的财经与管理类专业教材，也可作为企事业单位管理人员参考用书。

图书在版编目(CIP)数据

管理会计 / 杜学森主编. —2 版. —南京：东南大学出版社，2011. 8(2015. 1 重印)
ISBN 978 - 7 - 5641 - 2959 - 0

Ⅰ. 管…　Ⅱ. ①杜…　Ⅲ. ①管理会计—高等职业教育—教材　Ⅳ. ①F234. 3

中国版本图书馆 CIP 数据核字(2011)第 173728 号

东南大学出版社出版发行
(南京四牌楼 2 号　邮编 210096)
出版人：江建中
江苏省新华书店经销　　　丹阳市兴华印刷厂印刷
开本：787mm × 1 092mm　1/16　印张：16. 25　字数：400 千字
2011 年 8 月第 2 版　2015 年 1 月第 7 次印刷
ISBN 978 - 7 - 5641 - 2959 - 0
印数：17 001 - 19 000 册　定价：28. 00 元
(凡因印装质量问题，可直接向读者服务部调换。电话：025 - 83792328)